DICAS PARA UMA BOA CAMINHADA

CAMINHE COM ESTILO

CELSO GOMES

CB043484

DICAS PARA UMA BOA CAMINHADA

CAMINHE COM ESTILO

CELSO GOMES

Mestre e doutor em Ortopedia pela USP (Hospital das Clínicas de São Paulo).

Professor-associado de Ortopedia pela Faculdade de Medicina e pela Escola de Educação Física da UFRGS.

Chefe do Grupo do Pé do Hospital de Clínicas de Porto Alegre.

Diretor do Laboratório do Pé Dr. Celso Gomes.

Med book

EDITORA CIENTÍFICA LTDA.

Editoração Eletrônica: REDB STYLE – Produções Gráficas e Editorial Ltda.

Endereço do autor para correspondências:
Rua João Abbott, 503 – sala 204. Bairro: Petrópolis
CEP 90460-150 – Porto Alegre – RS – Brasil
Telefones/fax: (51) 3222-3722 e 3222-5546
e–mail: celsogomes@queb.com.br

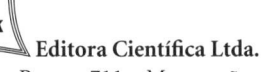

Editora Científica Ltda.
Rua Mariz e Barros, 711 – Maracanã
CEP 20.270-004 – Rio de Janeiro – RJ
Tel.: (21) 2502-4438 • 2569-2524
contato@medbookeditora.com.br
medbook@superig.com.br
www.medbookeditora.com.br

O prazer!

Ah... O prazer!

O que é o prazer?

Para que serve o prazer?

O prazer é simplesmente o principal elemento com
o qual resolvemos todo e qualquer enfrentamento e o
incorporamos harmoniosamente em nossa vida.
Ele se comporta como um sistema de
suspensão capaz de absorver todos os impactos que
nos aparecem. E, mais, é ainda o impulsionador
que nos permite ir em frente numa boa.
Sem o prazer provavelmente ocorrerá desistência.

Dedico este livro a

Aline Tamborindeguy, Felipe Gomes e Gustavo Rico,

como apoio pelo brilhante trabalho que vocês
vêm tendo na formação, na manutenção, na
organização e na orientação dos grupos de
caminhada e de corrida da Sports Medicine.
E como os seus andadores demonstram
exuberante prazer!

Zuleica M. Karpss Prujá,

Este trabalho saiu como saiu, graças à tua influência, ao teu apoio, ao teu conhecimento, à tua organização e à tua dedicação, pelo que eu e os leitores te somos, no mínimo, muitíssimo gratos.

"A corrida me introduziu em meu corpo, tornou-me informado dele e responsável por ele. E eu aperfeiçoei o meu corpo. Aprendi que sem um corpo perfeito não se pode ter nem perfeição mental, nem espiritual. Eu aprendi que a perfeição física do corpo mostrou que eu cuidaria e ter-me-ia autopremiado, e, mais importante, autodisciplinado."

Tim Noakes[39]

SUMÁRIO

PREFÁCIO

A natureza nos dotou da capacidade de andar e de nos deslocarmos. Só? Não. Também nos permitiu escolher para onde irmos, caminhando ou correndo, ou seja, quer lenta ou rapidamente. E, claro, realizando tudo isso com grande habilidade e de forma bípede, isto é, andando com os dois pés. Caminhar ou correr nos é tão natural, tão simples, que dificilmente damos conta de que esses atos são produtos de uma complexa rede de neurônios, fibras musculares, ossos, tendões, ligamentos etc. etc. e tal. Em alguns momentos de nossas vidas vemos essa capacidade de andar dificultada por alguma limitação provocada por doenças ou lesões traumáticas. Esses episódios, que podem ser temporários ou, em alguns casos, dramaticamente permanentes, nos induzem perceber que existe uma complexa engenhosidade da natureza para permitir que possamos dar vazão aos nossos desejos de ir e vir no dia a dia. Essa complexidade nos atinge em cheio quando em um consultório sentamos diante de um médico ou quando deitamos na maca e ele nos diz: "Seu problema é condromalacia ou síndrome fêmur-patelar, ou, quem sabe, plica sinovial." Na verdade, as possibilidades de problemas e nomes estranhos são muitas e parecem não fazer parte de algo tão simples como uma lenta caminhada num parque.

Neste livro, o autor tenta nos ensinar um pouco da sua sabedoria, acumulada ao longo de muitos anos de clínica e docência, voltada para os membros inferiores, no ato de andar – quer em caminhada ou em corrida. Busca dar ao leitor leigo, por meio de uma pedagogia própria, uma simplicidade que permite a compreensão dos elementos de nossos deslocamentos. Permite-nos acompanhar a evolução do andar da criança até a velhice, compreender o mecanismo desse andar, como e onde caminhar, e nos estimular a experimentar o prazer da caminhada.

Além de ser uma leitura fácil, podemos nos deliciar ainda com alguns textos em forma de crônicas bem-humoradas que nos fazem viajar pelo imaginário de nossas outras idades, por fatos que ficaram na nossa memória e por aqueles produtos de nossos sonhos.

Celso Gomes é um apaixonado pelo seu trabalho, pesquisador ávido por conhecimentos novos nessa área, interessado em que o maior número de pessoas – pacientes ou não – conheça o seu corpo. Esse conhecimento pode fazer com que cada pessoa tenha um maior cuidado com suas pernas e pés, fundamentais para o andar. Então, todos estão convidados a ler este livro. Divirtam-se com a leitura. E, depois, boa caminhada.

Luís Fernando Ribeiro Moraes
Professor de Atletismo da
Escola Superior de Educação Física/UFRGS

DICAS PARA UMA BOA CAMINHADA

CAMINHE COM ESTILO

Caminhada, Criadora de Problemas. Que Droga!

CAPÍTULO 1

Ah... A caminhada! Que droga! Que saco!

Como me cria problemas!

Como está sendo repetitiva!

Porcaria! É repetição. Repetição. Repetição. E repetição.

Não tem nada de novo. Todos os movimentos e todos os gestos são absolutamente os mesmos.

Dia após dia. Semana após semana. Mês após mês.

Que saco mesmo!

Será que vou aguentar muito mais?

Não. Não posso mais.

Vou largá-la, pois só está me dando desconforto e desprazer.

E olha que investi muito nela.

Agora já não é só o corpo que me incomoda. Não.

Quando o corpo não está bem, a paciência se vai, e a cabeça também pira. E a minha já pirou.

Já tive tesão com a caminhada. Mas não tenho mais. Perdi todinha.

E, como sabemos, sem tesão praticamente não conseguimos fazer bem de maneira contínua absolutamente nada.

É, chega.

Fico ou não fico com ela?

Será que ela tem alguma coisa comigo? Será?

E, se assim o for, o que a fez ficar embravecida comigo?

Mas ainda não é só isso. Por que, mas por que mesmo, ela faz isso comigo? Quero uma resposta. Ah... Quero. Se quero!

Esse é um depoimento frequente em minha clínica.
Prefiro continuar esta parte inicial em forma de diálogo, visto que o considero muito esclarecedor e positivo. Então, continuando.

Essa reclamação, tipo delírio, é simplesmente frequentíssima. As pessoas são poliqueixosas, reclamando muito dos resultados tanto da caminhada, como da corrida. Claro, muito mais na prática dessa última. E, sempre que pergunto sobre o que cria tantos problemas, a resposta é imediata, porém, externando admiração e estranheza pela pergunta:

"Claro que é a caminhada!"

E isso é afirmado porque – segundo eles – os problemas surgem durante a caminhada. Quando não caminham se apresentam bem, sem queixas.
E, para forçar um pouco mais, habitualmente eu pergunto:

— Isso é o suficiente para te dar condições de acusá-la culpada pelos teus problemas?

Automaticamente me respondem:
— É lógico! O que mais poderia ser causa de todos esses meus transtornos?

Aí eu peço mais informações. Assim como...
— Quais os problemas a que te referes que apareceram nas caminhadas?

E comumente me respondem:
— Muitos. Muitos. E eles vêm me atrapalhando há quase um ano. Por exemplo:
Tenho dores na sola dos pés. Dor atrás do calcanhar. Dor na frente da perna quando caminho. Melhor, muita dor aí. E, pior ainda, não consigo segurar o pé para cima durante a caminhada. E, mais, percebo logo depois que começo a caminhar – uns dez minutos depois – que o som da batida dos pés no piso se torna diferente. Principalmente a do esquerdo e, às vezes, também a do direito. Parece que se torna dupla a batida. Ou quebrada. Não sei direito. Mas é a minha sensação. Tem mais ainda. Nos últimos tempos surgiram dor e inchaço no lado

de dentro do meio do pé após a caminhada. E, pior, quando tento virar o pé para baixo, a dor se agrava. E, ainda, quando o viro meio forçado para cima, dói mais ainda nesse local.

Após esse tipo de resposta habitualmente demonstro insatisfação e indago:

— Não tem mais nenhuma queixa?
— Claro que tenho outros problemas quando caminho. Estou lembrando agora que me apareceram um formigamento e um desconforto nos braços, inclusive indo até as mãos. Tenho inchaço nas mãos. Dores atrás das coxas. Dores nas costas. Só para citar alguns desses problemas.
— Mas me dê outra informação: qual é a frequência de tuas caminhadas?
— Caminho quando posso. Pois tenho que te dizer:

"Eu não tenho tempo. Sou muito ocupado."

Essa é uma resposta apresentada praticamente por todos os queixosos, quer da caminhada ou da corrida. Mas eu sigo com o interrogatório:

— Qual é a frequência de tuas caminhadas?
— Às vezes uma por semana. Outras, duas. Outras, uma a cada 15 dias. Outras, até menos frequente. É isso aí.

Ou seja, por essas respostas é possível perceber que o plano de caminhada já começa absolutamente errado. Contudo, são ainda necessárias outras respostas. Assim...
— Quanto tempo dura cada uma de tuas caminhadas?
— Varia. Às vezes meia hora. Outras, uma. Há ocasiões que dura duas ou até mais, ou seja, depende de minha disponibilidade.
— Interessante, interessante. Vamos continuar. Qual é o horário do dia em que caminhas? É sempre o mesmo? Ou o varias muito?
— Claro que vario muito! Pois tudo depende das folguinhas que arrumo.
— Tá bem. Tá bem. Vamos continuar. Preste atenção. Como tu caminhas? És rápido? És lento?
— Ah... Gostei da tua pergunta. Eu procuro ser um pouco rápido, pois como não caminho regularmente sinto que deve ser melhor para mim. Acredito que assim pode me oferecer mais benefício para a minha saúde e me dar melhor resultado.

Portanto, cada vez mais verifico que o conhecimento dos pretendentes da prática de atividade física do tipo caminhada ou corrida comumente é inadequado, pelo que eles se expõem a sofrer muitos danos, sendo, portanto, um erro gravíssimo. Aí, eu respondo a eles:

— É claro que dessa maneira a caminhada não vai gostar de ti. É a lógica. Ela não tem outra saída.

Porém, é absolutamente necessário que se conheça ainda melhor o ativista físico. E continuo perguntando, iniciando com um esclarecimento que considero muito delicado. Se não, vejamos:

— Por favor, o teu jeito de caminhar é delicado ou agressivo?

Eles têm muita dificuldade em responder e comumente me saem com esta:

— Olha, eu não me analisei ainda. E não saberia te dar uma resposta perfeita. Quero a tua ajuda. Pergunte melhor.

— Entendo. Entendo. Eu é que errei. É muito difícil uma pessoa saber se é delicada ou não no seu caminhar. Vou mudar um pouco a pergunta. Pense. Quando tu dás os passos, procuras colocar os pés no chão ou os joga com força? O que te parece?

— Ficou melhor. Claro que melhorou. Porém, ainda não pensei e não observei bem isso. Vou observar a partir de agora. Mas te respondo "no achômetro". Acho que bato com força os pés no chão. Mas quero voltar a conversar contigo depois de avaliar melhor o meu caminhar.

E eu continuo...

— Teus passos são pequenos ou grandes?

— Puxa, me pegaste de novo! Não sei. Não sei mesmo qual é o tamanho de meus passos. Se pequenos, normais ou grandes. Não sei. Acho que isso é muito difícil para uma pessoa se dar conta. Ajude-me.

— Vou te ajudar. Mas, para isso, fique concentrado. O comprimento de teus passos na caminhada esportiva é mais ou menos igual, menor ou maior do que no teu caminhar do dia a dia?

— Que legal! Essa foi genial. Ah, agora não tenho dúvida. Caminho com passos maiores. Não. Vou corrigir. Muito maiores.

— Bem, vou continuar te perguntando. E os teus braços, como se comportam durante o caminhar? O quanto tu os movimenta no balanço?

— Que droga! Que droga! Quantas nuanças têm no caminhar! Ele é uma ciência. É. Isso eu não sabia. Estou vendo agora. E eu pensava que ele era uma "frescura". Que nada! Novamente te digo: não sei. Ajude-me.

— Claro. Eu sabia que tu irias me pedir isso. E tu vais ver que é simples, para não dizer muito simples. Aqui o parâmetro é o mesmo do comprimento dos passos, ou seja, compares com o balanço dos teus braços no caminhar da vida habitual. Tá legal?

— Sim. Mas tenho dificuldades para te dar uma resposta verdadeira. Vou querer observar em novas caminhadas. Mas tenho dúvidas. Se tenho! Não quero me precipitar. Mas já é um caminho. Bem, agora estou me vendo no caminhar diário. OK! E nesse momento vou me ver na caminhada esportiva. Por favor, espere. Ah... Parece-me que balanço os braços muito mais na caminhada esportiva.

E continuo com o interrogatório...

— Que bom teres essa percepção. Mas continuando. E o teu corpo, isto é, a tua coluna, mexe muito ou pouco? O que tu achas?

— Credo! A coluna também participa? Mais essa que eu não sabia. Que barato é a caminhada! Ela mexe com todo o corpo. Quando eu iria pensar nisso? Nunca! Nunca mesmo. Que atividade física é essa? Claro, estou fugindo porque não sei. Realmente não sei. É muito difícil identificar esse detalhe. Muito. Inclusive não tenho coragem para opinar. Mais essa vou avaliar nas próximas caminhadas. Se conseguir identificar! Pois considero muitíssimo difícil. Tá bem.

— Bem, para terminar esse diálogo interrogativo, como te vês, enfim, caminhando?

— Que pergunta! Apesar de todo esse papo pesado, eu te afirmo: *"Eu caminho bem."*

Essa resposta é absolutamente comum nos praticantes da caminhada. Eles acham que caminham bem, isto é, que têm bom estilo, bom jeito de caminhar. É muito difícil alguém reconhecer que caminha ou corre errado. Todos acham que não precisam aprender, pois é instintivo e natural. Mas isso não é verdade. Não é assim. Porém, essa é uma das razões para o que vou afirmar.

"Nos atendimentos que faço de pessoas com problemas surgidos em caminhadas, praticamente todos, mas praticamente todos mesmo, são devidos ao caminhador. A caminhada, em si, é ingênua e inocente."

A caminhada, em si, é ingênua e inocente, não faz nada de mal a ninguém. O caminhador habitualmente é o culpado por seus problemas surgidos na caminhada.

Portanto...
Primeiro:

"Se a caminhada te cria problemas, é porque tu realmente os mereces. E como! Só os mereces."

Está bem de acordo com o adágio popular: *"Aqui se faz. Aqui se paga".*

É bem por aí. Mas as pessoas, de um modo geral, não dominam, não sustentam um caminhar saudável.

Pelo que iremos analisar onde estão as dificuldades do caminhador em vários dos capítulos.

Segundo:

"A caminhada não é a responsável pelos nossos problemas."

É importante que tenhamos conhecimento de todos os fatores envolvidos na caminhada. O caminhador também precisa tomar alguns cuidados, como veremos.

Quando não se conhece o lugar onde se caminha, é necessário que se aumentem os cuidados. Devemos cuidar de todas as características do piso.

Nas lombas – tanto em aclive, como em declive – devemos saber como posicionar o corpo para evitar problemas musculares e tendíneos.

O nosso objetivo é apresentar dicas para que todos, em qualquer idade, caminhem mantendo o seu estilo, mas corrigindo alguns gestos, e tomando outros cuidados para que não tenham nenhum transtorno ou tenham menos.

Em razão das considerações sobre a análise da **Caminhada, criadora de problemas. Que droga!**, evidenciamos algumas dicas:

- A caminhada, em si, é ingênua e inocente, não causando problema ao caminhador.
- O surgimento de problemas na caminhada depende fundamentalmente de nós.

- É importante que tenhamos conhecimento de todos os fatores envolvidos na caminhada. O caminhador também precisa tomar alguns cuidados, como veremos.
- É indispensável possuir um bom jeito – estilo – de caminhar.
- Temos que harmonizar todo o nosso corpo.
- É até inacreditável, mas as pessoas, de um modo geral, não dominam nem sustentam um caminhar saudável.

A Caminhada
Só Traz Problemas?

Iniciando este capítulo, é útil reapresentarmos...

A caminhada pode trazer problemas para o caminhador. Porém, a causa habitualmente não está nela em si. Mas, sim, depende fundamentalmente dele.

E, pelo que vimos superficialmente no capítulo anterior, a grande maioria dos pretensos ativistas de caminhada e os de corrida não adota um critério e um planejamento adequados. Bem, indiscutivelmente uma das principais razões para a não motivação e a não criação do hábito da adoção do andar – tanto como caminhada ou como corrida – é o fazer por fazer. É isso sim. Não mais do que isso. Caminhar por caminhar. E, pior ainda, correr por correr.

E, ao fazerem isso, os praticantes não estão nem aí pelas necessidades que as duas formas de andar exigem. A ideia geral é de que o andar é inerente ao homem. É instintivo, inato a ele. Que todos sabem e o praticam bem. Qualquer de suas modalidades. Principalmente a caminhada.

E o andar humano é bípede, ou seja, a gente anda com duas pernas. E isso o diferencia muito do andar quadrúpede.

O andar tipo caminhada do quadrúpede sempre tem apoio triplo, em tripé, isso é, com três patas apoiando, enquanto uma avança. Por isso ele é muito estável. Daí por que ele é um **andar instintivo**. Claro, na corrida veloz, o quadrúpede avança de dois em dois. Já no andar lento é que ele mantém sempre três patas apoiadas. Aconselho que observe um cachorro andando – caminhando e correndo.

Já o andar bípede ereto apresenta muitos momentos em que na realidade o apoio se faz apenas sobre um pé. E isso tende a ser instável. Mas não só isso. E por múltiplas razões ele tem muito maior exigência e controle neural. Sendo assim, precisa de muito tempo para ser dominado, pelo que o seu desenvolvimento se torna uma ocorrência prolongada e, portanto, não é apenas instintivo. Não. Nada disso. Ele é uma combinação de instinto e aprendizado[39]. Por essa razão, esse é um diferencial importante para que entendamos o andar humano. Ele necessita ser aprendido, o que exige muito de nós.

Vamos continuar um pouco mais com o diálogo.

— Por tudo isso, muitas vezes o andar pode se tornar até chato. O que se vê? Por desconhecimento dessa noção básica, os propensos ativistas forçam a barra. Por exemplo, vê o que tu me falaste lá no início de nossa conversa. O quanto tu forçaste a barra! Melhor, só forçaste. E como! Mas não és só tu. Não. Praticamente todos fazem o mesmo. Eles se exigem muito além do que podem. No início dizem que estão incorporando a caminhada ou a corrida e exageram. Em vez de se iniciarem aos poucos, eles o fazem de maneira exagerada. Vibram. Dizem: "Bah, hoje eu andei tanto"!

— Pois é. É isso aí o que eu faço. Que coisa!

— Repito, não és só tu. Vou te dar um exemplo. Há pouco atendi um paciente que tem 32 anos de idade. Veio se queixando de dores e desconfortos muito chatos. Negou qualquer possível causa. Porém, na conversa percebi que ele nunca tinha caminhado e resolveu caminhar 10km já no início, ou seja, na primeira caminhada caminhar 10km! Não é incrível?

— Não acredito! É verdade?

— Foi o que ele me falou. Ele se acha muito capaz, com melhor forma do que imaginava. Daí que em um dia fez o que nunca havia feito. E, o pior, caminhou todos os dias!

— Bah!

— É. Assim como ele, praticamente todos não sabem que para tal há necessidade de tempo para o aprendizado, a incorporação, a preparação e o condicionamento apropriado. Pelo desrespeito a isso, é produzida sobrecarga e, por consequência, sofrimento e, como resultado, desencanto e desmotivação. E logo, logo, o inevitável abandono. Não ocorre apenas com um ou outro. Não. Esse comportamento e essa experiência são praticamente gerais, vivenciados pela grande maioria dos que tentam se introduzir na caminhada ou na corrida.

— Mas essa é a regra?

— Aí é que está. Felizmente não é a regra, visto que o andar não nos traz só desprazeres e sofrimentos. Muito pelo contrário. Se não, vejamos. Pense e grave, por favor. Pois a caminhada – assim como a corrida – nos oferece uma infinidade de benefícios ao corpo, à emocionalidade, ao espírito e à criação intelectual. É isso aí. Essa é uma verdadeira dádiva que poucos sabem. Para descobri-la e recebê-la é necessário que se a vivencie. Queres um reforço dessa informação?

— Podes vir.

— Pois não. Pois não. Por favor, vamos então analisar com atenção o pensamento de Tim Noakes[39] a respeito. Pense bem no que ele nos diz. Veja só que beleza.

> **"A corrida me introduziu em meu corpo, tornou-me informado dele e responsável por ele. E eu aperfeiçoei meu corpo. Aprendi que sem um corpo perfeito não se pode ter nem perfeição mental, nem espiritual. Eu aprendi que a perfeição física do corpo mostrou que eu cuidaria e teria me autopremiado, e, mais importante, autodisciplinado."**

— É ou não apaixonante? É ou não motivador e indutor? Daí que tudo está contigo. E que sejas muito bem-vindo para os nossos grupos dos caminhadores e corredores. Curta. Tu te sentirás muito bem. Não. Maravilhosamente bem, com repercussões positivas em tua vida.

Pelas considerações sobre a análise da **A caminhada só traz problemas?**, evidenciamos algumas dicas:

- A caminhada por si só não traz problemas. Eles dependem fundamentalmente do caminhador.
- A caminhada, assim como a corrida, nos oferece uma infinidade de benefícios ao corpo, à emocionalidade, ao espírito e à criação intelectual.

Por Que a Caminhada pode Trazer Problemas

Agora podemos avançar um pouco mais e tentarmos analisar e comentar os problemas que podem surgir no caminhador e no corredor. Mas principalmente compreender as razões dessa ocorrência.

Mas o primeiro grande ensinamento já foi dado nos capítulos anteriores. Pois vimos que os problemas surgidos no caminhador são devidos quase como regra a ele em si. E isso pode acontecer quer com os iniciantes, quer com os bem preparados. Inclusive adiante vou comentar como exemplo a respeito de um corredor muito bem preparado que corre há 29 anos, praticante de maratonas. Como veremos, ele é mais um exemplo de que a caminhada ou a corrida – no caso dele – não é a causa do surgimento de problema. Comumente a causa está no praticante. Ou seja, a caminhada em si não tem qualquer culpa.

Vamos então agora entrar na razão fundamental dessa nossa mensagem, isto é, entender por que surgem problemas na caminhada.

E o que devemos fazer para evitar os problemas com ela.

E, ainda, mostrar que não é difícil e nem complicado evitá-los quando caminhamos. Muito pelo contrário. Portanto...

É fácil caminhar sem ter problemas e está ao alcance de todos.

E isso é verdade!

Contudo, ocorrem frequentemente problemas na caminhada. Então, suas causas devem ser conhecidas. E são muitas as que possibilitam o aparecimento de transtornos durante a caminhada. E vão ser examinadas agora. Como veremos, são muitos os fatores facilitadores que podem propiciar o aparecimento de problemas. Se não, vejamos...

FATORES FACILITADORES QUE PODEM PROPICIAR PROBLEMAS

- *Condições climáticas*
  Principalmente:
  O frio.
  O calor.
  O vento.
  A chuva – quando forte ou fria.
  A rarefação do ar.
  A altitude.
- *Condições ambientais*
  A integridade da pista.
  A inclinação da pista.
  O tipo do piso.
  O trânsito.
  O risco de assalto.
- O piso que se move debaixo dos nossos pés, isto é, a esteira.
- *Condições pessoais*
  Más condições de saúde.
  Mau condicionamento físico.
  Condições pessoais adversas: tendões curtos, deformidades.
  Má técnica e consequentemente...

  Mau domínio do caminhar.

  Por exemplo:

- Caminhar com os músculos contraídos, tensos, duros, porém, com movimentos amplos, mas sem controle sobre eles.
- Caminhar apressado, com passos e demais movimentos amplos, como que querendo ganhar uma prova ou fazer o que não fez durante um bom tempo, isto é, "caminhar para recuperar o tempo perdido".

- Caminhar como se fosse um militar marchando: passos longos, balanço exagerado dos braços e da coluna, erguimento excessivo dos pés, batida forte dos pés (à distância, é ouvida).
- Caminhar tipo robô: corpo todo duro, contraído, movimentos lentos, fácies carrancuda, de mal com o mundo.
- Uns andam como se "estivessem alquebrados". Movimentam pouco o corpo. Feições faciais algo emburradas, amarradas, de detestar.
- Caminhar distanciado, sem curti-lo, sem aproveitar o que pode oferecer, usar fone nos ouvidos (ouvindo seja lá o que for), o que distrai e nos afasta da caminhada.
- Não use, por exemplo, o celular, pois o seu uso, além de bloquear o movimento do braço, nos desconcentra da caminhada, o que também não é interessante e pode ser problemático.
- Caminhar de modo um tanto frouxo, absolutamente relaxado, sem qualquer autocontrole.
- Caminhar como se estivesse desfilando – modelo de desfile – com entrecruzamento dos passos, gingado excessivo da bacia, rotação um pouco exagerada do tronco (da coluna).
- Caminhar deficiente, devido a qualquer deformidade, quer no pé ou acima dele. Claudicante – isto é, com manqueira –, que pode ser forçado ou não.
- Caminhar carregando objetos em uma das mãos (ou nas duas) que limite os movimentos de balanço do(s) braço(s). Isso, como veremos mais adiante, altera intensamente a biomecânica da caminhada e pode criar algum dano.

Pelo que vimos, os fatores são climáticos, ambientais e pessoais. Contudo, tanto os climáticos, como os ambientais, em realidade influem apenas se existirem a complacência e o descuido do praticante. Portanto...

As causas, em si, estão no praticante. Daí por que se impõe que respeitemos e conheçamos as orientações básicas para que sejam evitados os desacertos ocorridos tanto na caminhada, como na corrida.

É o que passaremos a mostrar agora. Como constataremos, são poucas as recomendações básicas necessárias.

Conselhos básicos para evitar os problemas da caminhada

Veremos com detalhes nos Capítulos 12 e 14. Mas...

ATENÇÃO, MUITA ATENÇÃO!

Porém, a sua iniciação se faz:

- Caminhando concentrado na caminhada.
- Caminhando com prazer.
- Caminhando descontraído, mas tendo controle do que e como está fazendo.

DICAS

- Não é difícil e nem complicado evitar os problemas da caminhada.
- Pelo que vimos, não há necessidade de ser culto para evitá-los.
- Todos que caminham podem evitar problemas durante a caminhada.

Pelas considerações sobre a análise do **Por que a caminhada pode trazer problemas**, evidenciamos algumas dicas:

- A caminhada por si só não traz problemas.
- Os problemas dependem fundamentalmente do caminhador.
- Existem fatores que facilitam a ocorrência de problemas na caminhada.
- Um deles é o mau jeito do caminhar.
- É possível evitar os problemas da caminhada.
- A caminhada está ao alcance do todos.

Significado da Caminhada para Seus Praticantes

A caminhada! Ah... A caminhada!

Estamos entrando na consideração daquilo que reputo mais importante para se compreender e se dar bem ou mal na prática da caminhada e da corrida, ou seja, compreender o significado da caminhada para os seus praticantes. Portanto...

Como vemos a caminhada?
Como ela nos vê?
A caminhada tem algum encanto?
E nós conseguimos encantá-la?
O que significa a caminhada para nós?
Ou seja, qual é o seu significado para os seus praticantes?

SIGNIFICADO DA CAMINHADA PARA SEUS PRATICANTES

Aqui cabe uma pergunta simples: seria essa discussão fantasia, sonho ou devaneio?

Não, não é, visto que precisamos ter esse outro conhecimento, pois ele não é fantasia, devaneio ou sonho. Nada disso. Claro que poderemos ser simpáticos ou indevidos à caminhada. E, digo mais, ela também pode nos ser agradável ou não. Portanto, é possível ter prazer ou desprazer ao praticá-la.

REAÇÕES DO CAMINHADOR À CAMINHADA

Uma grande e importante característica, bem como marca da caminhada que todos devem saber, é que habitualmente expressamos e exteriorizamos o que sentimos na sua prática. E como! Pois dificilmente conseguimos esconder a reação e o comportamento de nosso interior.

E isso realmente acontece quando caminhamos. Porém, atenção! Observem bem. É que as reações não são iguais entre os praticantes. Uns gostam. Outros não. E isso fica demonstrado.

É muito fácil constatar o que foi colocado, pelo que peço que se observe um grupo de praticantes para se verificar o seu comportamento. Como fica expressado! Observem e comparem grupos caminhando – seja lá onde for – na rua, na praça, na pista ou até mesmo na esteira. Vejam como fica demonstrado no comportamento do corpo deles – até pela manifestação facial, onde mais se demonstra.

Daí que a minha curiosidade ao analisar uma pessoa caminhando é ter o singelo prazer de ver e saber como é o relacionamento dela com a sua caminhada. E o que ela expressa pelo seu andar. E o que o andar expressa por aquele que o executa. Está de bem com a vida? Ou não? Como são as feições do andante? Seu comportamento e seu estado interior? Sua autoestima? Seu orgulho? Quantas pessoas apresentam reações diferentes, de insatisfação? Portanto, o que expressam? O rosto deles? Que mensagem nos dá? E o corpo? A cabeça? Os braços? As pernas? Os olhos? O cabelo? Tudo. Tudo isso nos interessa. Por quê? Simples.

Pois tudo faz parte da interação do corpo com a caminhada.

É igualmente importante conhecer a reação psicoemocional e a comportamental. Pois é impossível dissociarmos o interesse pessoal, o comportamento, a psicoemocionalidade, o corpo, o caminhar.

Vamos fazer algumas considerações para que essas ideias e esses conceitos fiquem mais claros a todos.

REAÇÕES E COMPORTAMENTO DA CRIANÇA

Ao participarem de atividades físicas, as crianças apresentam uma característica toda própria que as diferencia do jeito e do comportamento dos adultos ao praticá-las, visto que elas são habitualmente mais espontâneas e bem mais participativas e praticantes da atividade física. E uma marca nas crianças é...

A atividade física é inerente ao jovem.

Será? Ou... Não será?

Chama a atenção que a atividade da caminhada como caminhada simplesmente tem poucos adeptos entre os jovens. Mas alguns caminham como caminhada realmente – quer esportiva ou não.

A grande maioria o faz ao praticar outros esportes, principalmente futebol. Porém, esse é uma mistura de diversos tipos de modalidade de atividade física, principalmente a caminhada e a corrida.

Muitos jovens, porém, não praticam nenhuma modalidade de esporte. São uns sentadões e até deitadões. Inacreditável! Mas são muitos.

Infelizmente, não são todos os jovens que praticam o esporte como opção de lazer. Não, não o são. Muito pelo contrário. Grande parte deles o pratica apenas na educação física da escola. E não são raros os que fazem esta "na obrigada". Se não, vejamos...

Uma jovem de 15 anos, minha paciente, típica "patricinha", disse que não fazia educação física para não estragar o cabelo! É. É isso aí!

A grande maioria diz "não gosto".

Parece mentira, mas essa é uma colocação muito frequente em minha clínica.

> **"Não gosto da atividade física."**
> **"Não gosto de brincar."**
> **"Não gosto de jogar bola."**

Mesmo a maioria dos que caminham afirma que não tem paixão pela caminhada.

E isso não consigo admitir, visto que não é real. Pois atrás do "não gosto" – na idade do jovem – existe algum fator restritivo, limitador, que deve ser pesquisado, conforme já escrevi[19].

Não podemos nos esquecer de que a criança é intensamente competitiva. E que, por isso, é muitíssima crítica. E se compara a todo momento com outras crianças. Quando se vê inferior – mesmo sendo capaz –, isso se torna muito frustrante. E ela se retrai para evitar a comparação.

Vamos voltar a comentar sobre o jovem e a atividade física mais adiante.

REAÇÕES E COMPORTAMENTO DO ADOLESCENTE

A adolescência é o período final da transição entre ser criança e tornar-se adulto. Ser criança é o período da despreocupação, sem compromisso maior. Ser adulto é o período da responsabilidade, do compromisso e da preocupação. E ser adolescente é estar na transição final. Mas ser adolescente é necessitar definir o que ainda irá fazer e por toda a sua vida. É o entregar-se ao estudo das formações cultural e profissional. Ser adolescente é o período do encantamento e do desabrochar sexual.

Mas não só isso. Ser adolescente é, também, o período das definições e das capacitações das atividades físicas. Então, na adolescência é quando ocorre o fim da capacitação e do estilo definitivo das diferentes atividades esportivas. E, portanto, é no seu final que se define para toda a vida o jeito de andar de cada um de nós. E isso é bom e mau. Bom, porque ao descompromisso da infância se agregam novas ferramentas de habilitação e capacitação que tendem a explodir o desenvolvimento físico do jovem. Mas, não se definindo a capacidade rendosa, o espírito crítico do adolescente o retrai e o afasta das comparações. Daí por que a não participação de adolescentes em esportes competitivos é muito grande. E o insucesso o afasta do esporte, marcando-o definitivamente.

Mas tem outra marca importantíssima da adolescência que todos os que lidam com a atividade física devem conhecer e considerar, pois ela é o período em que ocorre rapidamente o crescimento do corpo. Contudo, o que mais quero chamar a atenção agora é que **o crescimento muscular, o tendíneo, o ligamentar e o das cápsulas articulares não acompanham a rapidez do crescimento ósseo.**

Por quê? William Garret[11] foi muitíssimo feliz para explicar a dissociação do crescimento ósseo rápido com o mais lento das partes moles – principalmente músculos, tendões, ligamentos e cápsulas articulares. O que ele disse? Simplesmente...

"O músculo não possui cartilagem de crescimento."

O que é a cartilagem de crescimento? É simplesmente o centro de crescimento longitudinal principal do osso. Todas as partes do osso têm essa cartilagem. A sua extremidade (epífise – justa-articular) e a sua parte longa (diáfise). Essa tem duas cartilagens de crescimento (metáfises) – uma em cada extremidade óssea. E é o cessar do funcionamento destas cartilagens de crescimento que faz o jovem parar de crescer. Portanto, a sua existência é uma exclusividade dos ossos, daí a felicidade da afirmativa de William Garret.

Que interessante, que interessante!

Por quê?

Simples. Muito simples. Por essa razão, na adolescência observamos dois rápidos estirões de crescimento corporal. E, assim, os ossos, por terem a cartilagem de crescimento, crescem muito mais rápido do que os músculos e seus tendões, e também os ligamentos das juntas. Qual a consequência então? Novamente digo: simples. Como fruto disso, os tecidos moles (músculos, tendões, cápsulas e ligamentos das juntas) crescem menos e ficam encurtados, pelo que ocorre prejuízo na flexibilidade articular e na extensibilidade musculotendínea, ou seja, as juntas ficam mais "endurecidas". Mas não é só isso. Apesar de que é aí que se observa o *boom* do início do desenvolvimento da massa muscular, vê-se alguma desproporcionalidade entre o que o adolescente quer realizar como desempenho e a sua capacidade para executá-lo, pelo que, nesse período, deve-se trabalhar de maneira adequada o condicionamento físico, dando ênfase ao aumento da flexibilidade – quer a articular, como a musculotendínea – para evitar problemas e melhorar o rendimento do jovem.

REAÇÕES E COMPORTAMENTO DO ADULTO

Caminhando, cada um de nós – repito – expressa o sentimento interior de satisfação e de prazer ou, então, o de insatisfação. É facilmente observável. Mas...

Há diferença nos caminhares das pessoas.

Totalmente diferentes uns dos outros.
Existem caminhares que impressionam no bom sentido.
Outros, não. São caminhares incorretos. Executados sem disposição.
A feição facial não demonstra prazer, de gostar do que está fazendo.
Fazem "na empurrada". Parece que estão sendo ordenados e obrigados a fazê-lo.
Outros parecem uma estrutura emperrada. Com dificuldade para caminhar. É óbvio que não estão gostando.
Já outros caminham ou correm com alegria, descontraídos, com bom desenvolvimento e, tranquilamente encantados.

REAÇÕES E COMPORTAMENTOS
FEMININOS NA CAMINHADA

A prática do andar – principalmente a caminhada – apresenta algumas nuanças peculiares que se caracterizam em chamar a atenção de quem observa, assim como impressionar a evolução do seu caminhar. E isso é muito marcante no andar das mulheres.

A mulher comumente tem interesses diferentes ao caminhar. Claro que sim. Muitas o apresentam até de forma marcante. E isso pode ser constatado ao se observar uma mulher andando sozinha ou em grupo. É só prestar atenção. Se não, vejamos...

Muito bem. Vamos observar um grupo feminino caminhando. E garanto que, na realidade, a descrição a seguir não é nada mais, nada menos, do que o resultado de uma observação bem atenta. Bem, vamos olhar esse grupo aqui no calçadão do Gasômetro, onde temos este belo visual do Guaíba como fundo. Observem. Qual é a primeira marca do caminhar das mulheres e o que mais se nota nesse caminhar. Preste bem a atenção.

Habitualmente as mulheres são falantes – e como! Até irrequietas, agitadas! Como conversam! Se conversam! Conversam até "pelos cotovelos"! E como isso é marcante!

É. Mas continue prestando atenção no caminhar delas. Veja que, quando as observamos bem, constatamos que seu comportamento e seu interesse vão além, muito além, da vontade de apenas falarem. E como são sutis! As mulheres, durante o caminhar, têm ainda outros interesses – além do praticar a atividade física e o de falar – que não deixam de expressar. E expressam em todo o corpo. Observe bem. Veja...

Caminhando, as mulheres apresentam reações muito chamativas, sutis e envolventes em todo o seu corpo.

Até o comportamento do cabelo é insinuante. E varia de uma para outra. Umas apresentam o pescoço e a nuca estrategicamente expostos, mostrando sensualmente a raiz do cabelo, pois que esse, interesseiramente, está preso e amarrado. Já outras exploram os cabelos soltos, num balanço harmonioso e chamativo.

O rosto! Como ele fala sobre o estado de espírito da mulher! Alegre, triste. Interessante e interessada ou não.

Os olhos. Uns parados, profundos, investigativos e convidativos. Outros, irrequietos, brilhantes, agitados, perturbadores, desconcertantes e falantes.

Continuando na viagem investigativa pelo corpo da mulher que caminha, observamos seu charme. Ou não. Seu interesse. Ou desinteresse. Sua pretensão. Enfim, o que ela quer, deseja. Com insistência ou não.

No giro da cabeça de um lado para o outro.

No alinhamento do pescoço.

No comportamento e no posicionamento dos ombros. Algumas os mantêm em posição neutra. Outras os posicionam mais anteriormente (para a frente), tentando esconder e abafar "os seios".

É, mas, veja, existem outras que colocam os ombros mais para trás, mostrando e expondo galhardamente os volumes excitantes de suas mamas – "seios". Que poder esse o das mulheres! E como elas são estrategistas! Não é possível se pensar diferente. Pois, se assim não fossem, como se entenderia que acomodassem esses monumentais centros de erotismo e sensualismo em suportes com base dura? Como? Mas como mesmo, se o balanço das mamas – o menor que seja – durante o andar indiscutivelmente é outro recurso que a mulher tem para ser admirada e desejada? Não é possível entender. A não ser que suas mamas já não consigam mais se manter firmes em posição de cobiça.

Deixa pra lá. Vamos seguir essa observação do comportamento das mulheres durante o andar.

Que sensualidade o da mulher ao caminhar!

Contudo, vamos adiante. Vamos seguir nessa observação do restante do corpo delas.

Vamos descer até a barriga. Muitas mulheres têm a barriga totalmente coberta, escondida. Umas bem grandinhas e balançantes, pois são gordinhas ou gordonas. Algumas delas até que são graciosas. Mas a grande maioria apresenta o umbiguinho exposto. Uns bem feitinhos. Verdadeiras covinhas encantadoras. Suas donas sabem o seu valor. E algumas delas, para tornar essa covinha mais chamativa, colocam nela um *piercing* malandramente posicionado!

Como as mulheres sabem explorar o valor do seu umbigo, essa cavidade raso-profunda, chamativa, encantadora, desejosa e desejada! Que covinha atrevida!

Agora vamos observá-las por trás. Que saudade do Érico Veríssimo! Sim, pois em um de seus livros (*O Senhor Embaixador*)[50] ele exaltou o bumbum da mulher. E tinha razão por esse encanto.

Pois o bumbum da mulher é diferente do bumbum do homem. É só observar o comportamento dos dois.

Nenhum deles fica parado.

Porém, o da mulher se movimenta mais e muito mais. Uns um pouco menos. Mas outros, até muito mais. Com movimentação harmoniosa.

Ora o bumbum roda charmosamente para a direita, ora para a esquerda, como querendo chamar a atenção de todos que vêm atrás, mesmo os bem afastados lateralmente.

Mas a picardia atraente da mulher não fica só nisso. Ela eleva um pouco o bumbum à direita e depois à esquerda.

Esse é um gesto de orgulho que reconhece o bumbum que tem.

Ainda mais. Mas o bumbum dela não apresenta só esses movimentos. Ele também se inclina à direita e à esquerda. Pois é, a mulher faz tudo isso com o seu bumbum. E interesseiramente! Tanto que para reforçar todo esse encanto apaixonante ela caminha diferentemente de nós. E ela procura cruzar os passos durante o andar. Pois, no caminhar, quando cruza o pé de um lado para o outro, aumenta toda essa movimentação altamente excitante. Tanto isso é verdade que as modelos desfilam com esse andar.

E, ao apresentar toda essa movimentação faceira do seu corpo, a mulher demonstra que aprecia o caminhar, não só pelo benefício da saúde física e da psicoemocional. Não. Não só por isso, pois ela igualmente valoriza o caminhar para que possa ser apreciada e cobiçada em virtude do seu andar sensual e encantador. É um comportamento. É um comportamento. Que bom.

REAÇÃO E COMPORTAMENTO DO IDOSO

Com os caminhantes idosos é possível verificar que também apresentam comportamentos distintos. Porém, a grande maioria apresenta algumas características mais específicas da idade mais avançada. Se não, vejamos.

Uns andam como se "estivessem alquebrados". Movimentam pouco o corpo. Apresentam caminhar muito lento, devagar, indo "na obrigada". Feição facial algo emburrada, amarrada, de detestar.

Outros apresentam movimentos graciosos, alegres e contentes, ou seja, demonstrando estar muito bem com a vida. "Claro", não apresentam a amplitude dos movimentos de caminhantes mais jovens. Mas estão caminhando soltos, não amarrados.

Mas o que realmente marca o andar do idoso é a transformação estrutural e até psicoemocional que ocorre com ele. E isso deve ser levado em consideração. E como. Como veremos adiante, a partir dos 20 anos, em cada década começa a haver diminuição de 5% na força muscular. De tal maneira que aos 80 anos se tem cerca de 50% da força que se tinha aos 30 anos. Mas não só isso. Os tecidos vão se desidratando. E a elasticidade tecidual vai diminuindo. E como! Com isso há grande diminuição da flexibilidade articular e da extensibilidade musculotendínea. E associado a isso vai ocorrendo o ganho de peso pela obesidade, tudo colaborando para a baixa do rendimento e a sua preferência pelo sedentarismo. Aí se agrava ainda mais seu estado físico. Tanto que o jeito de o idoso caminhar é o de com o passar dos anos mais e mais se definirem ou tenderem a se definir as seguintes características:

- Pouca força muscular.
- Muito ruim equilíbrio na posição de pé.
- Passos lentos e menores.
- Ausência ou diminuição da movimentação pélvica e, portanto, não ocorrência dos passos pélvicos.
- Coluna praticamente rígida. Inclusive isso é agravado pela degeneração das vértebras e de seus discos intervertebrais, que diminuem mais e mais os movimentos da coluna.
- Balanço menor dos braços, com movimentos curtos.
- Afastamento lateral dos pés para aumentar a base de sustentação e aumentar o equilíbrio postural de pé.

Porém... ATENÇÃO, MUITA ATENÇÃO!

Apesar de tudo, é fácil, muito fácil, melhorar essa situação e essas condições! É isso aí! Mas não é só isso. Pois se deve realizar habitual e rotineiramente esse trabalho com os idosos, visto que o seu estado muda radicalmente para melhor.

Concluindo. A relação entre o caminhador e a caminhada é expressada de forma semelhante em todas as idades. Apenas guardadas as suas características próprias.

O apreciar ou não é automaticamente demonstrado e perfeitamente identificado. Se gosta e aprecia, fica patente a aplicabilidade do depoimento de Tim Noakes[39]. Se não, vejamos.

> **"A corrida me introduziu em meu corpo, tornando-me informado dele e responsável por ele."**

Pelas considerações sobre a análise de **A caminhada. Como a vemos?**, evidenciamos algumas dicas:

- Todos expressam na face, no olhar e nos movimentos da cabeça, dos braços, do tronco e da bacia, das pernas, se estão ou não gostando da caminhada.
- A mulher durante o caminhar mostra sensualidade e encanto em todo o seu corpo, tendo algumas partes mais marcantes.
- Poucos jovens gostam da caminhada esportiva e o demonstram claramente.
- Contudo, há jovens que exteriorizam a satisfação de caminhar e de correr.
- O idoso também mostra se gosta ou não da caminhada.

Caminhada.
Fácil?
Difícil?

Caminhada. Ah... A caminhada!

Fácil?
Difícil?

E daí? É fácil? É difícil?
Vamos ver. Vamos ver.
Pense, analise e considere bem a seguinte colocação.

> **"Correr não é tão simples como pode parecer."**
> Marc Evans[9]

Pois é, e daí?
Caminhar, então, não é tão simples como pode parecer?
Inacreditável! E o que faremos neste capítulo? Simplesmente tentar responder a essa pergunta e discutir se a caminhada é atividade fácil ou difícil! Tem isso fundamento? Ou... Não seria um excesso de perfeccionismo que ao discuti-lo pudesse provocar certa retração nas pessoas para praticar a caminhada? Pois, antes de caminhar, elas precisariam aprender a técnica de fazê-lo? É. É problemático.
Mas vamos lá. Portanto...

ATENÇÃO, MUITA ATENÇÃO!

Vou me antecipar um pouco, pois o que será afirmado agora apresentar-se-á mais detalhado adiante. Veja e pense a respeito sobre o que Verne Inman e colaboradores afirmaram[25]:

> **"Leva-se tempo para se conseguir o domínio da locomoção bípede na posição ereta, ou seja, é ocorrência prolongada. E parece ser uma combinação de instinto e aprendizado."**

Portanto, não só o primeiro andar deve ser aprendido. Mesmo o adulto ao querer se iniciar no andar esportivo deve na realidade aprender algumas coisas básicas para ter melhor rendimento e não sofrer problemas. Apesar dessa posição, tenho por hábito orientar o iniciante para que ande como anda no dia a dia, ou seja, no início mantenha o seu jeito de caminhar. Só que de maneira mais organizada. Depois gradativamente vai aumentando a quantidade, o ritmo e a espontaneidade. Daí por que eu costumo dizer-lhe...

> **"Não é preciso aprender a técnica para caminhar."**

Claro, isso no início. Pois quero simplificar o andar e conseguir novos adeptos. E ainda digo categoricamente...

> **"Caminhar é fácil. Melhor, muito fácil."**

Veremos as justificativas para essas afirmativas logo a seguir.

E mais...

> **Andar é uma atividade própria e espontânea dos animais – principalmente dos mamíferos. Mas não só deles. E, portanto, é uma função inata deles, pelo que não precisa ser aprendida.**

Pois é, e nós humanos como estamos nessa? Será que a caminhada – ou melhor, o andar, quer na forma de caminhada ou de corrida é tão espontânea como para os demais mamíferos? Será?

Não. E sim.

Não, porque muitos dos demais mamíferos ao saírem do ventre materno imediatamente conseguem andar – é só observar as crias equinas e bovinas quando se levantam e começam a caminhar minutos após saírem do ventre materno. Bem, elas são quadrúpedes e, portanto, têm maior equilíbrio. E a sua iniciação é instintiva. Claro, bem no início andam de forma meio atabalhoada. Mas logo, logo, se equilibram e lá vão os filhotinhos andando com muito garbo, vaidosos – e como! –, orgulhosos, olhos brilhantes de satisfação e alegria e integralmente felizes com a sua proeza.

Já "o filhote humano" não tem esse comportamento tão imediatista. Ao sair do ventre materno, ele precisa esperar muito, mas muito tempo mesmo, para só então demonstrar o seu orgulho e o garbo com a proeza do andar. Mas, mesmo assim, tem outras diferenças em relação ao andar dos filhotinhos dos demais mamíferos. Por exemplo, precisa de outro bom tempo para conseguir apresentar o equilíbrio que os demais filhotes conseguem praticamente no dia do nascimento. Ou um pouquinho mais.

ATENÇÃO, MUITA ATENÇÃO!

O "filhote humano" leva quase o mesmo tempo que levou para iniciar a andar e conseguir equilibrar-se bem de pé durante a sua locomoção.

Que coisa! Mas é a pura verdade! E agora estou pensando e vou divagar. Não seria por essa razão de o "filhote humano necessitar muito tempo para iniciar a andar a causa que motivou e motiva os pais e os avós de sentirem necessidade de pôr seu pimpolho num andador? Não seria? Por favor, pense comigo. Visto que, na realidade, o andador existe só por causa da ansiedade dos pais e dos avós. Não tem outra justificativa. Não tem mesmo. Muito pelo contrário.

E daí? Será que o andar humano é tão espontâneo como o dos demais mamíferos? E, ainda, é ele fácil? Eu não tenho dúvida alguma. Porém, um elemento importantíssimo que sempre devemos considerar é a afirmativa de Inmam e colaboradores já vista. Portanto, o homem é um bípede ereto, pelo que exige maior e melhor controle e desenvolvimento neural. Contudo, o andar humano após ter se iniciado e desenvolvido pode-se dizer que é fácil. Mas seria ele espontâneo? Aqui não tenho a mesma firmeza. Infelizmente. E sobre essas duas colocações vou apresentar alguns conhecimentos e constatações para então permitir que penses um pouco também. Vamos lá.

Portanto, o homem apresenta postura física ereta. E anda ereto, de pé. Óbvio que para manter a ação e a postura ereta do homem são necessários três fatores biomecânicos indispensáveis. O primeiro é a existência de forças musculares que mantenham todos os segmentos corporais eretos para possibilitar o ortostatismo, isto é, em pé parada. A isso, alguns autores chamam de "reflexos de colocação" (Bastos-Mora)[1]. O segundo fator é que se deve ter a força que se contraponha à ação flexora da gravidade e mantenha o corpo ereto. Esse é o papel do "tônus de sustentação", ou seja, "de suporte". Finalmente, o terceiro fator indispensável é que se tenha o necessário equilíbrio para se manter de pé, ou seja, é indispensável se desenvolverem as "reações de equilíbrio". E a criança não tem essas três condições no momento do nascimento. Nada disso. E para adquirir essas três funções indispensáveis para se manter ereta, verticalizada, ela leva alguns meses para aprendê-las e desenvolvê-las.

E, ainda, a observação e a análise detalhada da estruturação do homem permitem constatar que ele é formado, montado e estruturado de maneira espetacular para executar o andar em qualquer de suas formas: a caminhada, a corrida não veloz e a corrida veloz. Mas não o tem só para isso. Não. Mas também para saltar, pular, quer para cima, para trás, para a frente e para os lados, ou seja, o corpo humano tem criação e construção absolutamente apropriadas para o andar. Isso é verdade. Contudo, qualquer uma delas precisa de aprendizado. Principalmente os andares não triviais, como é o caso do andar para os lados. E isso é muito evidente na dança, pois que os passos laterais são os que oferecem mais dificuldades aos dançarinos não habilidosos.

— Iiii... Agora vou entrar de novo. Não consegui me aguentar. Cara, agora tu queres fazer algumas elucubrações filosóficas? Deixa pra lá!

— Não é nada disso. Não é mesmo. O que vou te colocar é a real. Não existe a mínima dúvida.

Pois é, te peço que acompanhes o raciocínio e verás que tem total fundamento. Bem, vou repetir a última colocação feita acima, ou seja, o corpo humano tem criação e construção absolutamente apropriadas para o andar. E isso é observado em todas as esferas.

Tanto é assim que fico fulo da cara quando ouço ou leio que, pelo fato de o homem não ser quadrúpede, e sim bípede, ele apresenta uma série de desvantagens e consequências inconvenientes. E isso que dizem é um absurdo. Se não, vejamos. Dizem que o homem não foi feito para correr. Que ignorância! Que desconhecimento! E isso ficará absolutamente claro após as próximas considerações. Voltando mais diretamente à linha de pensamento anterior. Realmente, o corpo humano é todo feito para o andar. Todo mesmo. Desde o comando – isto é, o pensar e o elaborar o gesto e o comportamento – por meio do sistema nervoso central. Pois aí existe um centro eletrônico exuberante. Depois, pelas fiações (nervos) que enviam a ordem e se comunicam com os elementos cabíveis. E por esses fios haverá a ativação das estruturas motoras, ou seja, dos músculos. O que é o músculo? Nada mais, nada menos do que a carne que comemos no churrasco, nos bifes, nos filés, na "carne de panela". Portanto, o músculo se comporta como um verdadeiro motor. E o é, ou seja, é uma máquina que pode produzir movimento. Daí por que falamos em máquina biológica. Ou motor biológico.

Vamos ainda continuar com esse motor biológico. Exemplo dele são os fortes músculos da barriga da perna, batata da perna ou panturrilha, que dão força para pularmos, corrermos e caminharmos. Para que ele origine a energia para produzir movimento precisa ter consistência e estrutura elásticas. Por essas características o músculo é muitíssimo competente para produzir a força necessária para a execução dos movimentos.

Contudo, o músculo por ser elástico é um mau puxador, visto que o elástico não se presta para puxar. Daí por que o músculo precisa de uma estrutura unida a ele que seja algo "inelástica" e, portanto, resistente para poder puxar. E aí temos algumas e não só uma. Começa pelas capas dos músculos, que vão se fundindo e constituindo uma cinta resistente. E essa é continuada por uma verdadeira corda fibrosa, muito resistente. Essa é o tendão – que o leigo chama de *nervo*. Por exemplo, o tendão do garrão, também chamado de Aquiles ou calcaneano. E o tendão vai se fixar numa estrutura dura – uma verdadeira coluna ou viga – que é o osso.

Então, para se realizar um determinado movimento, a central de comunicação e de comando recebe o pedido, organiza a ordem e a emite, ligando a chave de ignição. Com isso, o músculo é acionado, se ativa e desenvolve sua potência para produzir a força necessária para realizar o movimento. Aí suas capas (fáscias) e o tendão – que são resistentes – sendo acionados provocam o movimento conforme a força que o músculo lhes transmitiu.

Mas voltando aos ossos. Em realidade existe uma infinidade de ossos em nosso corpo. E a sua forma e estruturação é diferente de acordo com a função desempenhada. Por exemplo, existem ossos que são longos com estrutura mais rígida, pois formam verdadeiras colunas de sustentação ou vigas de movimentação. Assim, temos o osso da coxa e os ossos da perna. Veja bem, poderia existir um osso único que iria desde a bacia até o pé. Mas não é assim. Por quê? Porque o membro inferior necessita de interrupção dessa coluna que vai da bacia ao pé. Isso para quê? Para produzir movimentos. Esse local que facilita a movimentação são as juntas. A junta biológica é chamada de articulação. E o que qualquer junta precisa para permitir movimentos? Ela necessita apresentar várias características específicas e apropriadas para a ocorrência dos movimentos. Por exemplo, para ter movimento livre, as superfícies da junta têm que ser absolutamente lisas. Caso contrário, o movimento fica prejudicado em razão do atrito. Exemplo disso é a homocinética das rodas dos carros. Quando apresentam alguma ranhura, a roda vibra ao fazer uma curva. E na junta humana isso também ocorre. O osso tem superfície áspera e, portanto, é inadequado para o movimento da junta. Daí por que, no interior da junta, os ossos que aí participam são revestidos por uma película (membrana) fina, bem fina, absolutamente lisa, chamada de cartilagem. Como ela está na junta – isto é, articulação – é chamada de cartilagem articular.

Além disso, a junta precisa ser lubrificada constantemente. Caso contrário, ficaria ressequida e isso jamais deve acontecer, ou seja, a articulação não pode ficar ressequida. Se ficar, estraga. Por isso, ela é quase que permanentemente umedecida por um lubrificante. E na nossa junta isso igualmente ocorre.

Assim, em relação à estruturação do corpo para que o homem ande – caminhando ou correndo –, vamos chegar a uma estrutura toda ela voltada para executar esse trabalho. Repito, toda essa estrutura é preparada pura e exclusivamente para suportar o homem ereto e permitir que ele ande. E conhecê-la em sua intimidade me permitiu admirá-la e ficar impressionado com ela. Estou falando do pé. Isso é: o nosso pé. Ele é uma verdadeira loucura de estrutura bem executada voltada para o andar. Portanto, grave...

ATENÇÃO, MUITA ATENÇÃO!

O pé não é um alicerce que suporta o nosso corpo.

Não. Não é. Repito: o pé não é um alicerce que suporta o nosso corpo.

Não, não é viajada não. Eu também já o considerei um alicerce. E muito o apresentei como alicerce. E ele foi até há pouco assim pensado. E, infelizmente, ainda é pensado e considerado alicerce pela grande maioria das pessoas, até mesmo pelos que trabalham muito diretamente com ele, como é o caso dos ligados à confecção do calçado.

Mas isso é um gravíssimo erro. Acompanha-me um pouco. Veja bem, a mão tem uma função insubstituível para nos alimentarmos, nos vestirmos, executarmos nossos trabalhos – como este que estou realizando neste momento, que é digitar este escrito. Para tanto, ela tem uma criação e uma estruturação apropriadas. E habitualmente dizemos que o que mais particulariza a mão é o exercício da função **de preensão, de agarrar**. Aí é que está. Com o pé acontece o mesmo, visto que assim como a mão tem uma função que a identifica e particulariza, tornando-a diferente das demais de nosso corpo, o pé igualmente é conhecido e identificado com uma função somente dele. Essa função particular e exclusiva do pé é o **rolar**. Então...

O rolar está para o pé, assim como o agarrar está para a mão.

E a capacidade de rolar dá ao pé a definição que ele está para o homem, assim como o pneu está para o automóvel. Portanto...

A função primordial do pé é o andar.

Infelizmente esse conhecimento não é ainda bem dominado e, em consequência, o pé não é adequadamente considerado para a função primordial do andar. Mas o pé está preparado para rolar e, consequentemente, para andar.

Assim como foi aconselhado que se observassem grupos de pessoas caminhando, aconselho que se observem pés andando. Mas não só isso. Indico que se o olhe de lado, observando principalmente o calcanhar e o antepé. É, sem dúvida alguma, que, após observarmos o pé andando, logo, logo, verificaremos e compreenderemos essa sua propriedade.

Então cabe agora a pergunta: por que e como o pé desempenha o rolar para participar de nosso andar? O pé é especializado em rolar porque a superfície plantar de apoio dos ossos que contatam o piso apresenta uma curvatura convexa – arredondada – no sentido do calcanhar para os dedos. Todos os ossos do pé que apoiam são assim. Em realidade, os ossos do pé que apoiam o piso são fundamentais, exclusivamente o do calcanhar e os juntos aos dedos (metatarsianos), ou seja, a superfície plantar de apoio desses ossos não é plana, o que seria esperado se o pé fosse especializado simplesmente como alicerce, para suportar o peso do corpo (Fig. 5-1).

Por favor, olhe um pé descalço durante o caminhar. Porém, também o olhe visto de lado. Quer pelo lado interno do pé, quer pelo externo. Olhe bem. A primeira parte do pé que toca o piso durante o caminhar é o calcanhar. E pela sua parte mais posterior. Aí ele vai se abaixando, e a parte bem plantar e até um pouco anterior da sua região plantar entram no piso. Mas isso é feito como se fosse uma roda, ou seja, o calcanhar roda no piso. Insisto. Continue olhando o pé de lado. Logo, logo, a ponta do pé toca o piso. Em seguida, o calcanhar se afasta do piso. Por favor, fixe o olhar na relação da ponta do pé com o piso. O que vemos? Simplesmente a ponta do pé se comporta e atua como uma segunda roda. A primeira foi o calcanhar. E o movimento da segunda roda também é o de rolar.

Mas não só isso. Não. Se não, vejamos. E mais. A superfície de apoio de cada um desses ossos é muito pequena, sendo de poucos milímetros quadrados.

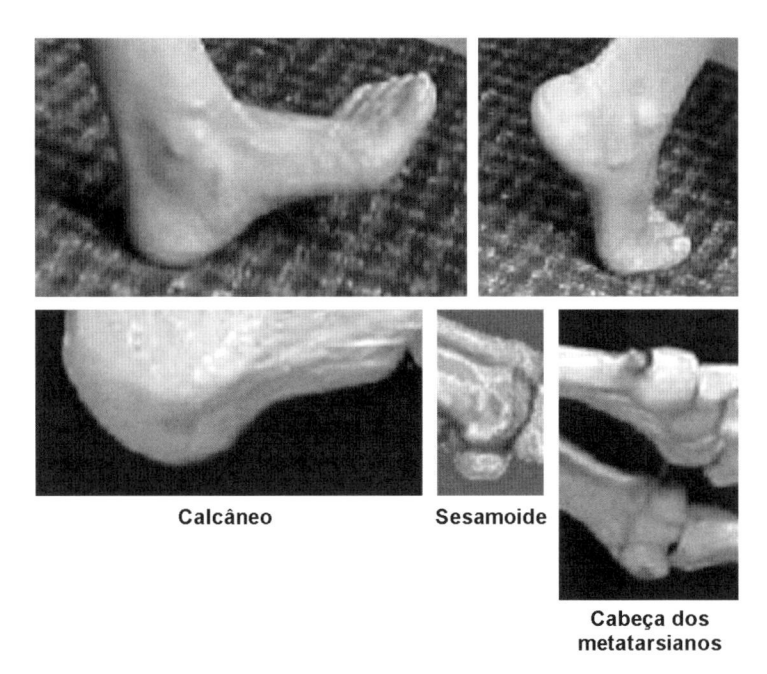

Calcâneo **Sesamoide**

**Cabeça dos
metatarsianos**

Fig. 5-1. As formas plantares do pé que possibilitam o rolar para poder exercer a função do andar. Observa-se que o calcanhar e também o antepé – nesse caso, principalmente na relação da cabeça do 1º metatarsiano com o hálux – têm forma arredondada no sentido posteroanterior.

E ainda mais. Praticamente essas superfícies plantares de apoio do corpo nunca suportam o nosso peso simultaneamente durante o andar. Se o fazem, isso ocorre em tempo muito fugaz.

E continuando. Se elas suportarem a carga simultaneamente, então existe alguma coisa errada. Pois isso não deve acontecer, uma vez que o pé vai se torcendo e retorcendo durante o caminhar.

Gostaria de continuar mostrando outra semelhança funcional entre a mão e o pé, ou seja, outra particularidade que muito aproxima o pé da mão. Por favor, atenção. É que tanto a mão como o pé se caracterizam por necessitar de muita movimentação intrínseca para que possam conseguir realizar suas tarefas. Assim, uma mão rígida perde algo ou muito de sua capacidade funcional. E igualmente um pé rígido não é pé andador. Em sendo rígido ou até mesmo se apenas tiver comportamento rígido, o pé pode realizar seu trabalho de sustentação do corpo, ou seja, aí sim se comportando como um alicerce. Mas o andar fica absolutamente prejudicado e, com o tempo, ocorrerão estragos no pé. **É questão de tempo**. Daí por que o analista do pé durante o andar deve saber verificar como o pé se comporta quando caminha ou corre. Por quê? Simples. É que muitos pés que até apresentam boa movimentação quando os movimentamos – manipulamos – com a mão comportam-se durante o caminhar como se fossem rígidos. E como isso é frequente! E como isso pode criar problemas!

No momento, vamos ficar com essas informações. Mas existem muitas outras, úteis mesmo ao leigo. Mas, como vimos, somos construídos para o andar. E, para dar uma ideia mais apropriada ainda, gostaria de acrescentar a descrição estrutural do corpo. Por favor, não se apavore. Tenho certeza de que tanto tu como qualquer outro que ler vão entender com facilidade. Se não vejamos.

O corpo é constituído de:

- **Ossos** – São estruturas firmes, duras, fortes e resistentes, não apenas para o sustento do corpo de pé parado. Mas mesmo para suportar cargas que são múltiplos da massa corporal. Os ossos também suportam carga tênsil – por tensões, por trações. E, por isso, os ossos apresentam uma estruturação e constituição bem particular que os diferencia, por exemplo, das colunas de suporte de um prédio. Existem ossos longos que funcionam como coluna de sustentação ou varas, isto é, vigas. Porém, esses ossos não são únicos, sendo unidos a outros por meio de juntas, que permitem o movimento. Mas, pasmem! Os ossos do corpo constituem apenas 15% do peso corporal! Porém, se retirarmos a água que está neles, aí eles representam só 10% de nosso peso! E só isso! Nada mais. Então, aquela ideia popular de que o homem ossudo é mais pesado por ter mais osso é uma furada, não é verdadeira.
- **Músculos** – São verdadeiros motores biológicos, muito potentes. São capazes de produzir grande carga de energia e de força para provocar o deslocamento de todo o corpo ou de uma de suas partes. Os músculos constituem 43% do peso corporal.
- **Tendões** – São cordas fortíssimas, isto é, tirantes muito fortes e resistentes, capazes de transmitir a força produzida pelos músculos aos ossos. Dessa maneira, levam ou posicionam os ossos para onde querem.
- **Juntas** – Podem ser consideradas como modelo mecânico para qualquer tipo de junta (biológica ou não).
- **Ligamentos** – Eles são os principais responsáveis pela estabilidade das juntas. Mas ainda têm outras funções importantes e vitais para a articulação.
- **Sangue** – Ele é o combustível de altíssimo grau que o corpo possui.
- **Coração** – É a bomba que faz o combustível circular.
- **Pulmões** – São o fole para a captação e a difusão do ar e para a ventilação.
- **Sistema nervoso** – É um sistema "elétrico" sofisticado – ou melhor, eletrônico –, importante para provocar movimentos e captar o reconhecimento do ambiente, dos objetos e das pessoas. Portanto, é o responsável pelo início dos trabalhos moto-

res, da sensibilidade e do autônomo. Mas não só isso. São também os responsáveis por apresentarmos um número grande de diferentes sensibilidades de reconhecimento e de identificação. Assim, conseguimos diferenciar temperaturas diferentes, dor e uma série de outros recursos identificatórios.

Portanto...

Juntando tudo isso, percebemos que o corpo humano é mecanicamente muito bem dotado e preparado para o andar, independentemente do seu tipo – caminhada ou corrida.

Porém, nem sempre tudo é tão alegre e prodigioso assim. Infelizmente, com grande frequência, determinadas pessoas prejudicam e alteram esse espetacular sistema biomecânico.

Mas não é só isso. Muitas outras, apesar de manterem bem o sistema biomecânico, não o utilizam a contento, andando, então, inadequadamente.

Isso é verificado na análise clínica e, principalmente, pela avaliação baropodométrica (*baro* = pressão; *podo* = pé; *metria* = medida, avaliação).

Com esse novo conhecimento do pé, acredito ser importante considerar o andar nas diferentes idades.

O ANDAR DA CRIANÇA

O andar do homem se dá desde praticamente os 12 meses de idade, podendo ser aceito como normal se iniciar até os 16 meses. Principalmente se a criança nascer de parto prematuro, há tendência a demorar um pouco para caminhar e não ser anormal. Aí, portanto, pode atrasar um pouco mais e, mesmo assim, ainda ser considerado normal, mas é bom ter cuidado. Não devemos nos precipitar.

O andar humano, apesar de levar todo esse tempo para ter seu início, se apresenta no seu princípio absolutamente instável, próprio da imaturidade neuromuscular.

Por essa razão, a criança no começo caminha com os pés bem afastados lateralmente (para fora) um do outro, com a finalidade de aumentar a estabilidade, a segurança. É isso aí. O caminhar inicial da criança mantendo os pés afastados lateralmente entre si acontece em razão da imaturidade neurológica. Contudo, não se deve esquecer de que muitas pessoas acham que isso é devido ao uso da fralda. Mas não é o caso. Realmente a causa é a imaturidade neuromuscular (Fig. 5-2).

Porém, mesmo quando a criança caminha com as pernas bem afastadas lateralmente, ela cai frequentemente, o que é natural. Contudo, a sua queda não se faz para

Fig. 5-2. O primeiro caminhar da criança é feito mantendo os pés bem afastados lateralmente para melhorar o equilíbrio, visto que ela ainda não tem um bom controle motor do sistema nervoso.

os lados. E sim para a frente ou para trás. Principalmente para a frente, e isso porque tende a manter seu corpo levemente inclinado anteriormente para a frente.

Costumo comparar isso com o caminhar do ébrio, que para se estabilizar caminha mantendo os pés afastados para os lados – semelhantemente à criança em seu primeiro estágio ao andar. E, quando cai, é para a frente. Pode ocorrer queda lateral apenas no apoio sobre um só pé.

Além disso, outra particularidade muito interessante do caminhar da criança – nessa primeira fase, mas avançando um pouco mais – é que ela, em vez de tocar primeiro o piso com o calcanhar (como acontece em outras idades), toca com o meio ou, até, com a ponta do pé, ou seja, usa o andar da corrida veloz, quando o toque inicial do pé no piso se faz pelo antepé. Portanto, crianças normais durante o seu primeiro caminhar o fazem frequentemente quase que só se apoiando apenas com a ponta dos pés. Ou, então, tocam o piso com todo o pé e não em primeiro lugar com o calcanhar. E são normais. E isso pode ir até os 2 anos ou um pouquinho mais. Cuidado, não confundi-lo, por exemplo, com um caminhar ligado à paralisia cerebral. Essa é realmente a ideia que costumeiramente se tem. E todos nós devemos ficar muito atentos ao ver uma criança andando com frequência ou até habitualmente na ponta dos pés. Pode ser normal, como foi colocado, ou pode significar alguma patologia, mas é claro que se deve ter cuidado e atenção com as crianças que caminham *constantemente* sem nunca conseguir apoiar o calcanhar. Esse caminhar é de alto risco. Porém, agora vou apresentar o pulo do gato.

Se em algum momento ela apoia naturalmente o calcanhar, então quase que certamente não é patológico.

Vou relatar exemplos importantes verificados em minha clínica. É comum eu atender crianças – principalmente menininhas – de 2 anos que sempre caminham usando só a ponta dos pés. Não apoiam os calcanhares. E todos acham que a menina se torna bonitinha, pois que caminha como uma bailarina. Um desses casos foi muitíssimo interessante e elucidativo. Perguntei a sua mãe se a sua filha nunca caminhava de modo diferente e tive a seguinte resposta: ***"Às vezes, quando imitava uma prima."*** Matou a charada, ou seja, o caminhar só de ponta não era constante e, portanto, não patológico. Então, pedi para a menina imitar a prima. E ela caminhou normalmente. Claro, impõe-se que se examine com certo rigor e que se pesquise atentamente a possibilidade de problemas motores, principalmente do tipo paralisa cerebral.

Mas impõe-se também fazer outras considerações sobre o andar da criança. Elas são importantes inclusive para os pais e os avós. Mas não só pra eles não. É do interesse de todos nós. Se não vejamos.

Em torno dos 2 anos de idade, a criança começa a ter o seu caminhar mais estável. Pois é mais ou menos nesse momento que ela caminha colocando as pernas mais próximas uma da outra, ou seja, só aí passa a ter um caminhar mais equilibrado.

Como já disse, esse momento do início do caminhar mais estável da criança corresponde mais ou menos ao período da retirada da fralda. Mas nada tem a ver uma coisa com a outra. Pois, coincidindo com o início da estabilidade do caminhar, começa a ocorrer o controle neurológico da urina e da evacuação.

Portanto...

O caminhar da criança pequena com as pernas afastadas lateralmente não tem nada a ver com as fraldas. E nem o caminhar com as pernas juntas. Nesse caso, é só coincidência da maturação neurológica do equilíbrio e para o controle esfincteriano vesical (da urina) e do anal (das fezes).

Porém, ainda se impõe fazer outras considerações sobre o caminhar inicial da criança. É que ela no seu caminhar inicial na realidade praticamente não caminha. Ela corre. E como! Pois é, mas é isso aí. É a pura verdade. Observe e depois venhas falar comigo.

Mas tenho outras informações sobre o caminhar e o andar da criança.

Numa fase praticamente imediata, ou seja, por volta dos 2 anos e meio, a criança desenvolve o controle da alternância e aí consegue subir e descer escadas alternando os passos. E esse é o momento quando a criança consegue pedalar. Se ganhar, por exemplo, um triciclo antes desse momento, ela anda e vibra com ele. Mas o seu andar é provocado pelo empurrar dos seus pés no solo! Pois não conseguirá pedalar. Só mais tarde.

Outra informação ainda. A criança salta só após os 3 anos.

E ela vai conseguir caminhar sobre uma linha apenas lá pelos 5 a 6 anos. Ao observarmos essas características evolutivas do andar da criança, vemos que em realidade o seu aprendizado é longo. E, portanto, não é tão espontâneo assim.

Outra particularidade da criança é que ela apresenta grande flexibilidade nas juntas, tendo maior amplitude de movimentos do que o adulto. Claro, nem todas. Isso nos primeiros anos. Mais especificamente dos 4 aos 9 anos, mais ou menos. Essa grande flexibilidade influi muito na postura do jovem. E isso é muitíssimo importante.

É impressionante como os pais pedem e insistem para que os jovens se posicionem melhor! Isso é agressão à natureza. É forçado. E não tem o mínimo efeito prático corretivo. Muito pelo contrário. Deixa o jovem muito chateado e até preocupado pela cobrança que ele não tem condição de atender.

Como já comentei, além disso, a atividade física da criança é predominantemente com corrida – apesar de também explorar caminhada. É feita em jogos e brincadeiras. Assim, os brinquedos que usam a atividade física – por exemplo, pega-pega, esconder e outros – são praticados com corrida.

O ANDAR DO ADOLESCENTE

Já a adolescência é um período de grandes dificuldades decisórias quanto à atividade física.

Somente os bem definidos atuam.

O número de indefinidos e retraídos é grande.

Há sedentarismo. E como! Os que praticam a atividade física esportiva preferem jogos. Ou, ainda, praticam musculação com o intuito estético, para melhorar o aspecto físico. E praticam, praticam. A caminhada tem pequena preferência. A corrida um pouco maior.

O ANDAR DO ADULTO

O adulto! ... Ah, o adulto andando!

Ligado?

Desligado?

Envolvido?

Ou não está nem aí com a caminhada?

Como ele se comporta com a caminhada?

E a caminhada, qual a sua sensação e atitude para com ele? Mostra-se e se apresenta fácil? Difícil? Ela esconde alguma coisa?

Qual o significado da caminhada para o adulto?

E qual o significado do adulto para a caminhada?

Vamos ver, vamos ver. Tanto o comportamento do adulto na caminhada, como o dessa para aquele.

Quem se inicia na atividade e depois tenta seguir em frente em nível mais forte tende a ter algum desconforto inicial e até certo dolorimento.

Isso ficou muito claro na declaração do início deste livro, quando um caminhante queixoso foi dizendo todos os seus sofrimentos ao caminhar. É só revisar o início de nossa conversa lá no primeiro capítulo e veremos que tudo isso está expresso lá. Inclusive o reclamante queria até se afastar da caminhada. Na primeira fase até que a considerava meio enjoada e, quem sabe, difícil. Mas depois mudou. Contudo, agora ele a pratica com mais satisfação, sentindo-se bem, e a considera relativamente fácil e incorporada ao seu ser.

Que mudança ocorrida! Que mudança!

Essa diferença entre os dois momentos é em razão de que no início ele não apresentava uma maneira mais adequada de andar. Ficava durão, contraído, ou seja, não tinha aquele jeito para andar. Isso não havia aprendido ainda. Além de outros inconvenientes. Só aprendeu a caminhar com o tempo e a prática. Agora não. Sente-se relaxado, espontâneo.

Além disso, é igualmente importante registrar que as condições físicas gerais e as fisiológicas vão melhorando gradativamente com a prática da caminhada. E, se continuar na atividade, cada vez mais o corpo vai melhorar. Tanto que, no início, caminhava apenas 2 quilômetros e já sentia algum desconforto. Depois foi aumentando a distância. Quando se deu conta, percebeu que caminhava 5 quilômetros numa boa. E vai aumentando. E, se continuar, lá pelas tantas até, quem sabe, vai querer participar da maratona. E aí se vê e se acha bem. É, isso é possível sim. É só se ter persistência. Melhor, é só ter paciência. Porém, não esquecer que essas necessidades são muito individuais, pelo que não devemos embarcar assim no mais que foi aqui dito e agora. Temos que ter cuidado. No entanto, é absolutamente viável.

A dificuldade e a facilidade que se têm no início do aprender a caminhar estariam no permanecer principalmente contraído, entre outros inconvenientes.

Agora cabe e é pertinente outro questionamento muito comum. Ou seja...

É fácil ou difícil caminhar relaxado?

Vamos ver.

É fácil. Porém, se a pessoa ainda não desenvolveu o hábito, a rotina, não melhorou suas condições físicas e fisiológicas, poderá apresentar alguma dificuldade para se relaxar durante o andar. E é essa falta de relaxamento que pode dificultar a aceitação do andar como prática habitual. E, tranquilamente, essa é a razão principal do abandono da maioria das pessoas que experimentam a caminhada independentemente da idade.

E isso tem fundamento.

É que muitos caminhadores levam algum tempo para conseguir "caminharem soltos".

O COMPRIMENTO DOS PASSOS

Contudo, eu citaria outra consideração que considero importante. É em relação ao comprimento dos passos.

Parece mentira, mas ajeitá-lo não me parece tão simples. Inclusive por algum tempo muitas pessoas apresentam dor atrás dos calcanhares. Depois diminui e consegue aumentar o comprimento dos passos de maneira mais espontânea, sem se esticar muito.

Indico que o caminhar confortável é aquele que não estica muito e, com isso, torna-se agradável e não causa sofrimento. Vamos considerá-lo um pouco mais adiante.

PADRÃO DE ANDAR

— Existe só um tipo de andar que podemos considerar como padrão? Existe?

— Não. Não existe um tipo único de andar. Muito pelo contrário. Já foi interessante e inteligentemente colocado por Inman e colaboradores[25] quando afirmaram:

"Se o andar for uma atividade aprendida, não é de surpreender que cada um de nós apresente certas peculiaridades sobrepostas ao padrão do andar bípede ereto."

Ou seja...

Cada um tem o seu tipo de andar, que identifica a pessoa.

Portanto, praticamente inexistem dois ou mais andares iguais. Poderão até existir andares parecidos. Mas só parecidos. Nunca iguais. Tanto que se consegue identificar as pessoas pelo andar. A batida dos pés já as identifica. Consequentemente não se pode apresentar um protocolo que seja seguido para uniformizar os andares. Não. Mas ele deve ser orientador para evitar a ocorrência de prejuízo da sua mecânica empregada no caminhar e na corrida.

Eu pessoalmente, quando comecei a correr, fui orientado para posicionar os braços em determinada posição. Achei, então, que os mantinha muito contraídos e ficava cansado facilmente.

Muitos consideram que no início é difícil, tendo cansaço e algum desconforto. Mas depois se torna fácil, muito fácil e prazeroso. Mas gostaria de alertar que não considero barbada posicionar o corpo adequadamente. Principalmente em lomba – aclive. Para baixo ou para cima.

Existem andares – quer caminhadas, como corridas – que têm grande potencialidade de trazer problemas. Por exemplo, o andar (marcha) do militar. É terrível. Pois é um andar antifisiológico. E frequentemente cria problemas, pois se caracteriza por elevar muito os pés, batê-los com força no chão e ter movimentos muito amplos, além de usar calçado inadequado.

O LOCAL PARA CAMINHAR E CORRER

Outra consideração importante e interessante é a influência que tem o ambiente sobre o caminhador.

É o clima, a umidade. O ar. O vento. A altitude.

A regularidade ou irregularidade do piso. A sua inclinação.

Ah, a segurança quanto aos assaltos.

A beleza da paisagem.

Tudo isso influi. E como!

PROBLEMAS DE SAÚDE

DOENÇA DO CORAÇÃO

Cardiopata, ou seja, o doente do coração, até há alguns anos era proibido de caminhar. Vivia absolutamente sedentário. E tanto sua qualidade de vida, como sua saúde pioravam intensamente. Contudo, depois se percebeu que a atividade física controlada melhorava as condições do coração e da cardiopatia. E hoje o infartado é aconselhado a caminhar. No início com muita dificuldade. Cansaço fácil, pouca resistência.

Depois caminhando bem e sem nada com o seu coração, que se apresenta satisfeito nas caminhadas. Sem nenhum problema.

A cardiopatia não é um fator que impeça a caminhada, muito pelo contrário. A caminhada é absolutamente saudável e necessária para melhorar as condições cardíacas.

PROBLEMAS NAS JUNTAS

No Capítulo 11 apresentaremos com mais detalhes os problemas das juntas de quem pode caminhar. No momento só nos interessa comentar a facilidade ou a dificuldade para caminhar.

Tudo está na dependência do porte do problema. Se for grave, dificultador, incapacitante, é óbvio que caminhar será sempre difícil, incômodo, desprazeroso. Por exemplo, estando-se com artrose importante do joelho ou do quadril.

Caso contrário, não. Poderá andar numa boa, sem dores e sem inchaço.

Após cirurgia e em caso de artrose (desgaste da junta) é bom que a pessoa mude seu jeito de caminhar, tornando-o menos agressivo e mais acomodativo para poder continuar na caminhada.

OBESIDADE

Com peso exagerado e, principalmente se for mal condicionado fisicamente, o obeso apresenta algumas dificuldades com a caminhada. Porém, nada contra o gordo caminhar. Muito pelo contrário, até que lhe é muitíssimo útil.

Mas nem pensar em corrida! É proibitiva para ele.

Há cansaço fácil.

Daí por que seguidamente ele afirma: "Não gosto" de caminhar muito.

Além disso, habitualmente é mal regrado e tem péssima técnica para caminhar.

Bate com força seus pés no chão.

Quase não movimenta seu corpo, "que está travado".

NÃO TREINADO EM CAMINHAR

O não treinado em caminhar e também não acostumado possui algumas deficiências em razão da sua falta de conhecimento e de treinamento. Uma delas é que frequentemente sofre algum formigamento e dormência no lado de dentro do braço. Às vezes, vai até quase à mão. Mas, comumente, isso é devido fundamentalmente a caminhar ou correr mantendo o braço bem junto do tórax. Assim, comprime os nervos e os vasos de sangue que passam da axila para o braço.

Outro problema é que no início da caminhada com muita frequência ocorrem desconforto e sensação de cansaço nas pernas, principalmente nos músculos da frente. Esse desconforto – e até dolorimento – geralmente é fruto do mau condicionamento dos músculos da parte da frente da perna.

O ANDAR DO IDOSO

Ah... O idoso.

Ele pode ter orgulho, satisfação e prazer com a atividade física, principalmente com caminhadas? Se pode! E como é frequente, apesar da cultura que torna o idoso absolutamente sedentário e arredio à atividade física como um todo e à caminhada, especificamente.

Tenho depoimentos de pacientes *setentões* e *oitentões* que afirmam:

> **"No momento não tenho dificuldade e considero a caminhada fácil e sem problemas."**

Ou...

> **"Eu até diria que ela não esconde absolutamente nada para nós setentões."**

Ainda...

> **"Ela é aberta, sem segredos para nós."**

Ou então...

> **"Inclusive estou esperando que a Aida, minha mulher, se recupere da cirurgia e venha caminhar comigo."**

Pelas considerações sobre a análise da **Caminhada. Fácil? Difícil?**, evidencia-mos algumas dicas:

- O andar é uma atividade inerente ao homem independentemente da idade.
- O nosso corpo apresenta constituição e estruturação que permitem que o homem apresente muito boa mecânica para a prática de qualquer modalidade do andar (caminhada, corrida não veloz e corrida veloz).
- Cada idade tem suas peculiaridades para o andar e devem ser respeitadas.
- Não se devem transpor particularidades de um período para outro.
- O idoso pode achar a caminhada fácil e sem segredos para ele.

Existe um só Jeito de Caminhar?

Com frequência me fazem a pergunta:

"Existe um só tipo – isto é, estereotipado – de andar que deva ser seguido? Ou não?"

Ou seja, se há ou não um padrão definido de caminhada que sirva de modelo único para caminhar.

Bem, aqui cabe retomar a magistral colocação de Inman[25] vista no capítulo anterior e pensarmos a respeito. Então...

"Se o andar for uma atividade aprendida, não é de surpreender que cada um de nós apresente certas peculiaridades sobrepostas ao padrão do andar bípede ereto."

Por favor... Pensemos. Pensemos. Sei que alguns ainda têm dúvidas, é que não formaram um conceito a respeito. E qual é o teu posicionamento? Por favor, respire de novo e pense.

Apesar de conhecer o pensamento de Inman e colaboradores, no início não tive resposta firme. Mas depois, sim, e me posicionei. E hoje sou categórico. Bem, mas pela importância e pela relevância da pergunta acredito ser muito útil que discutamos esse pensamento. Claro, sei que os principiantes e até mesmo os muitos experientes – mesmo que ainda não tenham desenvolvido o conhecimento cultural a respeito – ainda têm dúvidas. Eu pessoalmente fiquei muito tempo na dúvida. Mas vamos seguir com o tema.

Então eu proponho que discutamos a respeito da existência ou não de um só padrão considerado adequado de caminhar e correr. E não apenas isso. Só um padrão? Ou, muito pelo contrário, se não há definição única para caminhar e para correr? Convido-te a analisar comigo e, quem sabe, chegaremos a uma conclusão. Vamos lá. Para tanto seria interessante observarmos diferentes pessoas caminhando – independentemente da idade, pois isso enriquecerá nossas informações e o aprendizado!

Agora peço que mudemos o local de observação e te convido para caminharmos aqui na Beira-Rio. Puxa, que sorte, veja a quantidade de pessoas caminhando e correndo!

JEITOS DE CAMINHAR

Vamos andar acompanhando e observando aquele grupão ali. Olhe só que variedade! Por exemplo, vamos observar o casal que está caminhando junto. Veja, veja...

Que coisa! Como é que um casal pode ter tantas semelhanças para caminhar? Incrível! Olhe só. Veja como são diferentes dos demais. Observe como os dois são um pouco desajeitados para caminhar. Os movimentos de seus corpos não são harmônicos. As batidas dos pés não são adequadas. O comprimento dos passos não é o mais apropriado. Esse comportamento indiscutivelmente lhes provoca cansaço facilmente. É comum o corpo ficar dolorido após uma caminhada. Contudo e apesar de tudo, isso caracteriza um jeito de caminhar, que é personalizado.

Mas, o que é muito importante, isso deve e pode ser corrigido, pois, caso contrário, persistindo algum fator negativo, geralmente por biomecânica errada, quer por deformidade óssea, articular ou musculotendínea, eles inevitavelmente serão candidatos a não continuar na caminhada. E é praticamente certo que nunca chegarão a correr, visto que a corrida exige muito mais.

Continuando o estudo e a descrição dos tipos de caminhada, é importante considerarmos aquele ali com a camisa do Inter. Veja como caminha duro. Melhor, durão. Até parece um robô, ou seja, praticamente não movimenta as articulações quer do tronco, quer dos membros inferiores. Claro, como consequência e obviamente, seus membros superiores igualmente pouco se movimentam. O que podemos esperar de tudo isso?

A observação de outro caminhador – que está vestindo camiseta gremista – nos evidencia outro tipo que devemos considerar. Infelizmente, ele também representa um tipo de andar relativamente frequente. Olha bem. Vê que coisa interessante. Ele está com uma cara que parece enraivecida, de mal com a vida e com o mundo. Como é carrancudo! Porém, percebe-se que o seu corpo também não está relaxado. Mas o problema principal ainda não é esse, pois se observa que ele mexe tanto as "pernas" como os "braços" com muita gana, ou seja, essa raiva que apresenta não está registrada só na cara dele. Negativo. Ele a manifesta em todo o corpo. Tanto que não coloca seus pés no piso. Não. Ele os joga com força. E o mesmo se verifica com os braços. O balanço deles não é delicado. E se conseguíssemos ver o corpo, isto é, o tronco, a sua musculatura deveria estar toda contraída, igualmente "carrancuda".

Tanto o colorado como o gremista são maus exemplos de caminhadores e candidatíssimos a sofrerem problemas. Porém, esse gremista com esse caminhar deve ser mais problemático do que o coloradão, visto que seus movimentos são agressivos e mais sujeitos a trazer problemas.

Credo... que manancial de informações tem essa aula prática! A observação daqueles três caminhadores na nossa frente e à esquerda nos parece dar a sensação de "pensarem" ter pernas curtas, uma vez que usam passos compridos, muito compridos. E os movimentos de seus ombros, assim como os do tronco e até os da bacia são absurdamente exagerados.

Mas, para contrastar, vejamos o caminhar daquela senhora bem à direita deles e também daquele cara alto que está correndo e que agora mesmo cruza por eles. Veja. Que diferença. Esses dois últimos – uma caminhando e o outro correndo – apresentam os movimentos bem contidos, de pequena amplitude, mas que não estão contraídos. Olhe bem para o corredor, ele é relativamente alto, e os seus movimentos são curtos para o porte físico. Mas, como já falamos, não está contraído. Esse andar dos dois não chega a criar problema, pois que estão andando com o corpo relativamente relaxado. O corpo deles está numa boa. É um estilo. É um estilo. Tem a sua marca.

Felizmente – para o nosso estudo descritivo – estamos vendo outro tipo de caminhada, representado por outros dois caminhadores. Observe. Vê-los andando nos dá a ideia de que parecem pensar que o caminhar seja função apenas dos pés e das pernas, pois só se movimentam abaixo da cintura! Para cima parece que estão fazendo outra coisa. Credo, mas isso é verdade. E agora estou pensando e percebo que vejo isso muito frequentemente! Muito bem. As suas consequências são sérias. Pois, como veremos adiante, o andar – quer em forma de caminhada ou de corrida – é um trabalho, um comportamento harmônico de todos os segmentos do corpo. Tanto que todos eles estão inter-relacionados, integrados e interdependentes. Onde um deles não quer nada com nada determina prejuízo do todo.

Estamos vendo outro tipo. Observe aquele lá adiante. Como se mexe! Mas diferente daqueles que já comentamos. Vê se não te parece extrovertido ou que queira mostrar o que está fazendo. Como se movimenta. Como! Mexe bastante todo o corpo. Passos longos. Muito longos. Elevação exagerada dos pés. A batida deles é forte no piso. Movimentos intensos da bacia. Que rotações, inclinações laterais e gingados. Rotações exageradas do tronco (da coluna). Movimentos amplos dos braços. Chega a levantá-los acima da cabeça. Giros da cabeça de um lado para o outro. Grande sorriso na face. Olhos bem abertos, procurando ver se está sendo ou não observado pelas pessoas. Observe que a roupa e os tênis são novos. Indiscutivelmente ele está se introduzindo na caminhada e quer demonstrar e ser observado por todos! Ou seja, está fazendo média.

Mas não vamos parar por aí. Existem muitas outras informações identificadoras de andares. Melhor, de andares personalizados. Olhe aquele lá. Observe como o caminhar dele parece ser muito simples, fácil e que não deve criar qualquer dificuldade. Os movimentos são harmônicos, têm a participação uniforme de todo o corpo. Que bacana! Que prazer ver um caminhar "fácil" como esse. Isso dá um tremendo tesão de caminhar, caminhar. Será mesmo tão fácil assim como nos demonstra ser? Ou é fácil para ele que domina bem o caminhar?

Claro, existem muitos, muitos outros jeitos de caminhar e de correr. Alguns comentamos no primeiro capítulo e, em capítulos subsequentes, comentaremos vários que igualmente são diferentes. E cada um tem o seu jeito. É isso aí. E essa particularidade toda pessoal dificilmente será perdida e mudada. Contudo, ainda quero te dar um complemento importante. Na realidade, o que muitas vezes se precisa é caminhar com menos desgaste e com mais prazer para poder desenvolver o hábito. Pois...

Sem o prazer, tranquilamente não haverá seguimento e não será instituído o hábito da atividade do andar[39].

RESPEITO ÀS CARACTERÍSTICAS FÍSICAS

Outro elemento com que todos devemos nos preocupar e saber respeitar é tentar conhecer as características físicas dos caminhadores, assim como dos corredores. Contudo, nem sempre isso é observado. Cito um exemplo. É muito comum se ouvir e ler, principalmente por profissionais especialistas em corrida esportiva, que se deve sempre manter os pés voltados bem para a frente, pois, assim, se tem melhor rendimento no caminhar e no correr.

"Será verdade que para o caminhador ou o corredor apresentar melhor rendimento deva manter os seus pés sempre bem voltados para a frente? Será mesmo?"

Pois é. Porém, pensando, pensando, a lógica sugeriria aceitar. Se um profissional especialista na área da corrida orienta desse modo, indiscutivelmente que deve ser. Certo ou errado?

Absolutamente errado. Não se deve mudar a postura do pé e do membro. Muito pelo contrário! A não ser que haja defeito anatômico ou biomecânico reais. Nesses casos, precisamos estudar o tipo de correção a fazer.

Assim, a grande maioria das pessoas tem um jeito habitual de andar, que é com os pés voltados levemente para fora – lateralmente – em torno de 15° (Fig. 6-1). Essa orientação é determinada pelo ângulo de anteversão habitual do colo femoral e pelo ângulo entre a fíbula e a tíbia.

Algumas pessoas têm o andar realizado com os pés voltados para fora. "10 para as 2", "15 para as 3". Outros andam com os pés voltados para dentro. E isso é natural neles. Não é forçado. Muito pelo contrário, pois é estruturado. A causa poderá estar ao nível do fêmur ou da tíbia ou, ainda, ao nível do pé. E esse local poderá ser perfeitamente definido.

Em sendo uma característica anatômica, qualquer dessas posições é espontânea e não deve ser corrigida dinamicamente, ou seja, durante o andar não se deve mudar a postura dos pés e das pernas, a não ser que o fator causador possa estar alterando tanto a biomecânica do andar, o que – com o tempo – inevitavelmente causará sérios problemas.

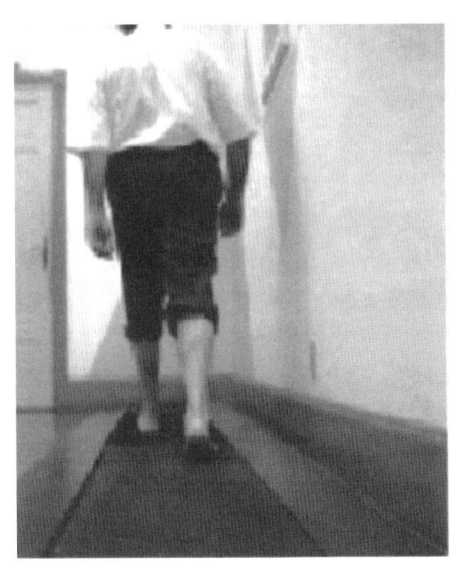 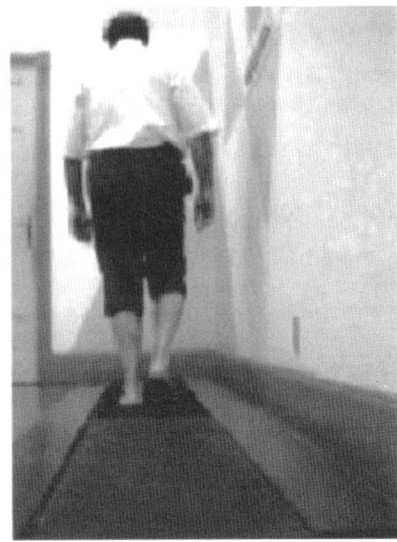

Fig. 6-1. Ângulo normal e fisiológico (ângulo de progressão) dos passos da caminhada. Seu valor é em torno de 15° laterais.

Pois, ao se "corrigi-la", na realidade se estará forçando uma articulação, principalmente o quadril ou a junta do calcanhar, o que deixa de ser espontâneo e que inevitavelmente com o tempo poderá causar problema na articulação, visto que é uma "correção forçada" inadequada. Se realmente causar um problema, sério, a solução será cirúrgica. Nunca por mudar simplesmente o ângulo de progressão dos passos na corrida.

Portanto, o andar é tão arraigado às pessoas que ele as identifica e nos faz reconhecê-las só pela sua observação.

E, mais, até sua sonoridade permite que reconheçamos quem o está praticando. Isso mesmo. Conseguimos identificar as pessoas sem vê-las caminhando, com base apenas na sonoridade da batida das suas pisadas. E, se observarmos bem, verificamos que todos têm seu modo próprio de caminhar.

Portanto, pelos poucos exemplos aqui analisados, acredito que não há dúvida de haver identificação e personalização do jeito de caminhar ou de correr. Cada um tem o seu jeito, a sua marca. Claro, existe um padrão. Mas a esse cada um agrega uma particularidade sua.

Ou seja...

A caminhada é personalizada a cada um de nós.

Cada um tem a sua marca. Eu tenho a minha maneira, isto é, o meu estilo. Tu tens o teu. Ele o dele. E assim todas as pessoas.

E isso é válido até para os andares esportivos – caminhada e corrida.

Contudo, é importante alertar que, se essas posições posturais no andar estão criando alguma manifestação, elas devem ser adequadamente avaliadas. E, se for o caso, pensar numa possível correção.

Pelas considerações sobre a análise da maneira de andar (caminhar ou correr) **Existe um só jeito de caminhar?**, evidenciamos algumas dicas:

- O estilo do tipo de caminhada é personalizado a cada um de nós, independentemente da idade. Cada um tem o seu.
- A maneira do caminhar, mesmo com características anatomofuncionais não consideradas ideais, até prova em contrário, não deve ser modificada, pois "para se corrigi-la" se provoca sobrecarga, que provavelmente trará consequências muito piores.

Diga-me como Andas e Direi Quem És

O andar! Ah... O andar!

O que é?

O que manifesta?

O que significa para o homem?

Consegue-se expressar e exteriorizar o estado do nosso interior? Quer orgânico e psicoemocional?

Haverá uma relação fidedigna e confiável?

Ou é pura e simplesmente a capacidade de se deslocar de um ponto para outro?

É?

Que nada. É isso e muitíssimo mais. É um mundo. Um universo. É tudo isso? Ah... É! Se não, vejamos.

> **"Muitos dos importantes eventos biomecânicos durante o caminhar ocorrem tão rápido para os nossos olhos que não podem ser reconhecidos."**
>
> Peter Cavanagh[4]

E complementando com outro pensamento aqui já apresentado...

> **"Se a marcha for uma atividade aprendida, não é de surpreender que cada um de nós apresente certas peculiaridades sobrepostas ao padrão básico da locomoção bípede."**
>
> Verne T. Inman, Henry J. Ralston, Frank Todd[25]

Antes disso, o porquê de usar a palavra *andar* e não *marcha*? É preferência minha. Isso baseado em que marcha se vincula praticamente sempre com a locomoção lenta, que é o caminhar. E o andar é empregado no sentido de mover-se. Ele não limita a velocidade e, portanto, expressaria qualquer velocidade da locomoção do homem, ou seja, abrangeria a caminhada e também a corrida, quer a corrida que mantém sempre o apoio de um dos pés no piso, quer a corrida veloz, em que existem momentos em que ambos pés se apresentam suspensos no ar, sem ter qualquer apoio no piso.

Quanto ao andar do homem propriamente dito, vamos começar pelo início, ou seja, o caminhar da criança. Já vimos que seu início não é absolutamente espontâneo e natural. E é diferente do que ocorre nos outros mamíferos. Como já comentamos, um potrinho começa a caminhar praticamente ao nascer. Por quê? Por ele ser um quadrúpede e ao andar em forma de caminhar sempre tem apoio de três patas, apresentando muito boa estabilidade. E por isso o iniciar do seu andar é instintivo e ele começa a caminhar já imediatamente após o seu nascer. Já os bípedes apresentam falta de equilíbrio ao nascer. Não conseguem nem ficar de pé. E pior ainda é o caminhar. Daí por que eles requerem um controle neural maior. Isso para qualquer bípede. Tanto as aves, como os pássaros ou qualquer outro. Contudo, para os bípedes eretos a dificuldade é ainda maior, exigindo maior elaboração e maturação neurológica.

E essa é a situação da criança. Para tanto, o iniciar e o desenvolvimento do seu andar necessitam de uma combinação do instinto com o aprendizado. Por essa razão, ela leva normalmente até 16 meses para iniciar o seu caminhar. E se inicia muito instável, exigindo outro tempo longo para se estabilizar. **E deve aprender.** E que angústia dos pais e avós enquanto não iniciar! Vai caminhar? Vai? Se caminhar, como será? Não vai ter problema?

Seguindo.

Bem, sabemos que o andar do homem é uma marca sua que o identifica e particulariza em relação aos demais animais. Ele se dá e se faz sobre apenas dois pés. Claro, como vimos, isso não é particularidade apenas dele. Exato. Tanto que os pássaros também andam apenas sobre duas patas. Vamos exemplificar com o "joão-de-barro". Ah, o "joão-de-barro"! Como é encantador ao andar! Como é orgulhoso! De cabeça erguida. Olhinhos abertos. Cabecinha virando de um lado para o outro. Todo garboso. Olhando tudo e a todos. Ah, e o seu caminhar! Que charme. Observe. Ele dá um passo. Dá uma parada sobre uma patinha, mantendo a outra erguida. Depois troca o apoio, firmando-se apenas sobre a outra, tendo erguido a do outro lado. E fica olhando e olhando como se quisesse pedir para ser observado. Que vaidade[19]!

Mas vamos voltar ao homem. O andar bípede absolutamente ereto é particularidade do homem. Portanto, ele anda de pé com o seu corpo bem vertical. E isso o identifica. Mas o andar do homem não o distingue apenas dos outros animais. Não. Ele particulariza cada um de nós. É isso aí! E, pasmem, isso nas diferentes idades.

OK. Vamos recordar o primeiro andar da criança. Na realidade é o engatinhar, aquele em que se apoia de quatro. Isso é semelhante ao andar dos mamíferos quadrúpedes. E o que faz a criança ao engatinhar? Procura manter sempre três apoios e progride com um. Daí por que é semelhante ao andar dos quadrúpedes.

Perfeito. Contudo, o primeiro andar bípede ereto da criança se faz com os pés bem afastados lateralmente um do outro. Como já vimos, não por causa das fraldas e sim pela imaturidade neuromuscular e para melhor se manter equilibrado de pé. Tanto que a criança nessa fase não cai para os lados. Oscila para a frente e para trás. E praticamente não caminha. Corre! E, ainda, tende a andar muito na ponta dos pés, o que é normal.

Agora, antes de seguir pelas idades, é interessante entrarmos no comportamento do corpo. Como ele se manifesta. Como trabalha. Como se inter-relaciona. Como se influencia. Como influencia.

O COMPORTAMENTO DO CORPO DURANTE O ANDAR

Para melhor entender o comportamento do corpo durante o andar, seja qual for sua forma – quer na caminhada, quer na corrida –, é indispensável começarmos primeiro pelo entendimento do que é o andar. Depois o que ele exige. Suas necessidades. O seu significado. A sua amplitude e o seu envolvimento.

E, agora, o que é o ato, o gesto, do andar?

Quando já tinha dado por concluído todo o escrito deste livro, tive o seguinte conceito de andar:

> **O andar, em síntese, é a capacidade que temos de nos deslocar de um local para o outro com o uso de nosso corpo.**

Porém, eu não estava absolutamente satisfeito. Por uma razão muito simples: alguém que caminha utilizando-se de uma prótese ficaria enquadrado nesse conceito de andar? E eu gostaria de um conceito que me expressasse o andar do homem ou do animal com o corpo inteiro. Foi quando, revisando o livro de Jacquelin Perry (*Gait analysis*)[40], encontrei uma possível solução. Se não, vejamos o conceito da Jacquelin:

> **"Caminhar é um modo natural de o corpo mover-se de um local para outro."**

E com isso fiquei contente. Porém, não estaria excluindo o homem protetizado? E discutindo o problema com o meu querido amigo professor de educação física, Luiz Fernando Ribeiro Moraes, acabamos por considerar que o *natural* observado pela Jacquelin Perry não seria necessariamente em relação ao corpo inteiro. Não. Poderia ser simplesmente a ação de se deslocar. E aí enquadraria aquela pessoa que usa um pé protetizado.

Pois é, pois é. Mais uma vez cheguei à conclusão de que querer conceituar particularizando não é nada fácil. Muito pelo contrário.

Bem, voltando ao andar, vê-se que ele é importante para nossa vida de relação com tudo o que nos representa. Só isso já seria o suficiente para nos mostrar que o andar exige a nossa participação de maneira integral, ou seja, com todo o corpo e toda a psicoemocionalidade. Daí por que ele nunca deve ser analisado apenas relacionado com a movimentação dos pés. Isso seria uma visão errada, falha e potencialmente criadora de problema.

ORIGEM DO MECANISMO E DOS COMPONENTES DO ANDAR

É importante compreendermos como se dá o andar propriamente dito. Antes de qualquer outra coisa, o andar começa com o desejo e a ordem para se deslocar. E isso deve ser levado por meio de fiação, que são os nervos, a todos os setores e componentes envolvidos. E esses nervos, semelhantemente a uma rede elétrica, vão se espalhar por todo o corpo. E, no caso do andar, eles comunicam entre si todas as estruturas envolvidas no andar.

Bem, vimos que o andar é a nossa capacidade de nos deslocarmos naturalmente entre pontos diferentes. E para termos esses movimentos há exigência da participação de um motor que crie e possibilite as forças de arrancada, de aceleração e de manutenção do movimento. E esse motor biológico vimos que é o músculo. Ou, se quiseres, a carne de um gostosíssimo bife feito na chapa. Mas, para a ocorrência do movimento, também é fundamental existirem juntas adequadas, com baixo ou sem qualquer atrito, para permitir movimentação livre, e, ainda, a superfície de apoio do pé no piso tem que estar preparada adequadamente para o **rolar** (ver Fig. 5-1), o que facilita o andar. Mas ainda é indispensável que o corpo se relacione bem com a pista. Daí por que há necessidade de bons amortecedores, de adequado sistema de amolejamento e, ainda, de apropriados e desenvolvidos sensores para captarem todos os meios de relação com a natureza e os diferentes tipos e alinhamentos dos pisos.

É impressionante a complexidade desse simples caminhar. Que coisa! Mas não é complicado. Nada disso. Vamos continuar. Por favor, quero te esclarecer que a movimentação de nosso corpo não se faz apenas pela ação dessa força motriz. Não. Existem outros recursos igualmente indispensáveis e atuantes. É o caso, por exemplo, da ação produzida pelo deslocamento do centro de gravidade de nosso corpo, o qual está localizado ao nível da parte baixa da coluna lombar, isto é, na região ao nível dos rins. Melhor, entre ela e a parte alta da bacia. E, o que igualmente é muitíssimo importante que se saiba, ele passa sempre pelo interior da bacia. Se se deslocar para a frente em direção à barriga, haverá inclinação do corpo, propiciando assim o início do movimento do andar, sem precisar do uso de força, ou seja, com esse conhecimento consegue-se desmistificar a ideia que se tem de que o andar é um privilégio e uma exclusividade dos pés. Não. Não é. Todo o corpo deve estar atuando e participando dele numa boa.

Portanto...

O andar não é um privilégio e nem uma exclusividade dos pés. Todo o corpo participa dele de maneira integrada, harmoniosa, inter-relacionada e interdependente.

Portanto, esse conhecimento nos leva a ter outra noção igualmente importante, ou seja, como todo o corpo participa do andar, é absolutamente indispensável que todos os seus setores estejam bem e que igualmente trabalhem bem. Certo. Mas tem mais. Todos os segmentos do corpo têm que trabalhar com um objetivo. Para tanto, devem se apresentar em harmonia, estarem integrados e, ainda, bem inter-relacionados. Em síntese, conviverem interdependentemente. Por todas essas razões e necessidades, o andar mantém sempre algumas características de disposição, posicionamento e orientações.

É. Mas apesar de que algumas delas sejam básicas e comuns, pode-se afirmar que no global identificam cada pessoa. Daí por que é corriqueiro se afirmar que é possível reconhecer alguém pelo seu caminhar, mesmo que não esteja sendo visto. Pois não é só o jeito do andar que individualiza e reconhece cada um de nós. Não. Podemos reconhecer as pessoas simplesmente pela batida dos pés no piso.

Que conclusão podemos tirar dessas colocações?

Simples. Por tudo já abordado é possível concluir que qualquer alteração funcional de um desses setores prejudica irremediavelmente o todo. E, portanto, a qualidade do andar. E aí qualquer probleminha no pé, no joelho, no quadril (virilha), na coluna, no pescoço, no braço e até na mão tende a prejudicar o andar de uma maneira ou de outra. Portanto, no andar encontramos manifestada a movimentação dos diferentes segmentos do corpo.

E, pelo que vimos, deve ficar também bem claro que, se não houver participação de alguma parte do corpo no andar, ele sofrerá alteração e terá prejuízo. Assim, por exemplo, não movimentar um braço – como no caso de manter uma mão no bolso do calção – prejudica a biomecânica do andar. Isso mostraremos mais amplamente em seguida.

Bem, concluindo essa etapa, é importante enfatizar que o ponto crítico e fundamental na análise do andar é avaliar inicialmente o comportamento do corpo. Mais precisamente, como são realizados os seus movimentos para e durante o andar, tanto no caminhar, como na corrida.

Agora podemos retornar ao andar nas diferentes idades. E prefiro reiniciar afirmando que...

O padrão definitivo do andar fica definido no fim da adolescência.

E, como já me referi, cada um tem o seu tipo e jeito de andar, pois que ele depende da participação de todo o corpo e da psicoemocionalidade. E, claro, a influência do nosso andar é muito pessoal e varia de um para o outro, quer por influência orgânica, quer pela psicoemocional. E não esquecer a hereditariedade. Só? Ainda não. Como é marcante a influência cultural e social! Assim como esses elementos variam com a idade, o andar também mudará. Com a idade vai ocorrendo não só diminuição da velocidade, mas também da rapidez da ação. Há diminuição da flexibilidade articular e da extensibilidade musculotendínea, pelo que tende a diminuir a amplitude dos movimentos e do comprimento dos passos. E o sistema de suspensão (amortecedores e molas) igualmente vai se alterando. E as juntas também tendem a perder gradativamente o aspecto de superfícies lisas e bem funcionantes.

Agora cabe ver quais são as marcas definidoras do comportamento do corpo no andar.

Devemos iniciar tentando identificar a mais característica delas. Como estamos falando a respeito dos movimentos do andar, parece-me que o elemento marcador deve ser um só. Não vejo outra possibilidade. É o porte dos movimentos, a sua amplitude. E, como já vimos que todos os segmentos do corpo participam do andar, deve nos interessar analisar como todos se movimentam. Indiscutivelmente, a amplitude dos movimentos das diferentes partes do corpo é a que mais fica marcada do ponto de vista comportamental no caminhar. Por meio dela, vemos que é a maneira mais direta de se considerar a espontaneidade dos movimentos. A amplitude deles pode ser pequena, adequada ou grande – até mesmo exagerada. Isso em todos os segmentos do corpo. Mas vamos seguir a nossa agradável conversa.

Então, devemos saber identificar qual é a amplitude ideal dos movimentos. E, pela lógica, a amplitude ideal é a moderada. Nem pequena – retraída – nem grande – forçada. São os movimentos de moderada amplitude os considerados adequados. E, portanto, são os realizados com espontaneidade. Bem, agora cabe saber como se pode identificar e medir um movimento de amplitude espontânea, desde que isso seja possível. E claro que é absolutamente possível e fácil. Em todos os segmentos do corpo. É isso aí. Senão, vejamos.

Mas, antes disso, é importante levarmos em consideração, como já se disse, que deve haver harmonia na amplitude dos movimentos de todos os segmentos do corpo, ou seja, eles se apresentarem perfeitamente inter-relacionados e integrados. **A alteração de algum deles repercute em praticamente todos.** E, pois, o que caracteriza a espontaneidade é a evidência da harmonia corporal.

Bem, agora cabe conhecermos primeiro qual é o comprimento dos passos na caminhada, visto ser ele o principal movimento do andar. E, claro, os movimentos dos demais segmentos do corpo deverão se manter em harmonia com o comprimento do passo. Então, cabe conhecer o seu comprimento. Shields[46] o estudou. E identificou o comprimento de cada passo correspondendo a 72% do comprimento do membro inferior **quando se caminha na velocidade de 90 passos/minuto, ou seja, 5,4km por hora.** Para facilitar, considera-se o membro inferior cerca da metade de nossa altura. Assim fica fácil calcular. Então, vamos considerar um caminhador de 1,80m de altura. Seu membro inferior (*perna*) mede, portanto, 90cm. Para facilitar o cálculo do tamanho do passo vamos arredondar o percentual de 72% para 70%. Portanto, o seu passo é de 63cm (Fig. 7-1). E, a cada aumento de 1km na velocidade, o passo aumenta cerca de 12%. Assim, na velocidade de 7,4km por hora há aumento de 24% no comprimento do passo. Passa, então, para 78cm.

Mas vamos avançar mais um pouco. Aplicando esse conhecimento, agora se torna relativamente fácil compreender a diferença entre o caminhar de um homem alto e o de um baixo quando estão caminhando ou correndo juntos. Quando duas pessoas de altura diferente caminham ou correm juntas, obviamente que o fazem mais ou menos com o mesmo passo. Mas isso tem significado diferente para elas. O mais provável é que o companheiro alto irá manter seu passo normal, e o baixo aumentará o comprimento do seu. Isso tende a criar automaticamente tensionamento nos membros inferiores do baixo, o que pode provocar problema de distensão das unidades musculotendíneas tensionadas. Isso ocorre com as estruturas posteriores

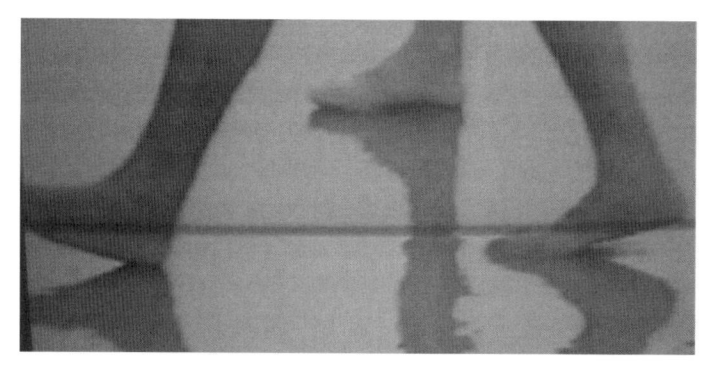

Fig. 7-1. O comprimento do passo. Determinação do comprimento do passo habitual. É medido da ponta do pé posterior ao toque do calcanhar anterior.

das costas, da coxa, da perna e do pé. Além disso, a movimentação da bacia do baixo será muito maior do que a do mais alto. Isso pode ser notado fixando-se o olhar na bacia dos dois. Olhe aqueles dois ali. Logo, logo, voltaremos a apresentar mais detalhes no caminhar deles.

Pois é, mas existem outras considerações importantes. Observe com atenção o comportamento do corpo deles. Felizmente estão sem camisa, o que torna mais fácil avaliá-los. A harmonia dos movimentos entre os vários segmentos do corpo fica muito evidente no comprimento dos movimentos normais dos membros superiores.

Pois a observação precisa identificar que o balanço normal do membro superior corresponde ao do inferior.

Agora vamos observar bem o caminhar daqueles lá. Observe com atenção. Veja como é fácil essa constatação porque os movimentos dos membros superiores e inferiores são cruzados, isto é, quando o pé direito está na frente, é a mão esquerda que também está. O mesmo ocorre com a posição posterior. Estando o pé esquerdo atrás, é a mão direita que também está. Assim, a observação da posição da mão e do pé posterior permite perceber o quanto se deslocam. E o que vemos? Os dois atingem normalmente o mesmo ponto, ou seja, apresentam o mesmo comprimento da amplitude. Com a posição anterior se observa o mesmo. Atingem o mesmo ponto, por terem igual comprimento do balanço anterior (Fig. 7-2).

Então, com esse esclarecimento ficará claro que, se o deslocamento da mão ficar aquém do pé oposto, o balanço do membro superior se apresentará curto. E logicamente isso não é o normal. Por alguma razão. Por outro lado, se vai além do pé, estará aumentado, exagerado. Também por alguma razão.

Fig. 7-2. O balanço igual dos membros superiores e dos inferiores. Na caminhada se observa que o comprimento do balanço normal dos "braços" – membros superiores – é idêntico ao das "pernas"– membros inferiores –, ou seja, tem o mesmo comprimento. Só que cruzados, ou seja, se o pé direito está na frente, é a mão esquerda que o acompanha, e, se o pé esquerdo está atrás, obviamente que é a mão direita que aí está.

Continuando. A amplitude moderada e adequada do movimento do membro superior o deixa mais acomodado, menos forçado, com a mínima tendência de causar algum problema. E essa movimentação moderada e adequada dos membros superiores obviamente favorece a movimentação equivalente do tronco, da coluna, da bacia e dos membros inferiores, seja com harmonia, inter-relação e interdependência. Mas, quando diminuir a amplitude do movimento do membro superior, ocorrerá consequentemente alteração na movimentação do tronco, que ficará mais rígido, assim como prejudicará também a movimentação da bacia, podendo até diminuir o comprimento do passo pélvico e até do passo. Nessa situação, obviamente que, no mínimo, ocorrerá perda da espontaneidade do comportamento corporal. Daí que se deve procurar algum fator motivante ao se evidenciar desarmonia do corpo durante o andar, quer por dor ou mesmo por carregar qualquer peso ou, então, estar com a mão no bolso ou presa no calção.

OK. Por isso, tanto a amplitude encurtada, como a exagerada tendem a produzir algum problema, isto é, constituem-se em fatores propiciadores e condicionadores para criar algum dano. Desde cansaço, dor e até dificuldade funcional, quer surgindo durante o andar, quer depois.

Concluindo essa parte, é possível afirmar que é muito fácil de ser identificado o comprimento do balanço do membro superior. E, mais, que é tremendamente elucidativo para entender o andar.

Com essas descrições do que ocorre no corpo durante o andar, será que já esgotamos todas as manifestações corporais? Será?

As observações das partes do corpo que trabalham durante o andar não devem ficar só no que discutimos aqui. Isso é ainda pouco e, assim, não conheceríamos tudo o que acontece nele. Por exemplo, é importante que igualmente conferíssemos os movimentos da cintura escapular, isto é, dos ombros. Eles se deslocam para a frente e para trás. E, logicamente, são cruzados com os da bacia e dos membros inferiores, ou seja, quando o pé direito está situado na frente, é o ombro esquerdo que igualmente está na frente. E, quando o pé esquerdo está atrás, é o ombro direito que também está (Fig. 7-3).

Agora vamos fazer um desfecho do que vimos e tirarmos algumas conclusões básicas.

Primeira conclusão – Indiscutivelmente é mais aconselhável que uma pessoa ao andar – caminhando ou correndo – tenha o corpo o mais relaxado possível, esteja tranquila, pois que assim lhe será mais confortável. Mas não só por isso. Não. É que desse modo o gasto energético se apresenta menor, e o rendimento é maior.

Segunda conclusão – Torna-se importante levar em consideração que o andar com o corpo e os músculos contraídos torna-se mais dispendioso, menos rendoso e mais sofredor. E se torna fácil perceber um andante contraído. Pois ele está mais enrijecido, com os movimentos mais contidos e travados. E isso traz consequências sérias. Se traz! Visto que é uma das principais causas de queixas dolorosas em caminhadores, mas principalmente nos corredores. E mais. É a principal causa de dor "nas costas", seja de caminhadores, seja de corredores.

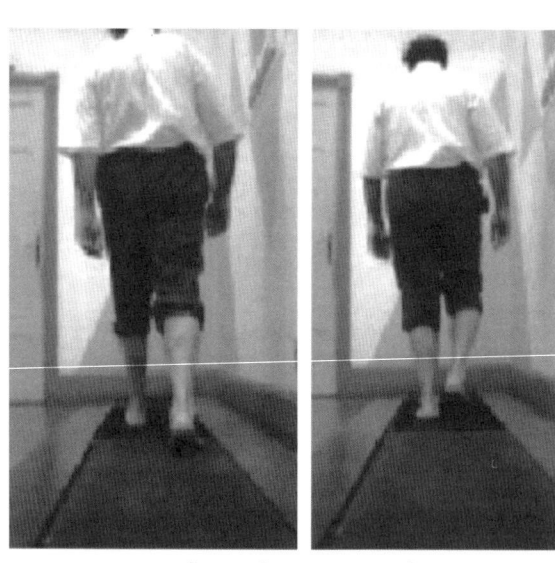

Avanço do passo esquerdo

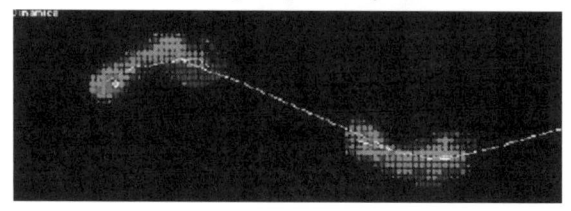

Fig. 7-3. Avanço do passo esquerdo. A largura dos passos nas diferentes idades, isto é, o afastamento entre os pés durante o caminhar.

A posição e a orientação dos pés no apoio devem ser bem conhecidas por nós. Na postura de pé do adulto, observa-se que a distância habitual entre os dois calcanhares é em torno de 12cm, enquanto a ponta dos pés se dispõe lateralmente, em um ângulo de 15° em relação ao calcanhar. Sendo assim, a disposição dos pés no apoio parado nos faz uma figura com duas bases. Uma pequena, que é a dos calcanhares, e a outra grande, que é a da ponta dos pés.

Modelo da largura de passos visto clinicamente e documentado com a baropodometria – ver ao lado.

Terceira conclusão – Fácil. É que se a movimentação do seu tronco – isto é, "da sua coluna" – se apresentar muito diminuída, irá produzir efeitos em cascata para outros segmentos. Por exemplo, provocará igualmente diminuição das rotações da bacia, que, por sua vez, determina diminuição da amplitude dos passos.

Quarta conclusão – A situação contrária à que já terminamos é igualmente frequente e facilmente detectável. É a do iniciante no andar. É só questão de observar bem. O iniciante, principalmente se acomodado, tem um comportamento *sui generis*. Principalmente o caminhador. Independentemente de sua idade. Vê-se que está com tênis novíssimo, preferentemente dos mais caros, meias novas, calção novo e camisa nova. É marcante a sua presença principalmente na praia, em época de veraneio. Seus gestos são exagerados. Passos muito grandes. Balanços dos membros superiores igualmente exagerados, levantando a mão muitas vezes ao nível da cabeça. É isso aí. O balanço do braço leva a mão até a altura da cabeça! Observem que verão isso. E como é comum! Mesmo aqui na cidade. Continuando: esse principiante está também movimentando a cabeça de um lado para o outro. Sua cara expressa alegria, satisfação, orgulho. Os olhos são brilhantes, bem abertos, agitados, procurando ver se está ou não sendo observado. Os dentes se apresentam à mostra, com sorriso frouxo. E lá vai ele ou ela numa vaidade impressionante! Experiência desse tipo tive há pouco no calçadão da Avenida Beira-Rio. Estava caminhando e cruzei com uma jovem, elegante, vistosa, com traje no estilo citado, cabelo amarrado atrás, tipo rabo de cavalo. O movimento de sua cabeça era tal que o rabo de cavalo balançava de ombro a ombro. Cruzes! E lá ia ela com seus amplos movimentos e, ainda, com a maior satisfação!

Quinta conclusão – É fácil diferenciar o andar de um ativista com experiência – tanto caminhador, como corredor – de outro que não a tem. Os movimentos do ativista são harmoniosos, enquanto os do iniciante são desarmônicos, excessivamente travados ou, ao contrário, exagerados.

Sexta conclusão – Vou te fazer uma observação curiosa, muito curiosa, mas interessantíssima. A mulher grávida e o obeso, pelo aumento do peso abdominal, têm o centro de gravidade do corpo deslocado anteriormente. Por essa razão apresentam lordose lombar, isto é, a coluna se curva para a frente na região dos rins ou, se quiseres, entra para a frente. Com isso, a "bundinha" fica projetada para trás. Mas não só isso. Pelo fato de apresentar o centro de gravidade deslocado para a frente ocorre também influência na biomecânica do seu andar, ocorrendo com isso mudanças importantes no andar. Se não, vejamos. Há diminuição dos movimentos rotacionais do tronco e da coluna, assim como das rotações da bacia durante o andar. E isso provoca um caminhar mais enrijecido, com menor amplitude do balanço dos membros superiores, da coluna, da bacia e, inclusive, encurtando o comprimento dos passos –

principalmente por perder o passo pélvico, ou seja, o caminhar deles é meio durinho e de passos relativamente pequenos.

Sétima conclusão – É, mas não vamos ficar nisso apenas. Não. Vou citar uma que é muitíssimo polêmica. Pois nós analistas dos ativistas em caminhada e corrida chamamos a atenção e destacamos outro elemento. É a preocupação que praticamente todos os técnicos e orientadores de corrida e caminhada têm quanto ao alinhamento das *pernas*, isto é, dos membros inferiores durante o andar. Principalmente observando se a ponta dos pés se dirige bem para a frente ou esteja voltada para dentro ou para fora. É a posição dos pés durante o andar, se voltados bem pra frente, pra fora ou pra dentro, que chamamos de "o ângulo do passo" ou, melhor, "o ângulo de progressão dos passos". Como já vimos, ele nos é muito elucidativo e esclarecedor, pois pode ser normal, natural ou anormal, quer estrutural ou funcionalmente. E deve ser identificado. Porém, por favor – como já vimos no capítulo anterior –, jamais, mas jamais mesmo, se deve "corrigir" o jeito ou, melhor, o alinhamento das pernas de um corredor ou caminhador, pois essa "correção" feita apenas pelo modo do andar é absolutamente falsa e de grande potencialidade para causar problema.

E a respeito disso já fizemos um pequeno comentário. Mas é importante que se enfatize. Se o técnico achar um jeito no andar de seu aluno que não lhe agrade, é necessário e indispensável que se vá consultar com um ortopedista especialista em atividade física – isso necessita ficar bem claro. Os técnicos e os professores de corrida de ponta consideram que o rendimento e o desempenho dos corredores seriam muitíssimo maiores caso mantivessem seus pés sempre voltados bem para a frente, em posição neutra, ou seja, em progressão neutra. Pois é, se isso ocorrer em poucos momentos, até poderá ser aceito. Contudo, se for usual, comum, indiscutivelmente que poderá causar sofrimento articular de desgaste e artrose em um futuro próximo. Principalmente no quadril.

O ANDAR E A PSICOEMOCIONALIDADE

Após tomarmos conhecimento das considerações biomecânicas, precisamos enfatizar alguns pontos do envolvimento e da inter-relação entre o andar e a psicoemocionalidade. Daí, então, analisarmos a influência da psicoemocionalidade no andar.

Ah, o nosso "interior"! Como o expressamos na caminhada e na corrida! Pois tudo fica estampado no andar. E como é fácil perceber o estado psicoemocional de quem caminha ou corre! Que prato rico para os psicólogos e os psiquiatras! Se é! Por exemplo, o estado de alegria e de felicidade de cada um fica absolutamente escancarado no jeito do andar. E como! Expressamos no rosto, nos olhos, na testa. Rosto mais liso, menos pregueado, menos enrugado. Testa mais aberta. Olhos mais brilhantes, tranquilos. E mais. Percebe-se facilmente que os movimentos dos membros superiores, bem como os dos inferiores, os da coluna e os da bacia acontecem descontraídos, com naturalidade e espontaneidade.

Já no ativista físico triste é diferente. Ah... É diferente! Totalmente diferente. O quanto ele é problemático! E fica propenso a apresentar algum desconforto, pois o estado de tristeza é um fator facilitador para a dificuldade física, já que habitualmente ele não tem bom controle físico e tende a estar com os músculos algo contraídos, o que não é saudável. Portanto, é fácil identificar um corredor ou um caminhador triste. Ele se apresenta introspecto, algo contraído, tenso, com certa limitação dos movimentos. Não tem tendência à espontaneidade dos seus gestos. Portanto, é bem o contrário do estado de alegria. No alegre, por estarmos numa boa, tranquilos, apresentamos gestos e atividades soltas, espontâneas, enquanto o triste os mantém limitados.

Vamos considerar o caminhador que esteja brabo. Ele também se apresenta contraído, tenso, com movimentos presos ou, então, com gestos bruscos extemporâneos.

Porém, não existem apenas esses perfis psicoemocionais nos caminhadores e corredores. Não mesmo. Encontramos outros. Se não, vejamos. É o caso do ativista físico distraído! Ah, o distraído! Ele "não vive" a sua caminhada, a sua corrida, ou seja, não apresenta a mínima concentração no que está fazendo. Não está nem aí. Por essa razão ele se expõe facilmente, o que pode dar margem a sofrer alguma lesão.

Vamos observar um ativista físico prudente. Felizmente existem vários, pois é grande o seu número. Vou tomar um exemplo muito singelo. Hoje estávamos caminhando, eu, minha esposa e a nossa cadela – uma pastora belga preta de 6 anos. Ela não estava bem preparada. Lá pelas tantas parou e se deitou no chão. Aguardou cerca de 2 minutos e caminhou de novo. E isso aconteceu mais três vezes. Eu, que já havia terminado esse texto, me esqueci de escrever a respeito desse problema. Esse ensinamento é importantíssimo para nós. Temos obrigação em respeitar o aviso de nosso corpo, pois será fundamental para nos mantermos em segurança.

Vamos continuar na análise dos tipos psicoemocionais. Existe também o ativista físico imprudente. E como tem! Infelizmente é o responsável por grande número de lesões que atendemos, provenientes de caminhadas ou de corridas. É impressionante a ideia que muitos fazem de que "isso nunca vai acontecer comigo". E lá vão eles. Até que acontece algo desagradável.

Portanto, por favor, seja prudente. Cuide-se. Pode acontecer problema com qualquer um. E mais certamente aos que não respeitam o aviso do corpo.

Existem ainda outros perfis psicoemocionais que devem ser conhecidos. Mas antes vou te fazer uma chamada. Por favor, aproveite tua caminhada ou corrida para fazer uma introspecção. É um momento estupendo. E é impressionante o que conseguimos. Por exemplo, pessoalmente crio muitas ideias e as desenvolvo em minhas caminhadas. Muito do que aqui estou apresentando foi desenvolvido em caminhadas, quer pensando, quer observando o comportamento dos corredores e caminhadores.

Deixei por último a análise de um recurso muito utilizado pelas pessoas quando estão andando. Principalmente as mulheres. O estilo do andar, além das preocupações diretamente ligadas à atividade do caminhar propriamente dito, apresenta de maneira muito chamativa um jeito, uma movimentação do corpo tal, que inspira sensualismo. E como isso é notado em todo o corpo! Nos olhos, na boca, no movimento da cabeça, dos cabelos, dos braços, das mamas, a exposição da barriga, a movimentação das pernas. Principalmente os movimentos das nádegas – comentado no Capítulo 4. Mas isso ficou muito mais bem estampado na letra de uma música que já se tornou clássica. Foi a criação de Antônio Carlos Jobim e Vinícius de Moraes, quando, sentados num bar em Ipanema, passou uma jovem que os encantou pelo seu andar. E assim surgiu *A Garota de Ipanema*.

TIPOS DE ANDARES E SUAS PARTICULARIDADES

Após essas considerações, fica fácil identificar e descrever as características biomecânicas identificadoras de cada tipo de andar. E com esse conhecimento dominá-las e aplicá-las na análise dos andares. Vou portanto descrevê-las.

Como vimos, o andar é uma atividade física brilhante que mexe com toda a pessoa. física e psicoemocionalmente, quer em forma de caminhada ou de corrida. E o que deve ser considerado e gravado por todos – principalmente seus praticantes – é que ele sempre, mas sempre mesmo, mantém total inter-relação e interdependência entre todos os seus componentes, ou seja, a maneira de participação do membro superior influi na forma do andar, tanto como a do inferior. O mesmo vale para o tronco, a pélvis, a cabeça e, incrível, a psicoemocionalidade. É impressionante a inter-relação e a interdependência entre todas essas características. Qualquer variação de alguma delas repercute na forma e no jeito do andar. E como! E por isso é possível por meio da análise do andar saber como está sendo realizada a sua execução e identificar as suas características. Daí por que vale – e como! – o ditado *Diga-me como andas e direi quem és*.

Seguindo essa linha de raciocínio, pretendo mostrar a importância do domínio do conhecimento que exercem a inter-relação e a interdependência entre todos os participantes do andar. E que pela sua observação é possível identificar particularidades do indivíduo. Vamos seguir os exemplos e dar as considerações do porquê de suas ocorrências.

O andar de uma pessoa alta e de outra baixa

Já fiz algumas considerações sobre diferenças no andar de uma pessoa alta e de outra baixa. Agora pretendo apresentar mais detalhes. Portanto, vamos ver a diferença do comportamento do corpo de **pessoas com alturas diferentes** andando juntas, **com os passos de igual comprimento**. Observem. Vale a pena.

É realmente chamativa a diferença do comportamento corporal de dois corredores com alturas diferentes, correndo lado a lado, apresentando igual comprimento dos passos. Inclusive há pouco eu estava caminhando e conversando distraidamente na pista, quando observei dois amigos correndo juntos. Um deles de 1,70m e o outro de 1,90m. O de menor estatura corria solto, descontraído. Mas o outro estava com passos curtos. Ele apresentava a bacia relativamente presa, o tronco praticamente imóvel, os ombros igualmente imóveis, os membros superiores com balanço de pequena amplitude. E o que fiz? Ignorantemente chamei a atenção do alto para que se soltasse, corresse mais frouxo e que imitasse o baixo! Santa ignorância! Como que o alto iria descontrair-se, visto que estava correndo com passos curtos para o comprimento de seus membros inferiores? Impossível. Se ele estivesse sozinho ou com outro de sua altura, seria diferente. Mas não com o companheiro que observei.

O comprimento dos passos obviamente provoca comportamento corporal desigual quando pessoas de alturas diferentes andam juntas com passos de igual comprimento. Vamos considerar que, no caso, seja o corredor mais alto o que diminui os seus passos para facilitar para o mais baixo. Isso provoca um padrão bem definido, como veremos. O corredor baixo corre com seus passos habituais, mais ou menos relaxado e, portanto, anda descontraído e sem tensionar seus músculos. Pode, até quem sabe, apresentar passos levemente compridos. Não mais do que isso. Enquanto o alto, que diminuiu o comprimento de seus passos para acompanhar o baixo, permite pela sua análise rigorosa identificar que ele não usa a pélvis para dar os passos. Ela permanece praticamente imóvel. Porém, a do baixo se movimenta muito. Com a imobilização da pélvis do corredor alto, obviamente que haverá repercussão no tronco que também fica algo rígido. Já o tronco do corredor baixo se movimenta, e bastante. E, em verdadeira cascata, os ombros do alto se movimentam igualmente pouco, principalmente não se deslocando para trás e nem para a frente. Como resultado, o balanço dos seus membros superiores é muito pequeno, ou seja, o alto se apresenta "travado", enquanto o baixo demonstra movimentar-se mais, de maneira relaxada. Passos abertos, adequados, com livre movimentação da pélvis. Movimenta o tronco.

Anterioriza e depois leva para trás seus ombros. E o balanço dos membros superiores é moderado e solto. Nesse caso, quem tende a ter problema é o corredor alto.

Contudo, essa maneira de o mais alto reduzir seus movimentos para ser mais facilmente acompanhado pelo baixo não é a tendência mais comum. Habitualmente o mais alto procura manter os seus passos habituais, andando, pois, mais solto, enquanto o mais baixo é o que aumenta o comprimento de seus passos, fazendo com que ele tencione os músculos e os tendões posteriores dos membros inferiores e com que esses corram perigo de sofrer alguma lesão. Isso é muito mais observado quando algum músculo posterior – coxa, perna e pé – esteja estruturalmente encurtado. E com muita frequência o músculo da panturrilha com o seu tendão de Aquiles está curto. Isso pode ter duas consequências. Uma é criar problema nele próprio. A outra é que esse tendão curto é um dos principais fatores que provocam sobrecarga no antepé. Assim, o antepé fica mais exposto, o que pode ser considerado comum até com corredores muito bem treinados e experientes.

Há pouco agora – como relatei no Capítulo 3 – fui consultado por um corredor maratonista com 29 anos de prática. Ele corre quase todos os dias. E se queixava de dor na área de apoio do antepé central. O que foi achado? Simplesmente evidência de traumatismo ósseo, em estágio de pré-fratura. O que isso significa? Simplesmente sobrecarga excessiva. No momento do atendimento tentamos identificar a causa. Porém, imediatamente eu lhe disse que o problema era dele mesmo, que indiscutivelmente cometeu exageros. Conhecendo-o bem como o conheço, disse-lhe que ele usou técnica inadequada. E a causa disso habitualmente é o orgulho próprio, que não aceita ficar para trás. E ele tem como um dos seus companheiros um corredor bem mais alto do que ele.

Porém, como veremos a seguir, não foi só esse o fator determinante. Não, não foi.

Assim como o comprimento dos passos diminuído do corredor alto provocou diminuição dos movimentos da bacia, do tronco, dos ombros e dos membros superiores, obviamente que o aumento do comprimento dos passos do corredor baixo também alterou a biomecânica de seu corpo. E como! Os movimentos da bacia, do tronco, dos ombros e dos membros superiores se tornaram exagerados e, com isso, determinaram problemas em qualquer um desses níveis ou até em todos eles.

O ANDAR DO MAIS VELOZ COM O MENOS VELOZ

Outro companheiro de corrida desse meu paciente é um corredor bem mais veloz do que ele, ou seja, bem mais potente. E ele procura acompanhar o corredor veloz, não ficando para trás. Ah... O orgulho! Com isso, obviamente que o menos preparado tem que aumentar em muito o comprimento de seus passos. E, assim, temos a tendência para a sobrecarga. Como resultado, ocorre o que acabei de descrever.

A LARGURA DO PASSO

A avaliação da largura dos passos nos é muitíssimo importante na análise do andar – tanto para o caminhar, como para a corrida. Ela é a distância lateral entre os dois pés durante o andar e se constitui na base de sustentação (de apoio) do corpo durante o andar.

Como é chamativo e interessante observar pessoas que alargam os passos diferentemente! O quanto é possível caracterizar os andares pela análise do posicionamento dos dois pés, um do lado do outro! E, mais, conforme esse posicionamento, é possível reconhecermos alguma manifestação clínica, inclusive com queixas da pessoa.

Preste atenção. No andar habitual é considerado mais ou menos padrão que se mantenham os calcanhares afastados – cada um deles – 6cm da linha central da progressão dos passos. Portanto, os calcanhares ficam afastados um do outro cerca de 12cm durante o andar[8]. Porém, algumas pessoas andam com os calcanhares mais afastados lateralmente. E outras, menos (ver Fig. 7-3).

O maior afastamento lateral dos pés em praticamente todos os casos ocorre para aumentar a estabilidade corporal, isso seja lá qual for a razão. Mas geralmente por apresentar menor equilíbrio corporal para manter-se de pé.

É isso aí. Esse problema observamos, por exemplo, no primeiro caminhar da criança que apresenta pouco desenvolvimento neuromotor (ver Fig. 5-2). Observamos também no bêbado. Porém, existem outras situações em que a pessoa anda com a base de apoio bem alargada, principalmente com problemas neuromusculares. Mas também com mau estado muscular ou, ainda, quando se carrega peso de modo exagerado. Contudo, as pessoas idosas com pequena força muscular apresentam a base de apoio alargada (Fig. 7-4). E praticamente é para ficar sempre andando com maior estabilidade. Com maior segurança.

É, mas tem também o outro lado. Existem pessoas que andam com passos bem estreitos – isto é, com os calcanhares bem próximos um do outro. Algumas até chegam a inverter a posição dos pés, ou seja, andam cruzando um pé à frente do outro. É o caso dos modelos em desfile na passarela. Há, contudo, outras com artrose no quadril e que frequentemente usam esse tipo de andar, pois não conseguem abrir lateralmente as coxas (Fig. 7-5).

É absolutamente necessário fazermos algumas considerações sobre as implicações biomecânicas nesses dois tipos de andar. Mas antes gostaria de viajar um pouco.

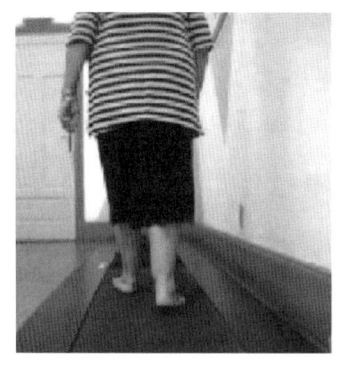
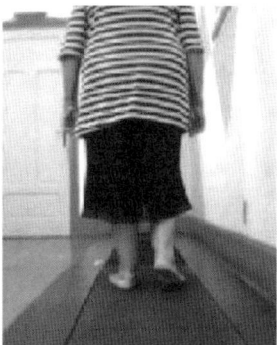

Fig. 7-4. O caminhar do idoso. A largura aumentada dos passos. O comportamento do idoso durante o caminhar. O seu andar típico. Seu caminhar – na grande maioria dos idosos – é relativamente lento, com movimentos menores em todo o corpo, consequentemente com passos menores e habitualmente mantém os pés mais afastados entre si – com o que consegue se equilibrar melhor.

Fig. 7-5. A largura estreita com entrecruzamento dos passos na artrose do quadril. Observe-se que, ao dar o passo esquerdo (**A**), o pé esquerdo está afastado do direito. Porém, ao dar o passo direito (**B**), vê-se que o pé direito se cruza na frente do esquerdo.

Tenho certeza de que vai facilitar o entendimento. Preste atenção. Quando a pessoa está parada de pé, o centro de gravidade do seu corpo se localiza bem na linha vertical mediana (central) do tronco. O seu ponto alto fica ao nível da parte mais alta da primeira vértebra sacra ou um pouco acima, isto é, entre a bacia e a região lombar, ao nível dos rins. Se a pessoa estiver em pé parada – isto é, em ortostatismo –, o peso da gravidade cai bem entre os dois pés, levemente à frente da linha entre os tornozelos. Porém, durante o andar, o peso da gravidade corporal tende a ficar no eixo vertical do membro inferior apoiado, ou seja, o pé que está no chão, tendendo até a ficar levemente excêntrico lateralmente. Quando esse pé se ergue e o outro se apoia no piso, então o apoio muda para esse piso. E obviamente que o centro de gravidade corporal se desloca para o novo pé de apoio, pelo que o centro de gravidade corporal ora está deslocado à direita, quando o pé de apoio é só o direito, ora está deslocado à esquerda, quando está apoiando apenas o pé esquerdo. Portanto, no andar normal e habitual, ele se desloca 12cm à direita e depois 12cm à esquerda.

É isso aí. Mas, nas pessoas que apresentam base de apoio alargada, obviamente que é maior a oscilação lateral do centro de gravidade corporal. Já se tendo menor largura do passo, ele se desloca menos e praticamente não tem deslocamento lateral no entrecruzamento dos passos.

Puxa, disso aí é possível tirar algumas conclusões e ensinamentos importantíssimos! Por exemplo, no caso da senhora que apresenta grave artrose do quadril e que não consegue abrir suas coxas, ela tem equilíbrio e estabilidade muito frágeis. E como sua mobilidade está muito prejudicada, pode cair com facilidade e até sofrer fratura. Portanto, é indispensável que seja orientada e se faça alguma coisa para evitar problema que lhe possa ser muitíssimo grave.

Bem, vamos seguir um pouco mais na análise da base de apoio em razão da sua relevância. E todos – mas todos mesmo – lucrarão. Mas, para que ocorra esse deslocamento do centro de gravidade corporal de um lado para o outro, deve atuar uma força que o provoca, constituindo-se na força de impulsão lateral do corpo. Quanto mais larga for a base de apoio corporal durante o andar, maior é a força impulsionadora lateral. Obviamente que, diminuindo a largura da base de apoio corporal, ela será menor. A ação desses três elementos biomecânicos do andar provoca algumas alterações no comportamento corporal. E é muito marcante ao nível dos ombros. Mais especificamente o porte da oscilação lateral dos ombros varia na dependência da largura da base de apoio corporal. Assim, no andar com largura do passo de 12cm a força de impulsão lateral para deslocar o centro de gravidade do corpo do lado que está apoiado no outro lado desloca igualmente o ombro em movimento que ficará levemente na lateral do pé que irá apoiar. Porém, se a largura do passo for maior, a oscilação do ombro será muito maior e ele se posicionará bem lateralmente em relação à pélvis e ao pé apoiado, ou seja, percebe-se o movimento lateral exagerado dos ombros.

Contudo, em caso contrário, isso é, com largura do passo menor, o movimento lateral do ombro diminui muitíssimo, não ultrapassando a posição do pé. Já no andar com entrecruzamento dos passos, apesar da grande movimentação da pélvis, os ombros praticamente não se movimentam lateralmente.

Pois ainda é necessário que se façam outras considerações biomecânicas quanto à largura do passo, isto é, a base de apoio corporal. Uma delas é quanto à relação entre a largura do passo e a eficiência, capacidade, dos músculos que abrem lateralmente a coxa, ou seja, pelos músculos abdutores da coxa. Quando se está apoiado apenas sobre um pé, esses músculos devem ser eficientes para que a bacia fique horizontal ou levemente inclinada para baixo, quando o outro membro está suspenso no ar (Fig. 7-6). Se eles forem fracos, a bacia "cai" para o lado não apoiado, o que prejudicará o andar. Se for moderada ou intensa essa queda, quase que automaticamente a pessoa inclinará o tronco para o lado que está apoiado para evitar a queda da bacia e do membro suspenso.

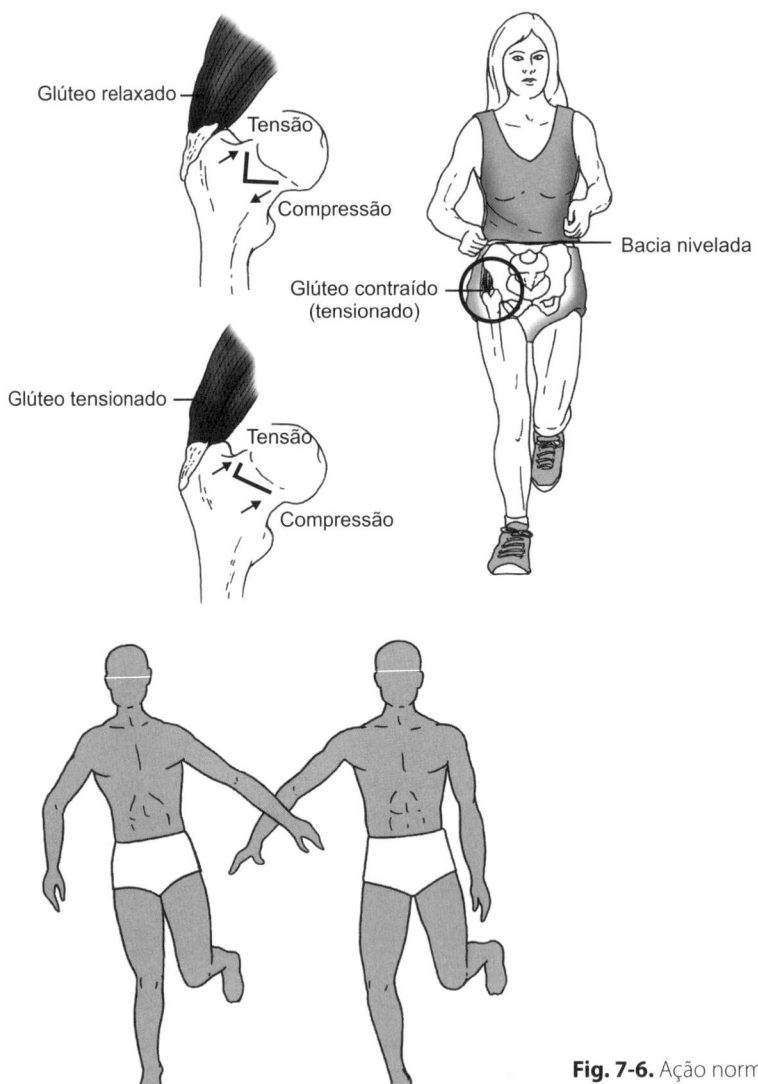

Fig. 7-6. Ação normal dos abdutores do quadril e alinhamento da pélvis.

Outra grande importância dessa análise da largura dos passos é observada em pessoas que têm o caminhar típico do andar dos modelos de passarela, ou seja, com base de apoio fechada ou, pior ainda, são entrecruzados os passos. É que, se esse andar for constante ou demorado, tende a provocar sofrimento em músculos na parte alta lateral (de fora) da coxa que se atritam muito na saliência óssea (trocânter maior) aí existente. E isso é causa de dor. E muitas vezes é diagnosticado como bursite.

O COMPRIMENTO DOS PASSOS

A análise do andar nunca é completa se não houver preocupação com o comprimento dos passos.

São vários os fatores que influem nesse comprimento. Conforme já detalhamos, o elemento que mais marca o comprimento do passo no caminhar habitual de 5,4km/h – ou, como queiras, andando a 90 passos por minuto – é o comprimento dos membros inferiores (*pernas*). Vimos lá que o passo corresponde a 72% do comprimento do membro. Assim, uma pessoa de 1,80m apresenta membros inferiores de 90cm. E os seus passos são de 63cm. Claro, aumentando a velocidade, aumenta-se o comprimento do passo (ver Fig. 7-1).

Bem, por essas considerações iniciais é importante que sempre seja analisado o comprimento do passo na dependência da altura da pessoa e da velocidade de seu andar. E o passo considerado ideal e relaxado é o assim determinado. Mas, se o andante estiver com ele curto, vai provocar todas as repercussões biomecânicas já citadas ao se falar do andar do corredor alto. E o padrão aconselhado foi o do baixo naquele exemplo. Porém, o passo longo, comprido, tem suas repercussões biomecânicas, estruturais e sintomáticas. Do ponto de vista biomecânico ocorrerá exuberância exagerada dos movimentos de todos os setores do corpo. E é óbvio que isso tende a produzir, entre outras manifestações, a fadiga muscular, até mesmo com dor. Claro, essa tendência ocorre em caso de andar prolongado.

É, mas também não podemos nos esquecer de outra repercussão importantíssima, que é em relação ao esforço dos músculos e dos tendões verificado nos passos longos. Conforme o seu porte, poderá ocorrer o tensionamento – isto é, o esticar – das unidades musculotendíneas, podendo até produzir transtornos neles. Perfeito. Mas aqui temos outras implicações que podem tornar o problema ainda mais sério, visto que a incidência de músculos e tendões curtos infelizmente compromete a grande maioria das pessoas, ou seja, é muitíssimo comum verificarmos encurtamento de músculos e tendões em pessoas que se dizem normais. E nelas o comprimento dos passos não precisa ser amplo para produzir transtornos por tensionamento, podendo até produzir distensão.

Ah, agora eu gostaria de lembrar o andar em pistas inclinadas. Principalmente em aclive, em subida de lomba. Não precisa ser forte, pois passos grandes em pistas em aclive, em subida, frequentemente são muito propensos a criar sofrimentos musculares, principalmente nos músculos posteriores do tronco (*coluna*), da coxa, da perna e da sola do pé, como veremos adiante.

Porém, ainda deveremos ter outras preocupações ao observar o comprimento dos passos. Uma delas é verificar se eles são do mesmo comprimento ou não, pois se forem diferentes nos indicarão algum problema importante que deve ser adequadamente examinado.

O ÂNGULO DO PASSO

O avaliador do andar necessita sempre observar com muita atenção o ângulo dos passos, uma vez que ele nos dá muitas informações sobre a sua qualidade. E são várias as considerações e análises que devem ser feitas. Por quê? Porque ele é o ângulo que cada pé forma com a linha de progressão dos passos durante o andar. Ele é determinado observando-se a posição do pé em relação à linha de progressão do andar. Melhor ainda, é o ângulo formado pelo pé em relação a essa linha do passo. Na grandíssima maioria das pessoas esse ângulo é de 15° laterais (ver Fig. 7-3.)

Pois é. A primeira consideração que se deve fazer é que ele é um ângulo **estrutural**. Em pessoas normais, sem deformidades, esse ângulo é normal para cada uma delas e está na dependência da disposição e da orientação dos membros inferiores. E, portanto, essa disposição é porque tanto o fêmur, como a perna não se apresentam absolutamente no plano frontal, isto é, não estão dirigidos e voltados bem para a frente. Não. Não é assim. Os dois estão levemente rodados, torcidos para fora (lateralmente), pelo que o pé se dispõe voltado um pouco lateral, marcando os 15° laterais. E, o fundamental, **isso é constitucional, anatômico. E assim deve ser considerado**[23].

Porém, nem todas as pessoas mantêm essa disposição dos pés e consequentemente esse ângulo do passo. Não. Muitas apresentam o ângulo mais aberto lateralmente, ou seja, o pé durante o andar se apresenta mais voltado para fora, constituindo o que vulgarmente chamamos de "15 para as 3". Contudo, outras pessoas andam com a ponta dos pés voltada para dentro, ou seja, com ângulo do passo medializado.

Pois é, pois é, e não devemos igualmente esquecer que, mesmo nesses dois últimos modelos, a disposição dos pés é essa porque assim está estruturado ou porque provoca automaticamente a centragem da cabeça do fêmur na articulação do quadril. E isso é marcante e definidor de dois tipos diferentes de angulação da parte proximal do fêmur. Em condições normais do adulto, a análise do alinhamento da cabeça do fêmur no plano transversal se apresenta voltada para a frente em ângulo de 14° a 16° – com média de 15°. Ele é chamado de "ângulo de anteversão". Quando esse ângulo for maior, obviamente a cabeça femoral vai estar posicionada mais à frente. E dizemos que ela está **patologicamente "antevertida"**. Durante o andar, isso faz com que a cabeça femoral se apresente algo subluxada ou deslocada anteriormente. E o que acontece? Para que ocorra a sua melhor centragem na articulação, **o fêmur todo roda medialmente, produzindo uma progressão medializada dos passos**.

Porém, temos a outra ocorrência também muito comum, ou seja, o ângulo de anteversão do colo femoral é diminuído e a cabeça se apresenta medialmente posicionada em relação à articulação, isto é, ela está **patologicamente "retrovertida"**. E isso também seria nefasto para a articulação em si. Daí por que ao caminhar **ocorre uma rotação automática do fêmur para fora** (anteriormente) com o objetivo de centralizar melhor a cabeça femoral. Aí observamos o "caminhar "15 para as 3", ou, melhor, ocorre uma progressão lateral dos passos. Portanto...

> **Essas formas de andar são "normais" para essas pessoas e não devem ser mudadas para que se tenha uma progressão dos passos bem anteriorizada.**

Mas se impõe que se tenha certeza de que tanto a progressão medializada como a lateralizada sejam devidas às variações do ângulo de anteversão do colo femoral, pelo que devemos realizar uma investigação decisória. É que, parado em posição ortostática de pé, normalmente a rótula deve estar em posição neutra, situada bem na frente do joelho. Já caminhando, devemos observar atentamente o comportamento do joelho e – principalmente – da rótula. No caso da anteversão exagerada, veremos que o fêmur roda medialmente como um todo durante o andar. E, com isso, a rótula igualmente se coloca medializada. Já, no caso da retroversão do colo femoral, o fêmur durante o andar roda lateralmente, com o que a rótula acompanhando o fêmur vai se posicionar também lateralizada. Daí por que isso faz parte da estruturação corporal e da anatomia delas, conforme já comentado no Capítulo 4.

Habitualmente isso é motivado por torção óssea anormal. E essa torção do colo femoral produz um desajuste na relação entre a cabeça do fêmur e a cavidade acetabular, ou, melhor, em realidade provoca um pequeno deslocamento – isto é, uma subluxação – na articulação do quadril. E o que o próprio corpo procura fazer? Simplesmente de proteger, pelo que ele próprio tenta reposicionar a cabeça do fêmur no local adequado da cavidade da junta.

Por essas razões, a orientação de posicionar os pés direcionados bem para a frente – pois que cinética e biomecanicamente assim oferece maior rendimento e velocidade – é absolutamente contraindicada do ponto de vista ortopédico e cinesiológico articular.

Porém, o ângulo de progressão dos passos não varia apenas pelos elementos citados. Não. Há muitos outros fatores que podem determinar variação do ângulo do passo. Assim, por exemplo, a alteração na torção da perna. É muito comum verificarmos que o joelho se apresenta em posição neutra, porém, o pé está ou em orientação medial, ou em lateral, ou seja, ou em progressão medial, ou em lateral. E isso pode acontecer por torção quer na perna (torção tibial), quer no pé (torção do pé). E precisamos definir bem igualmente esse nível onde ocorre essa torção. E teremos a resposta quando analisarmos o pé. E o melhor é verificarmos a região plantar do pé. Se a torção é tibial, vê-se que o pé tem alinhamento normal. Porém, se a torção é do pé, verificamos desalinhamento entre o antepé e o retropé. E essa identificação é absolutamente indispensável, pois definirá o local da correção, se na tíbia ou no pé. Devemos avaliar adequadamente os pés. Assim um fator comum é o alinhamento no comprimento dos metatarsianos, ou seja, a fórmula metatarsiana[44]. Mas a mais comum – e que devemos conhecer e compreender – é a relação entre a pronação e a supinação do calcanhar com a rotação lateral ou medial do pé. Assim, todo o calcanhar pronado apresenta ângulo do passo medializado. Já o calcanhar supinado é associado com o ângulo lateralizado do passo.

Portanto, como ensinamento, é indispensável que todos respeitem as condições estruturais de cada um, assim como se deve saber o porquê da sua existência. Não é a mudança da postura que vai modificá-la saudavelmente.

O ângulo dos passos nos oferece e necessita de outras análises e considerações. Por exemplo, sempre devemos realizar o estudo comparativo do comportamento rotacional dos pés, pelo que temos que avaliar se o alinhamento dos pés mostra igualdade ou se eles são diferentes. E verificamos que podemos observar que um lado tem ângulo de progressão diferente do outro ou até trocado. Um lado se apresenta lateralizado e o outro, medializado. É claro que isso sempre deve ser levado em consideração, pois toda e qualquer diferença entre dois membros expressa uma anormalidade a ser pesquisada, uma vez que se deve verificar a necessidade de estudo mais adequado – inclusive por imagem – e, depois, definir algum possível tratamento.

O ANDAR DO HOMEM *VERSUS* O DA MULHER

O andar do homem e o da mulher têm muito em que se assemelhar, já que são iguais, porém existem outras coisas em que são diferentes, o que é influenciado por muitos fatores, sejam estruturais, sejam psicoemocionais. Vamos considerar alguns deles.

Quanto à altura do homem e da mulher e ao comprimento do passo, é válido o que comentamos no tópico sobre pessoas altas e baixas caminhando juntas. Se houver diferença de altura entre elas, empregam-se aquelas considerações.

Porém, não é só essa diferença que devemos analisar. Assim, por exemplo, as forças entre os dois são diferentes, sendo a do homem maior, assim como a sua força de impulsão. Então, suas impulsões anterior e lateral são maiores. E isso repercute até na velocidade. E o gesto dos passos tende a ser mais brusco e forte no homem, enquanto na mulher é mais delicado.

Contudo, tem outro fator estrutural que tende a ser diferente entre o homem e a mulher, isso é, a curva da coluna lombar (dos rins) vista de lado. Observa-se que nos dois o tronco e a coluna apresentam uma entrada – curvatura para frente. E, como já vimos, chamamos essa curva de lordose lombar. Na mulher ela é habitualmente um pouco maior do que no homem, ou seja, a mulher tem as suas nádegas posicionadas um pouco mais posteriormente do que o homem. Por essa razão, o centro de gravidade corporal da mulher é levemente mais anterior do que o do homem, mas, veja, só levemente. E isso dá a diferença do comportamento corporal nos dois. A mulher apresenta uma movimentação corporal, principalmente da pélvis, maior do que a do homem, sendo esse um dos elementos que propiciam o encanto no andar feminino.

O ANDAR DO GORDO E O DO MAGRO JUNTOS

O caminhar do obeso.
Ah... O obeso!

Quanta história existe! Mas praticamente todas voltadas à ação da sobrecarga nas articulações em razão do impacto.

Que impacto é esse?

Por acaso o obeso corre? O que é isso?

Tem ele condições para tal?

Será? Será mesmo?

Vamos ver.

A sobrecarga do obeso – principalmente com a proeminência de seu abdômen (barriga) – provoca curvatura da coluna lombar para a frente (lordose). E, como já sabemos, com isso o seu centro de gravidade corporal sofre deslocamento anterior. Por essas razões, o obeso caminha com a lordose lombar, e essa postura associada ao peso abdominal determina que se evitem os deslocamentos laterais do tronco e dos ombros. Além disso, ele deixa de usar o passo pélvico, pelo que sua pelve se movimenta pouco, seus passos se tornam menores e, então, a força do impacto não se torna assim tão considerável.

Já o magro apresenta a biomecânica do andar absolutamente livre e normal, ou seja, ele anda solto, relaxado, movimentando todo o corpo, o que o diferencia do gordo. E tem as manifestações que estamos considerando no todo.

O ANDAR DA MULHER GRÁVIDA

As condições biomecânicas da mulher grávida para o andar são absolutamente semelhantes às do obeso. Praticamente não existe nenhuma diferença. Daí por que as considerações citadas podem ser utilizadas aqui.

O ANDAR COM MÃO NO BOLSO OU CARREGANDO PESO NA MÃO

Já vimos que há harmonia, interdependência e inter-relação entre os movimentos de todos os segmentos do corpo durante o andar. Obviamente que o manter uma mão no bolso ou presa de qualquer maneira extracorporal vai prejudicar a movimentação não apenas desse membro superior. Não. Não só dele. Prejudica em algum grau a movimentação do outro membro superior, do tronco e inclusive da pélvis (bacia) e do passo pélvico. E, finalmente, repercute na movimentação dos membros inferiores. Isso obedecendo às condições gerais já manifestadas.

Pela mesma razão, o carregar peso em um membro superior determinará prejuízo de todo o comportamento corporal, que se apresentará mais travado.

O ANDAR COM MOCHILA

— Opa! Essa eu quero ver. Pois o quanto tem de pessoas usando mochila! É muito comum. E daí?

— Está bem, vou te atender. Preste atenção. O princípio referido acima não se emprega quando se analisa o uso de mochila. Por quê? Simples. Pelo fato de ela ficar presa nas cinturas escapulares (nos ombros), mas sem bloquear os seus movimentos, não determina qualquer prejuízo no comportamento do corpo no andar. Não haverá prejuízo em qualquer dos segmentos corporais. Apenas quando o peso da mochila for grande para a pessoa. Aí então ocorrerá algum prejuízo e fará com que o andador incline o tronco um pouco para a frente. Claro, a tira que prende nos ombros pode criar alguns problemas, principalmente por comprimir um nervo aí existente, podendo causar sua paralisia. No entanto, atualmente as tiras são um pouco mais largas, causando menor compressão localizada. E, felizmente, é muito raro vermos complicações provocadas pelas tiras da mochila.

Contudo, aqui cabe uma consideração muitíssimo importante, que é quanto ao absurdo das exigências de mochila escolar para as crianças. Vejo que é solicitado que as crianças carreguem pesos exagerados em suas mochilas, sendo até incompatíveis aos seus portes físicos. Ortopedicamente isso está errado. Também não vejo motivo para a necessidade de as crianças usarem o carrinho com rodas em vez da mochila. Isso tira a espontaneidade e a liberdade das crianças. Pergunto: por que a criança precisa carregar tanto material para a escola?

O ANDAR COM PESO NA CABEÇA

Também tenho minhas dúvidas sobre esse tipo de análise, já que o público-alvo é mais ligado ao esporte. Porém, como curiosidade, é útil, e possivelmente muitos dos que vão ler esse tópico têm alguns funcionários que carregam peso sobre a cabeça. Então, rapidamente, vamos lá. O que foi referido para o carregador de mochila é aplicado para o carregador de peso sobre a cabeça. Só muda quando o peso for exagerado. Nesse caso não haverá inclinação do corpo para a frente, visto que isso seria prejudicial ao caminhador. O que acontece é que haverá diminuição na velocidade do andar, o que poderá determinar alguma diminuição na amplitude dos movimentos praticamente de todos os segmentos do corpo. O cuidado todo é com a coluna – principalmente a cervical (do pescoço). Deve-se evitar exagero de peso.

O ANDAR DA CRIANCINHA

Ah... A criancinha começando a andar! Que loucura! Que vibração! Como já comentei, não podemos nos esquecer de que a iniciação do andar da criança é muitíssimo diferente da dos demais animais. Praticamente os filhotes de todos os animais quadrúpedes iniciam o caminhar logo após o seu nascimento. Por quê? Devido ao fato de que quando eles andam sempre mantêm apoio sobre três patas. E isso torna o andar muito estável. Daí por que o início do andar do filhote de quadrúpede depende apenas do instinto, ou seja, é um andar instintivo.

Com a criança é diferente. Bem, como ele é? Muito interessante, mesmo. Para entendê-lo melhor, é importante que saibamos que o controle e o desenvolvimento neuromuscular se dão evolutivamente de cima para baixo. Primeiro, a criança movimenta os lábios e dirige o olhar. Depois firma a cabeça. O seu sentar tem três etapas. Lembro que para se sentar obviamente que a criança deve executar o gesto de sentar-se. Mas depois tem que se manter sentada. O primeiro sentar é puramente determinado pelo adulto. Coloca-se a criança num acento e se a mantém sentada com apoios. Quando? Alguns colocam a criança sentada até com menos de 2 meses! Cruzes! Mas é isso aí! Em torno dos 7 meses – um pouco menos, um pouco mais –, a criança começa a se manter sentada por ela mesmo. Já por volta dos 9 ela passa a sentar-se sozinha. Logo, logo, ela engatinha. O engatinhar do nenê se assemelha ao caminhar dos quadrúpedes. Tende a manter três apoios, enquanto que progride com um. Entre os 10 e os 13 meses a criança se levanta de pé, agarrando-se no bercinho ou em algum móvel.

Em condições normais a criança começa a caminhar sozinha até os 16 meses. Ela caminha posicionando as pernas e os pés bem abertos, afastados lateralmente um do outro (ver Fig. 7-2). E assim ela caminha. Como já vimos, isso é devido à falta do equilíbrio no plano frontal. Daí por que ela dispõe os pés afastados lateralmente um do outro para caminhar melhor. Mas não só eles. Não. Ela faz o mesmo com os membros superiores. E, por isso, cuidem, observem, que verão que ela nunca cai para os lados. Isso pode acontecer só quando estiver apoiada em um só pé. Caso apoie os dois, não. Ela pode cair para a frente ou atrás.

Mas ainda não só isso. A criança nessa fase só faz movimentos no plano sagital (plano do deslocamento). Ela não faz movimentação do passo pélvico, ou seja, não tem movimentação de lateralização e nem rotacional.

Só em torno dos 2 anos é que ela passa a ter o controle do equilíbrio lateral. E isso coincide com o controle esfincteriano. Pura casualidade e coincidência.

Portanto, veja como é complexa a evolução do aprendizado do andar e da sua evolução na criança. Daí por que se diz que para a sua ocorrência no humano há necessidade de dois fatores fundamentais: o instinto e o aprendizado. E por isso é demorado.

E, mais, o seu aprendizado não vai parar nessa primeira fase. Não. Ele seguirá praticamente por toda a nossa vida. E isso sempre deve ser levado em conta.

O ANDAR DO IDOSO

Bem, o idoso. O que posso dizer? Como se caracteriza o seu caminhar? É diferente do andar do adulto jovem? Se o for, por que isso acontece?

É, o idoso apresenta caminhar diferente do adulto mais jovem. E as razões são claras e múltiplas. Porém, a principal delas é a alteração na elasticidade tecidual do esqueleto locomotor. A que mais marca a diferença é a rigidez da coluna vertebral.

Com ela, a coluna se movimenta muito menos. Aí temos alteração no passo pélvico, que chega a desaparecer, pelo que não ocorre movimentação da pélvis.

Ainda é marcante a tendência de diminuir a amplitude dos movimentos dos membros em razão dos efeitos e das consequências da inatividade. E por ela igualmente há diminuição da força. Com isso ocorre prejuízo no comportamento corporal.

E há grande insegurança e medo em cair. Portanto, para diminuir o risco do desequilíbrio, o idoso adota o andar com afastamento lateral dos pés para aumentar a base de sustentação do corpo e aumentar a segurança. Uma outra característica importante do andar do idoso é que, pelo somatório dessas considerações, o idoso aumenta o tempo de apoio com os dois pés, pois fica com eles apoiados simultaneamente durante um tempo muito maior do que o adulto não idoso. Com isso, ele fica mais equilibrado. Muito interessante.

E, finalizando essa sucinta descrição do andar do idoso, é bom lembrar que existem estudiosos que o comparam com o primeiro andar da criança, ou seja, passos curtos e com base alargada, aumentando a semelhança em caso de idosos que usam duas bengalas ou muletas. Nesse caso chegam a comparar com o "andar de quatro" (o engatinhar) da criança.

Isso nos permite uma ilação muitíssimo interessante. **É indispensável que se faça bom trabalho de flexibilidade, de alongamento e de reforço muscular no idoso**, pois, assim, são melhorados o seu equilíbrio e a sua força, necessitando apenas utilizar menos recursos compensadores, como o alargamento da base de apoio e o aumento do tempo de apoio duplo, isto é, o apoio simultâneo sobre os dois pés.

Contudo, tudo isso não quer dizer que o idoso não possa ter um andar diferenciado, de alto nível. Se pode! Tanto que no meu primeiro livro de caminhada, lançado em 2001, tive como figura apenas a foto de Rui Barbosa, que era maratonista e naquele ano – estando com 86 anos de idade – terminou a Maratona de Porto Alegre em 5h30min (Fig. 7-7).

O ANDAR COM CORPO CONTRAÍDO *VERSUS* CORPO RELAXADO

Volte ao tópico do *Andar e a psicoemocionalidade*.

O ANDAR DO INTROVERTIDO *VERSUS* O DO EXTROVERTIDO

Volte ao tópico do *Andar e a psicoemocionalidade*.

Fig. 7-7. Idoso de 86 anos (Rui Barbosa) correndo a Maratona de Porto Alegre.

O ANDAR EM PLANO INCLINADO ASCENDENTE

O andar em plano inclinado cria uma postura e um comportamento corporais muitíssimo interessantes. Assim, ao subir a pista ascendente, o corpo sofre a ação de força centrípeta, que por si só tende a empurrá-lo para baixo, isto é, nesse caso para trás. E o que o caminhador precisa fazer com maior ou menor intensidade? Simplesmente inclinar o corpo para cima (Fig. 7-8). E isso pode ser com pouca ou muita inclinação. Consequência dessa postura? Tensionamento dos músculos e tendões posteriores tanto do tronco, como da bacia, da coxa, da perna e da sola do pé. Principalmente os por trás da coxa, da perna e da sola do pé. E aí pode haver sofrimento de qualquer deles, quer agudo ou por esforço repetitivo.

Isso é devido aos músculos biarticulares, ou seja, que trabalham em duas juntas ao mesmo tempo. Assim, por exemplo, ao subir uma ladeira, a inclinação do tronco e da bacia para a frente estica os posteriores da coxa pela ponta superior do músculo. E, como a pessoa vai ter que estender o joelho, obviamente ocorre também o esticar pela ponta inferior do mesmo músculo, ou seja, ele é esticado por suas duas pontas, o que força mais o seu tensionamento.

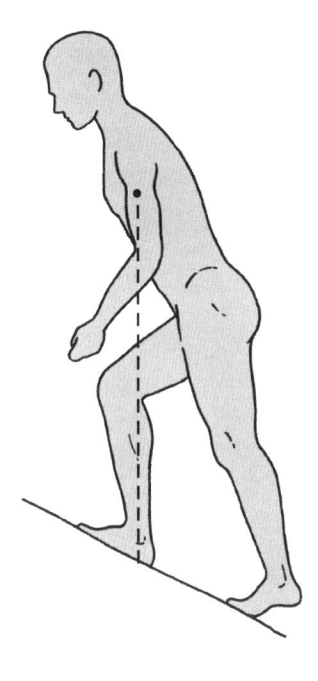

Fig. 7-8. O caminhar em plano inclinado ascendente.

O comportamento do corpo durante o caminhar em plano inclinado ascendente.

A atividade física em planos inclinados – como no montanhismo – exige muito do ponto de vista orgânico geral, constituindo os exercícios aeróbios, que sobrecarregam o coração, os pulmões, o sistema nervoso, os vãos sanguíneos e muitos outros. No caso de subida da pista em aclive observa-se, igualmente, do ponto de vista esquelético que são muito solicitantes e exigentes. Além de exigir muita força da musculatura da panturrilha para empurrar o corpo para cima, bem como a anterior da coxa para estender o joelho, ocorre muito tensionamento dos músculos posteriores da coxa e da perna. Portanto, deve-se ter muito cuidado ao se tentar pensar em praticá-lo.

Ah, agora me lembrei de outro elemento que deve prejudicar ainda mais esse músculo. Simplesmente se ele for curto, com pouca flexibilidade, torna-se mais fácil e propenso a ocorrer o tensionamento mais forte e consequentemente com maior risco de criar lesão muscular. É isso aí.

Daí por que é importantíssimo que caprichemos com o condicionamento físico e procuremos, entre outras coisas, aumentar a flexibilidade musculotendínea e a articular. Assim, diminuiremos o risco de danos musculares, tendíneos e articulares.

O ANDAR EM PLANO INCLINADO DESCENDENTE

Ao andar em plano descendente, no declive, acontece o contrário. A força atuante pela inclinação do plano tende a empurrar o corpo para a frente. E o comportamento protetor desse é incliná-lo para trás, isto é, para cima. O resultado disso é forçar, tensionar fortemente um dos músculos anteriores da coxa, isto é, do quadríceps – em realidade é o reto femoral –, que é fixado superiormente na bacia e inferiormente na perna (na tíbia), ou seja, ele participa de duas articulações, sendo por isso biarticulado. E dessa maneira há tendência para que fique esticado, podendo produzir algum tipo de dano, quer agudo ou por repetição. E, ainda, como resultado ocorre hiperpressão patelofemoral, que tende a produzir dor na parte anterior do joelho (Fig. 7-9).

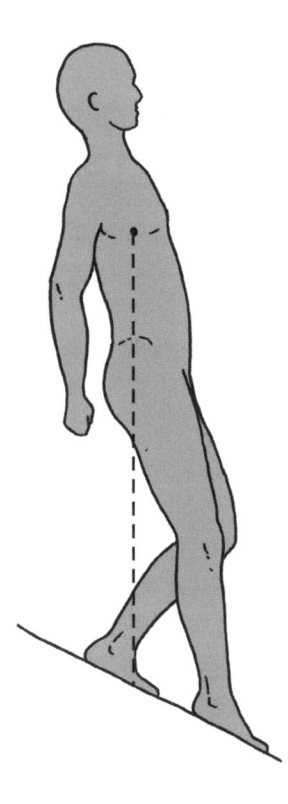

Fig. 7-9. O caminhar em plano inclinado descendente.
O comportamento do corpo durante o caminhar em plano inclinado descendente.
Ao se descer um plano inclinado caminhando ou correndo para se manter o corpo na vertical, inclina-se para trás. Pois, em caso contrário, ele tem a tendência de cair para baixo. Porém, ao incliná-lo para trás, temos que manter tensionadas a musculatura abdominal, a da frente da coxa – aí, na realidade, só o reto femoral que trabalha no quadril e no joelho –, e a musculatura da frente da perna, a qual dobra o pé e os dedos para cima. E isso pode criar problema, o que é muito comum para o músculo da coxa – o reto femoral.

O ANDAR EM PLANO INCLINADO LATERALMENTE

O andar em plano inclinado lateralmente determina postura adaptativa, visto que o lado dos tornozelos e dos retropés que estão na parte superior da pista sofre estresse de compressão. Já o lado dos tornozelos e dos retropés que estão na parte inferior da pista por sua vez sofre estresse de tensionamento, esticamento, o mesmo acontecendo com os joelhos.

Quanto à identificação do comportamento corporal na pista inclinada lateralmente, observam-se alguns elementos fundamentais. O primeiro deles é quanto à ação da força centrífuga que é muitíssimo grande e maior do que a centrípeta. E isso causa até brutal estresse centrífugo. Repercussão? Vê-se que o andador inclina o seu corpo para cima, evitando assim que se instabilize. Com isso ele precisa ficar com os pés apoiados no piso. E para tal ele mantém seu pé superior evertido (inclinado para fora) e o inferior invertido (inclinado para dentro do pé). Com essa postura há hiperpressão no lado lateral do pé superior e no medial do inferior. E ocorre tensionamento no lado medial do pé superior e lateralmente do inferior.

Pelas considerações sobre a análise da maneira de andar (caminhar ou correr), "Diga-me com quem andas e direi quem és", evidenciamos algumas dicas:

- Cada um de nós apresenta certas peculiaridades pessoais sobrepostas ao padrão básico da locomoção bípede.
- Realmente o tipo de andar identifica o seu praticante.
- É indispensável que sempre se considerem na análise do andar as diferentes partes do corpo. Pois que há inter-relação, integração, interdependência e harmonia entre todas elas na determinação da qualidade do andar.
- Os diferentes tipos físicos se caracterizam por particularizar o tipo de andar.
- Muitos dos importantes eventos biomecânicos durante o caminhar ocorrem tão rápido para os nossos olhos que não podem ser reconhecidos. Daí a importância da baropodometria.

O Andar e o Calçado

ATENÇÃO, MUITA ATENÇÃO!

> **"Um princípio da ciência, e da medicina em particular, é que se precisa compreender a história normal ou natural de um fenômeno estudado antes de tentar descrever e estudar o patológico e o anormal."**
>
> David H. Sutherland,
> Kenton R. Kaufman,
> James R. Moitoza[49]

O calçado. Ah... O calçado.

O que é o calçado? O que representa?

Por que o respeito que se tem por ele?

O quanto realmente é importante e fundamental ao pé?

Enfim, por quê? E por quê?

Influi no corpo?

Interfere no comportamento corporal? E na psicoemocionalidade?

E, mais do que tudo, qual é a sua relação com o pé que vive eternamente em seu interior?

É boa? É má?

O pé gosta dele? Ou o detesta, tem temor e o odeia?

É, o calçado surgiu como necessidade para proteger os pés do homem contra as agressividades ambientais. E foi. E foi. Hoje se constitui numa prisão perpétua de nossos pés! É isso. E nada menos do que isso. Ele só apresenta um tipo de cárcere? Que nada! Ele tem diversas formas diferentes. Forma leve, bem leve, que chega a oferecer bom grau de liberdade ao seu prisioneiro. Isso é tão verdadeiro que muitas vezes o pé – isto é, o prisioneiro – fica tão satisfeito e feliz que não para de sorrir e chega a se iludir que é um ser livre. Mas, pasmem, lhe é permitido e ele até chega a ter um comportamento como se fosse livre. E essa é a maior de suas realizações. Pois o pé é por natureza um ser absolutamente livre. Mas na prática não é. Muito pelo contrário. Em realidade ele até é um escravo, que tem que dizer amém às decisões de todos aqueles de quem depende, pois é totalmente dependente do seu dono, da sociedade do seu dono, da cultura social do seu dono e do comportamento do carcereiro que cria, divulga e institui as regras e as normas do seu cárcere. E sabemos que a cabeça do homem é uma incógnita. Tem coisas boas, muito boas, fenomenais. Mas pode ser o oposto, com pensamentos maus, muito maus e opressores até. Inclusive até tendo comportamento sádico. E sadomasoquista. E isso verificamos – e como! – na história da humanidade e do calçado. Se não, vejamos rapidamente.

Por exemplo, na China antiga, antes de Cristo, durante 1000 anos – isso mesmo, 1000 anos! –, a mulher para ter dotes casadoiros deveria apresentar fundamentalmente dois deles. Ser gorda e ter pés pequenos e deformados![33] Que coisa! Mas é verdade. E, se assim não fosse, não conseguiria casar. Para tanto, quando menininha, lhe era colocado um tipo de calçado que ficava mantido por algum tempo – meses. Depois o mesmo era trocado por outro que ficava novo tempão. E assim era conduzido até o fim do crescimento. E o pé ficava deformado e pequeno! Que insanidade social e cultural! Contudo, essa cultura não foi mantida só no período antes de Cristo. Visto que só no início do século XX é que realmente essa cultura foi extinta.

Mas vamos entrar em outro ângulo da insanidade humana. Naquela época, a grande maioria dos homens jovens era militar e vivia meses e meses longe de casa, guerreando. E o fato de suas mulheres terem os pés pequenos e deformados, além do que eram muito gordas, as mantinha mais presas em casa. E obviamente que isso dava uma certa segurança aos homens de que não seriam "enganados", "passados para trás!" Credo, que cabecinhas!

O calçado desde o início foi fruto da cultura das civilizações. E representou e representa seus momentos. Porém, uma particularidade dele em toda a sua essência é manter muitas de suas características e vícios. Seus modelos vão e vêm, ou seja, de tempos em tempos são ressuscitados, apenas com uma ou outra mudança. Porém, observam as mesmas linhas e os mesmos elementos. Atualmente as mudanças praticamente ocorrem pela grande evolução dos materiais utilizados, havendo até tendência para diminuírem de peso. Porém, muitos modelos ainda continuam pesados.

Vamos comentar e analisar alguns exemplos com influência social e cultural.

O ANDAR COM SAPATO DE SALTO ALTO

O salto alto do sapato. Ah... O salto alto!

Pensa-se nele como se fosse relativamente recente. Que nada! Tem alguns séculos de existência. Em diversas formas. Assim, na França, nos séculos XVIII e XIX se usava uma plataforma de 30cm de altura! Pasmem, tudo isso aí! Que beleza para os médicos da época – não existia a traumatologia!

Contudo, anteriormente, a altura do sapato chegou a ser de 70cm[33].

O quê? Tudo isso? É. Não é possível se admitir isso, porém a história consta desse relato. E o pior aconteceu em dois momentos distintos e com povos igualmente distintos. Foi observado na Antiguidade – antes de Cristo – na China e na Turquia. Mas mais recentemente em Veneza, na Itália. E lá ia a mulher desfilando na rua sobre seus sapatos de 70cm de altura. Sabe como? Incrível, mas sendo apoiada por dois criados para não cair! E lá iam os três caminhando lado a lado! Cruzes! Ah, cabecinhas! Ah, vaidade descomunal, mas burra! Pois é, pois é. Isso foi há séculos. Porém, não muito distantes, visto que no século XVIII ainda se observou essa moda. Mas, por favor, vou narrar outra, só que atual.

Preste atenção ao seguinte enfoque. Quando se fala em salto alto, ele se correlaciona apenas com a mulher. Mas que nada. O salto alto já foi usado pelas mulheres e pelos homens! No momento, fundamentalmente é a mulher que o usa. Mas muitos homens gostam dele e não escondem. Por exemplo, o estilista de calçados, Alexandre Herchcovitch[36], que é alto, com pés grandes, calçando sapatos 44, levou muito tempo procurando, mas conseguiu encontrar sapatos femininos de salto alto com esse número para ele usar! E diz estar tão satisfeito que tem um armário grande com vários exemplares para seu uso exclusivo!

É. Cada qual. Cada qual!

Mas existem outras particularidades interessantes e mais específicas quanto a esse tipo de sapato. Vamos ver. Começaremos pelo seu uso. Observe. As razões do uso do salto alto são muitas. Mas predominam: a necessidade de aumentar a altura, o embelezamento e a sensualidade. Sim. Ah... O salto alto, o embelezamento e a sensualidade! E como isso ocorre na mulher! E ainda a torna mais graciosa. Importante.

E quanto a sua funcionabilidade e a sua biomecânica, o que se pode dizer? Sim. Existem muitas peculiaridades interessantíssimas. Como, por exemplo, a mulher habitualmente apresenta mais lordose do que o homem. Mas, ao usar salto alto, ele provoca deslocamento do centro de gravidade corporal da mulher ainda mais para a frente. Isso aumenta a sua lordose lombar. Ou seja, a mulher com salto alto apresenta mais lordose do que sem ele. E não esquecer que quanto maior a lordose, mais a bunda fica saltada e proeminente. Além disso, o salto alto mantém o pé em flexão plantar, isto é, virado para baixo. E o porte dessa posição do pé depende da altura do salto. Agora, há pouco tempo – em fins de 2006 – verifiquei nula loja de calçados existir sapato cujo salto chega a ser de 17cm de altura! Bem, a minha mulher calçou esse par de sapatos. E percebi simplesmente que o pé se apresentou posicionado na vertical! E a mulher ficou toda desequilibrada. Que loucura! Cabe aqui a exclamação **"Isso é incrível"!**

Vamos continuar comentando outras informações dos efeitos do sapato com salto alto. Um dos grandes problemas desse salto é diminuir a força de impulsão para o andar, ou seja, para dar o passo. Isso porque o impulsionador final de nosso corpo é o músculo da panturrilha com o seu tendão de Aquiles. E, como ele fica na posição de afrouxado muitas horas por dia e praticamente todos os dias, obviamente que enfraquece. E como! Mas não só isso. Pode ocorrer perda do equilíbrio, ficando a mulher algo instável e insegura, pelo que tem que treinar muito e muito para poder usar o sapato de salto alto com charme. Bah... Com isso estou sentindo que a mulher até tem que fazer um curso para aprender a usar o salto alto! Quem sabe, quem sabe. Porém, tem mais. No caso de a mulher querer aumentar o ritmo e a velocidade do seu andar, ela tem que compensar a diminuição da força de impulsão do músculo da panturrilha. Sabes o que ela faz para isso? Ela simplesmente compensa a diminuição da força da panturrilha rodando mais a pélvis (bacia), isto é, usa o que chamamos de passo pélvico! Que malandragem! Até isso acontece. Sim. Até isso. Mas ainda pelo uso do salto alto, a mulher tende a não estender todo o joelho, mantendo-o um pouco fletido, dobrado. Contudo, algumas podem apresentar o músculo quadríceps (os músculos da frente da coxa e que estendem, esticam, o joelho). Então, para não caírem, precisam forçar a hiperextensão do joelho para conseguir melhor equilíbrio e mais controle corporal.

Mas é igualmente importante dizer que o salto alto provoca igualmente fraqueza e atrofia da musculatura da panturrilha.

Além disso, é importante alertar que o salto alto é um grande produtor do encurtamento do músculo tríceps sural (da panturrilha) e do tendão de Aquiles.

Porém, o uso continuado e duradouro do sapato com salto alto ainda cria outros malefícios que podem criar problemas. Assim, por exemplo, observo o seguinte fato em algumas mulheres que usam esse sapato. A observação do caminhar da mulher com salto alto em um piso duro ou também de madeira nos permite identificar uma só batida com o sapato no piso. Porém, quando essa mesma mulher caminha descalça ou com sapato de salto baixo ou sem salto, consegue-se identificar, em vez de uma batida, a ocorrência de duas batidas bem próximas uma da outra, parecendo até um som bipartido. Significado disso? Fraqueza do músculo que dobra o pé para cima! Ou seja, fraqueza do músculo tibial anterior, que é o antagonista do músculo da panturrilha.

Impressionante! O que o salto alto provoca na biomecânica da mulher! É realmente impressionante! Contudo, ainda existem outros efeitos e consequências. Como é o caso do efeito sobre o comprimento do passo que se torna menor quando a mulher usa o salto alto! Observem.

Mas ainda tem mais. Pois, não podemos esquecer que a parte mais larga do pé se localiza ao nível da linha de estreitamento do bico do calçado. E, como veremos ainda, ao analisar o sapato de bico fino, isso é elemento propiciador para determinar sofrimento das partes laterais da ponta do pé, pelo que é considerado um dos fatores determinantes do joanete – principalmente com sapato de bico fino.

Temos que relembrar o que já comentamos quando falamos no efeito sobre a elegância e a sensualidade da mulher. Lá dissemos que, por todas as alterações corporais que o salto alto produz na mulher, obviamente que se torna um reforçador da sensualidade feminina.

Vou dar outra informação a respeito do salto alto, já que há um outro elemento considerado um marco na construção dos calçados. Pretendo comentar e analisar um dos valores do salto alto que se tornou decisório para muitos calçados. Se não, vejamos. Atenção! É que os saltos finos maiores de 4cm eram relativamente frágeis e que se quebravam facilmente. E para conseguir estabilizá-los, mantendo-os verticais, criou-se a união deles com o solado do calçado em uma segurança rígida. Uma parte fica no interior do salto. E ele é fixado à outra chapa, dura e resistente, que é presa firmemente em sentido longitudinal no solado do calçado. Com ele o salto alto não mais se quebrou. E esse dispositivo é chamado e considerado como a "alma do sapato" (Fig. 8-1). Ele é indispensável para que o salto se mantenha firme na vertical e que a mulher não caia, pois, assim, o salto se mantém resistente, ou seja, esse dispositivo é, em realidade, a "alma protetora" do salto. Mas, infelizmente, para o pé ele se torna um alterador negativo de toda a biomecânica do pé. E provoca um sério e gravíssimo problema.

Pois é, essa chapa fixada no solado do sapato o torna absolutamente rígido, com o que apresenta um efeito negativo ao pé que é bloquear os seus movimentos intrínsecos de lateralização. E isso pode ser considerado até criminoso para o bem-estar do pé, visto que todas as juntas do pé precisam manter a mobilidade livre e todas as

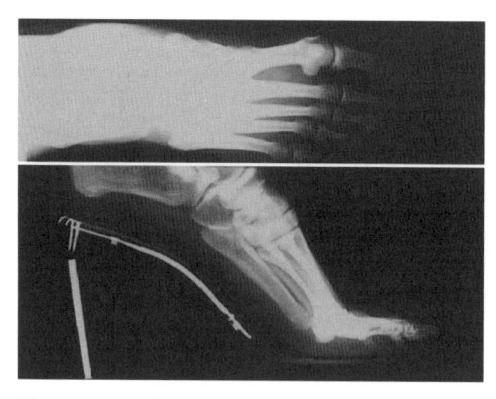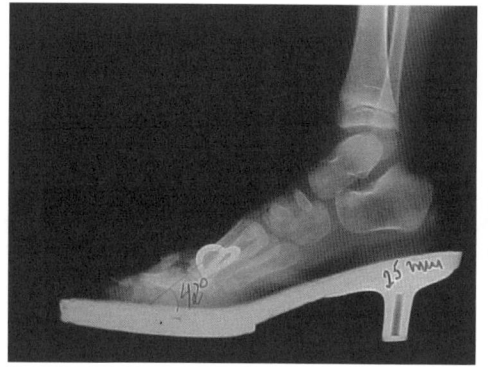

Fig. 8-1. A mulher e o salto alto. As suas implicações. A "alma do calçado", ou seja, o reforço do salto alto e suas consequências. O comportamento do corpo da mulher no caminhar usando sapato com salto alto. Efeito do salto alto com 9,5cm, que causa uma inclinação de 65° sobre o antepé.
Conhecendo-se "a alma do sapato" e os seus efeitos no calçado e no pé. "A alma do sapato". Seus benefícios e prejuízos. O salto alto de 4cm de altura se quebrava com facilidade. Então foi colocada uma armação dura no salto que era presa a outra armação na sola do sapato. O salto não mais se quebrou. E esse dispositivo foi chamado de "alma do sapato". Porém, na realidade, ele é a "alma do salto alto". O grande problema é que a armação dura do solado o torna endurecido, com o que o pé fica rígido, retirando toda a sua mobilidade intrínseca necessária para o seu bem-estar.
O salto alto e o pé da criancinha.
Menina LCH de 5 anos de idade com calçado, cujo salto é de 25mm. A inclinação do 1º osso metatarsiano se apresenta com angulação de 42°, ou seja, praticamente dobrou a inclinação do 1º metatarsiano.

funções que o pé executa são realizadas com movimentos. E essa liberdade do pé é necessária para o desempenho de um bom andar. Mas não só isso. Essa placa colocada no solado do sapato também impede e desativa os movimentos de rotação lateral e medial do pé, isto é, bloqueia a supinação e a pronação do calcanhar e do pé como um todo. E, claro, o salto alto tendo essa "alma do sapato" corta toda essa mobilidade interna necessária ao pé. E isso tem o seu preço, que logo, logo, comentaremos ao falar no tênis esportivo.

Mas o salto alto tem ainda efeito biomecânico negativo como consequência de sua altura. Se tem! Só para se ter uma ideia, o salto alto de 9cm determina uma inclinação de 67° dos seus ossos – principalmente os do antepé – em relação ao piso! E não esquecer o que eu já comentei sobre o sapato com salto de 17cm. Afirmei que o pé de minha mulher ficou simplesmente na vertical! Ou seja, todo o peso do corpo se concentra no antepé! Em realidade, sobre todas as cabeças metatarsianas. E essas sobrecarregam os tecidos moles onde se apoiam. Obviamente que esses sofrem muito. Mas não devemos esquecer que com a existência da placa dura no solado – "a alma do calçado" – obviamente que não há qualquer movimentação intrínseca do pé, pelo que a compressão fica constante e duradoura no antepé, o que lhe causa uma brutal agressão e desarrumação interna. Com isso podemos dizer que o salto alto é – pelo menos – um dos principais fatores provocadores de sofrimento no antepé das mulheres.

O ANDAR COM SAPATO DE BICO FINO

O sapato com bico fino. Ah... O bico fino!

É impressionante, mas o bico fino do sapato é muitíssimo mais antigo do que o salto alto.

Inicialmente o bico fino do sapato se constituiu mais do que tudo como elemento decorativo e sendo fino, mas que se fixava no calçado só muito à frente do pé! Portanto, não causava qualquer transtorno ao pé. E esse bico fino era longo. Muito longo. E, além disso, era amarrado e fixado imediatamente abaixo do joelho. E isso muito caracterizou o "bobo da corte", que costumeiramente o usava. Portanto, esse bico fino era apenas decorativo e que não criava qualquer problema no pé.

Porém, posteriormente o bico fino passou a integrar o calçado ao nível dos dedos do pé. E com isso o seu afinamento passou apertar a ponta do pé, provocando o agrupamento e o amontoamento dos dedos, o que ocorreu relativamente há pouco tempo. E, como a parte mais larga do pé é ao nível imediatamente proximal aos dedos, obviamente que o bico fino causa compressão lateral nessa parte (Fig. 8-2).

Portanto, indiscutivelmente que o bico fino foi uma criação sádica, assim como a sua manutenção continua sendo. Contudo, como as mulheres o adoram muito, ele

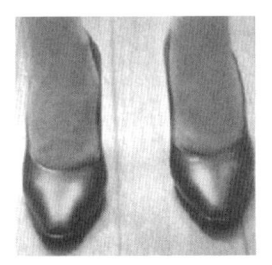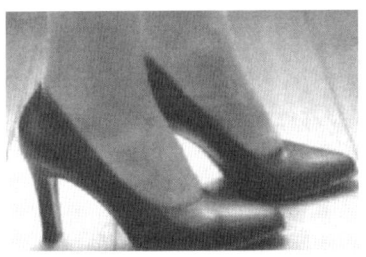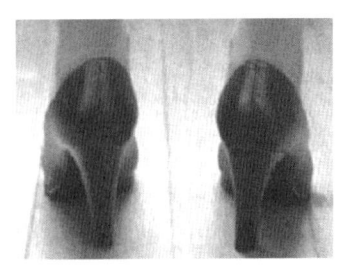

Fig. 8.2. Sapato salto fino 10cm, com bico fino. A implicação do sapato com bico fino no antepé e a sua ação compressiva no antepé.
O bico em si cobre os dedos, que ficam amontoados. Contudo, é fundamental que se saiba que o bico fino quando foi criado não comprometia os dedos, visto que ficava fora do pé – à frente dos dedos – e era relativamente mole. Para não atrapalhar no caminhar, seu bico era preso por uma corda na parte alta da perna – logo abaixo do joelho. Exemplo desse tipo de calçado é o que usavam os "bobos da corte".
A parte mais larga do revestimento superior do sapato (cabedal) de bico fica ao nível da parte mais larga do pé, que é na linha das cabeças metatarsianas.

deixa de ser sádico e passa a ter uma representação sadomasoquista. Nada menos do que isso. Por que essa colocação? Simples, muito simples. Se não, vejamos. Conforme estudos de Lelièvre[32] e confirmados por outros estudiosos mais atuais, 77% das pessoas apresentam o dedão do mesmo comprimento ou levemente maior do que o segundo dedo. E o que vemos na forma da biqueira dos calçados? A sua parte mais comprida não fica ao nível do dedão. Nada disso. Fica ao nível do segundo ou do terceiro dedo! Que santa ignorância! E costumeiramente os sapatos com salto alto não apresentam só bico fino. Não mesmo. Ele é até finíssimo! Então quero saber o que pode acontecer ao se posicionar o pé no sapato? Pode, não. Acontece. Simplesmente os dedos se amontoam praticamente um sobre o outro para conseguir se acomodar na biqueira. O que isso provoca? É considerado um dos fatores importantes na tendência de formação do joanete. Mas não só.

Credo! Então, o sapato de bico fino é verdadeiramente um tipo de cárcere terrível para os pés! Se, é!

É. Mas ele não faz só isso. Não. Pelas compressões medial, lateral e superior, o bico fino tende a produzir locais de sofrimento, calos e dor nos dedos. Só? Ainda não. A base da junta do dedão fica na parte mais larga do pé. Mas ela fica igualmente no espaço do bico do sapato que está relativamente fino. E causa brutal compressão local.

Por tudo isso, a mulher não consegue andar longos trechos com sapatos de salto alto e bico fino. É um verdadeiro martírio para elas. Mas elas o adoram!

O ANDAR COM CALÇADO PESADO

O calçado pesado. Ah... O calçado pesado!

Os tempos passam e o sapato vai e vem. É impressionante como ele desperta a atenção dos criadores e dos usuários. Pode ser em forma de bota pesada, tamanco, coturno e outros – muitos outros. E ainda existem muitos calçados pesados. Desaparecerão? Será? Duvido!

Qual é o grande problema do calçado pesado? Ducroquet[8] teve a preocupação de estudá-lo e descrevê-lo. O calçado pesado exige força para ser usado. E, se considerarmos que o condicionamento físico de seus usuários habitualmente é precário, evidentemente que ocorre discrepância entre a exigência e as condições para as suas respostas.

Mas não só isso.

O que notamos, então, na relação entre o pé e o calçado pesado? Simplesmente que há prejuízo nas diversas impulsões do andar. Na impulsão anterior, de deslocamento anterior, observa-se dificuldade para dar o passo anterior, tanto o elevando menos, como diminuindo o comprimento do passo. Além disso, a velocidade do andar tende a ser menor. Porém, é no plano frontal, isto é, de frente, onde mais repercute o peso do calçado. Observa-se dificuldade para elevar o membro que se desprende do piso e fica suspenso. No andar normal, para manter o membro suspenso em boa altura, é importante que a bacia fique horizontalizada ou caia muito levemente. Para isso, os músculos que elevam lateralmente a coxa devem trabalhar bem e ter força para tal. Se assim não for, a bacia cai do lado que está suspenso. No caso de calçado pesado, para compensar a falta de força desses músculos ocorre uma compensação corporal. Simplesmente o tronco se inclina lateralmente para o lado que está apoiado. Com isso consegue manter o lado suspenso em altura razoável.

Portanto, nota-se que o uso de calçado pesado determina comportamento corporal com muita inclinação lateral do tronco e dos ombros para o lado que está apoiando. Então, isso provoca grande balanço dos ombros de um lado para o outro. Além disso, os passos são curtos e os pés se erguem pouco do piso.

O ANDAR COM CALÇADO FUNCIONAL *VERSUS* CALÇADO NÃO FUNCIONAL

O calçado funcional. Ah... O calçado funcional.

Agora, acredito que entraremos num comentário e numa análise de alto risco para o que será colocado, visto que queremos apresentar o que deve ser calçado funcional. E, consequentemente, fazer algumas referências óbvias sobre calçado não funcional. Por favor, peço atenção e que não haja precipitação nas conclusões a que chegarem.

Bem, vamos então avançar neste tema que considero um dos básicos deste meu escrito.

Em primeiro lugar, é importante que se conceitue o que é calçado funcional e o que não é.

Mas, ainda antes disso, deve-se deixar registrado que o calçado existe para o bem-estar geral do pé. E que, portanto, todas as considerações a respeito do calçado devem ser feitas analisando sempre em conjunto o calçado e o pé, tendo a preocupação de oferecer o seu bem-estar e o seu bom rendimento sem lhe criar qualquer dano. Não estou preocupado só com os danos imediatos que porventura possam causar ao pé. Não. Muito pelo contrário. Em realidade estou mais preocupado é com os danos a distância, que poderão aparecer após certo tempo de uso do calçado. Então...

Por favor, muita atenção com esta primeira chamada!

Calçado funcional é aquele que respeita em sua totalidade, ou quase, as características estruturais, fisiológicas e funcionais do pé, ou seja, oferece ao pé a liberdade de manter sua mobilidade intrínseca incólume que é absolutamente indispensável para a execução adequada de todas as etapas do apoio do pé no piso durante o caminhar. Como já vimos superficialmente e comentaremos um pouco mais nos próximos capítulos, o pé necessita se movimentar para realizar todo e qualquer de seus trabalhos. A perda de qualquer desses movimentos intrínsecos prejudica totalmente a eficiência de seu trabalho[7,13,19,20]. Além disso, ele deve oferecer bem-estar ao pé, evitando qualquer sofrimento. Claro, é indispensável que o calçado tenha recursos protetores para o pé, mas sem prejuízo da sua fisiologia, da sua cinética e da sua biomecânica. Ainda podemos ter a pretensão de que o calçado ofereça condições que possam melhorar o desempenho da atividade do pé.

Contudo, sou obrigado a confessar que o que me chama a atenção é que tudo que é falado, escrito e transmitido em relação à infinidade de recomendações e cuidados que praticamente todos dizem ter quanto às mudanças que se deve fazer nos calçados é para proteger e melhorar o rendimento de pés débeis, desprotegidos, indefesos e absolutamente inaptos. Portanto, me é passada a ideia de que o pé não é nada preparado para o nosso andar, ou seja, é um absolutamente debilitado e despreparado para os fins a ele destinados: o andar! Isso é incrível! Porém, é a única conclusão a que posso chegar! Ou seja, o pé é um inapto para realizar a tarefa a que foi destinado!

É por tudo isso que aqui resolvi fazer uma distinção entre os calçados funcional, fisiológico e o não funcional. E já abordei o que deve se entender por calçado funcional. Certo. Porém, estou intrigado e com muitas dúvidas. E peço muita atenção ao que será comentado a seguir. Portanto, muita atenção! Agora aqui cabe a pergunta. A expressão *calçado funcional* deve estar ligada diretamente a ele?

Isso pode ser pensado só parcialmente, visto que, em realidade, o calçado funcional é aquele que oferece desempenho mais adequado, aproveitando, o mais possível, todas as capacidades funcionais do corpo e principalmente do pé. Entre outras, o calçado funcional, em realidade, deve conceder a comodidade ao pé durante o caminhar. Mas isso ainda é uma verdade parcial. Pois como se consegue ter melhor rendimento? Cuidado. É quando se está com o corpo, com uma parte sua adequada ou, pelo contrário, quando se tem dor e sofrimento? É lógico que deve ser quando o corpo está inteiro e não haja qualquer tipo de sofrimento.

Porém, vou continuar. E vou usar um argumento pegando exemplo algo forte e até exagerado. Contudo, vai ser muito elucidativo. Vamos observar e conversar com uma mulher caminhando com salto alto tipo agulha e bico fino. Ao lhe perguntar o quanto consegue caminhar continuadamente, ela nos dirá que muito menos do que com tênis, pois já passa a ter dor e cansaço mais fácil no pé e na perna. O que observamos nessa afirmação? Simplesmente que, em razão do sofrimento no corpo, ela apresenta menor rendimento no andar, ou seja, esse sapato de salto alto agulha e com bico fino não é nada funcional.

Bem, agora vamos ao calçado não funcional. O quê, como e qual é o calçado não funcional? Obviamente, esse calçado é o que provoca algum transtorno, tira a mobilidade intrínseca e limita a capacidade de trabalho do pé. O pé fica manietado ao calçá-lo. Por favor, é importante termos em mente que as repercussões negativas do calçado não funcional são as que não provoquem sofrimento e desconforto – como as já citadas em relação ao calçado com salto alto e bico fino. Mas, ao causarem, elas podem não ser notadas imediatamente. Não. Daí que "aparentemente a grande maioria desses calçados é até inocente", ou seja, o calçado não funcional se apresenta como um falso amigo ou amigo falso do pé. Ele vai incapacitando aos pouquinhos o pé. Poderíamos dizer que "em conta-gotas". Mas lá vai ele arrasando, diminuindo as forças e os recursos do pé. Eu até diria que o uso continuado e constante do calçado não funcional está para o pé, assim como as LER (lesões por esforços repetitivos) está para qualquer trabalhador. Sendo mais claro, ele atua no pé provocando problemas nele mesmo aos pouquinhos e causando, portanto, as LER.

Quando atendo algum paciente que me chega com história de "tendinite" surgida, por exemplo, na digitação –, eu lhe digo que isso é esperado. Por quê? Porque ele faz trabalho de um atleta, mas sem ter o seu condicionamento físico. E, por isso, sofre lesões por sobrecarga de trabalho até com facilidade. E isso é o que acontece com o pé no calçado. Como já comentei o que intitulei de costumes culturais indesejáveis e prejudiciais ao pé, este vai se tornando gradativamente um incapaz e até deficiente físico por usar o calçado não funcional na carga horária costumeira, absurda, dia após dia, mês após mês, ano após ano, por toda a nossa vida. Melhor ainda, somos enterrados com sapatos. E, pasmem, calçados novos! Que coisa! E, pior ainda, ninguém, mas ninguém mesmo tem o hábito de fazer condicionamento físico específico para os seus pés. Nem mesmo os atletas, que são os que mais dependem dos pés. Nem mesmo os corredores, os maratonistas. Inclusive quando falo isso para algum deles, ele me diz que, ao discutirem esse tema entre eles, chegam a ficar indignados com as colocações que faço. Por quê? Porque, segundo eles, os seus pés trabalham intensamente de maneira natural durante suas corridas. Aí eu contra-argumento. Sim, vocês fazem os seus pés trabalharem intensamente, mas, pergunto, em que condições? Pensem. Pensem. Obviamente perceberão que seus pés trabalham muito, porém absurdamente mal preparados e que, portanto, ficam expostos a sofrer todos os danos que habitualmente encontro. E é isso o que ocorre com o calçado não funcional. E isso todas as pessoas devem saber. Não só o usuário, mas também os que trabalham na criação, na confecção e na venda dos calçados.

Como exemplos de um calçado funcional e de outro não funcional, gostaria de apresentar primeiro alguns de calçado não funcional. Só depois o de funcional.

Assim, já foi comentado a respeito do salto alto tipo agulha com bico fino. Mas, por favor, esse é o mais chamativo, e todos sabem que apesar de bonito, charmoso e sensual não é nada inocente. O salto alto maior de 4cm é relativamente inseguro e instável. Daí por que foi criada uma espécie de "mão francesa dos telhados de casas" para os sapatos de salto alto. Foi colocado um suporte duro, metálico ou não, mas duro, fixando o salto alto ao solado do sapato (Fig. 8-1). É o que os sapateiros falam: "A alma do sapato". Claro que o salto fica seguro e não cai. Contudo, isso tem um preço: retira todo e qualquer movimento do retropé, que é absolutamente indispensável para a realização de um bom andar. E, bloqueando essa movimentação, já prejudica todo e qualquer trabalho do pé. Mas igualmente bloqueia os movimentos do mediopé e também do antepé. Quer os movimentos de lateralização, como os torcionais e os de flexoextensão intrínsecos do pé.

Vamos considerar outras características do calçado. Por exemplo, o solado duro. Atenção. Todo e qualquer solado duro é indiscutivelmente um dispositivo, um recurso antipé, ou seja, contra o pé. Inimigo do pé. Não é para ser usado por período longo continuado por pés normais. Pode ser e até é aconselhável para muitos pés com problemas. Mas não para o normal. Eu diria inclusive que o solado duro é até a pior particularidade dos calçados. Por quê? Pois impede todo e qualquer movimento do pé em seu interior. Tanto o do retropé, como do mediopé e o do antepé – inclusive o dos dedos.

Claro, existe uma série relativamente bem apreciável de considerações que podem ser mencionadas como responsáveis pelo calçado não funcional. Porém, vou me referir agora a mais uma, visto que estou escrevendo de maneira mais completa sobre o calçado não funcional para o próximo livro sobre calçado, que terminarei em seguida a este. O que quero dizer como último elemento negativo para o calçado neste livro de caminhada é sobre os seus possíveis e decantados recursos "curativos", os quais são muito propagados e recomendados como indispensáveis para um bom pé. Estou me referindo às mudanças de postura do pé no calçado. São as elevações "corretivas" para pés pronados e pés supinados e ainda para a elevação do arco longitudinal medial (curvatura do pé). Ao serem colocadas – qualquer uma delas –, irá ocorrer a retirada da mobilidade intrínseca do retropé e do mediopé, da mesma maneira que faz o dispositivo rotulado de "a alma do sapato". E, portanto, em realidade, isso é criador de problemas, pelo que devemos ter cuidados com "palmilhas ortopédicas" que possam inibir e bloquear a capacidade funcional do pé.

Por apresentarem igual consequência, devem ser também reprovados os estabilizadores do pé, **pois todos eles se baseiam em restringir a mobilidade intrínseca do pé.** Obviamente que eles igualmente pecam em relação à função do pé, por tirarem sua mobilidade e os seus recursos naturais de defesa. E a grande maioria dos calçados atuais prima por oferecer maior estabilidade ao pé! De que maneira? Hoje em dia, para maior estabilização do pé está se usando solado rígido que retire os seus movimentos de lateralização, ou seja, inclinação para dentro ou para fora. Infelizmente, isso é uma brutal ignorância em relação ao pé e à sua biomecânica.

Vamos ter que aumentar um pouco mais essa nossa preocupação na relação entre o pé e o calçado. Os principais estudiosos do calçado e principalmente do calçado esportivo dizem que o calçado deve ser biomecânico. E o que é este calçado biomecânico? Pego, por exemplo, Benno Nigg[38] quando define o tipo de tênis do corredor.

> **"Um bom calçado para a corrida deve:**
> * **Reduzir a força do impacto do pé no piso.**
> * **Controlar a pronação do pé.**
> * **Controlar a supinação do desprendimento do pé do piso."**

Pois é. Pois é. O que estamos vendo? Simplesmente o que Benno Nigg leva em consideração é unicamente a biomecânica do calçado. E só dele. E onde fica o pé? Quais as preocupações que tem com o pé? **As preocupações maiores a que Nigg se refere estão relacionadas com a anatomia e com a forma do pé.** E não se refere a sua biomecânica, ou seja, a maneira como o pé trabalha e o que necessita não são levados em consideração. E, pior ainda, nem se preocupa com o que o pé pede e exige ao calçado. Não tem a mínima preocupação quanto à mobilidade do pé. Se ele a mantém ou a perde. Portanto, nem considera se todos os trabalhos do pé se realizam com movimento.

Bem, e como é então um calçado funcional?

> **Simplesmente é o que protege o pé, lhe mantém a mobilidade intrínseca, não lhe concentra sobrecarga em locais limitados, não lhe causa qualquer transtorno, quer de compressão ou atrito e, ainda, deixa-o comodamente posicionado em seu interior, ou seja, é quando o pé e o sapato apresentam boa harmonia e inter-relação.**

E, então, cabe a pergunta: as mudanças no calçado para controlar a pronação, a supinação e, ainda, a elevação do arco longitudinal do pé interferem ou não no trabalho do pé? Se interferirem! Tolhem-lhe a mobilidade intrínseca, pelo que na prática esse tipo de "calçado biomecânico" prejudica a biomecânica do pé. Daí que ele é antipé, ou seja, esse calçado é contra o pé.

Quanto à ação anti-impacto, voltaremos a comentar e discutir quando analisarmos a absorção da pressão do pé no piso no Capítulo 10.

O ANDAR COM TÊNIS

O tênis. Ah... O tênis!

Que calçado!
Que invenção!
Que descoberta!
Que achado!
Que benefício ao pé!
Que evolução calçadista!
Que origem!

Prestem atenção. Vejam quando e como foi criado o calçado chamado tênis. É interessante.

O tênis surgiu na década de 1840 nos Estados Unidos, imediatamente após a vulcanização da borracha (1839), tornando-a mais duradoura e de fácil utilização. Essa não se prestou apenas para Charles Goodyear e os pneus dos seus automóveis. Nada disso. Veio beneficiar em muito os pés. Com ela criou-se um sapato em que foi substituído o solado de couro pelo de borracha, bem mais leve. Ele veio beneficiar – e como! – a prática dos esportes e foi muito utilizado na costa leste americana em jogos de críquete. Pelo que foi chamado de sandália de críquete, também designado de *sneaker* (sapato de tênis). Mas logo, logo, esse *sneaker* teve seu revestimento superior de couro substituído por tecido, tornando-o ainda mais leve, barato e popular. E mesmo sendo barato e popular era calçado de classe. Os jogadores de tênis perceberam que esse sapato melhorava intensamente o seu desempenho. E passaram a usar só essa nova coqueluche da época em seus jogos. E o sucesso foi tão grande que todos os tenistas passaram a utilizá-lo. E, então, o que aconteceu? Esse sapato passou a ser chamado de **tênis**.

O tênis esportivo passou por muitas experiências e confecções. Na sua elaboração já se teve um tipo realmente chamado de esportivo e que respeitava as necessidades do pé. E, pasmem, isso foi na época em que o pé era considerado um alicerce que suportava o nosso corpo! Incrível. Mas o tênis era dinâmico!

Contudo, o que se vê atualmente? **Simplesmente todas as criações do tênis são feitas para o pé alicerce, ou seja, uma estrutura rígida que deve ser alinhada. Ou, o que é ainda muitíssimo mais grave, o tênis é programado para um pé pobre coitado, incapaz, deficiente e dependente**. Credo! Que ignorância essa nossa! Por uma série de razões, mas fundamentalmente por desconhecimento real do pé. Principalmente do funcional.

Agora, atualmente, cada vez mais os pés humanos são deficientes e despreparados. Por quê? Pela mesma razão que fisicamente nós humanos somos cada vez mais mal preparados. E isso é cultural. Melhor, costume cultural. Por exemplo, todos nós queremos comodidade e facilidade. Tanto que nossos carros atuais nos exigem o mínimo esforço físico. Isso é tão verdadeiro que até para abrir ou fechar os vidros das portas do carro basta que apenas apertemos com delicadeza um botão. E lá se fecha ou se abre o vidro! Que beleza! Que moleza! Nada disso. Em realidade, que sedentarismo! Que desgosto pela atividade física!

E com o pé é a mesmíssima coisa. Vou fazer algumas considerações de maneira mais ou menos superficial. O que gostarias de saber?

— Ah, tenho total desconhecimento do pé. Não sei nada de como ele trabalha. E acredito inclusive que tenho muitos conceitos errados a respeito dele. Deixo pra ti.
— Bem, bem. Vou falando, mas te quero pensando junto. Pois, apesar do que disseste agora, indiscutivelmente serás muito útil.
— Tudo bem.

Eu gostaria de iniciar em desmistificar que o pé seja nosso alicerce e, que, portanto, seja rígido. Mas o pé não é estrutura rígida coisa alguma. Muito pelo contrário. Ele é móvel. Muito móvel. Tanto que para realizar o seu trabalho mais estático – que é o de nos suportar parados de pé – ele está constantemente em movimentação. Isso eu constato diariamente em meu laboratório do pé – inclusive com o sistema da baropodometria, sistema esse que nos permite avaliar não só as pressões do pé. Não. Ele nos permite conhecer profundamente a biomecânica do pé, assim como qualquer anormalidade sua.

Continuando. Continuo ainda enfatizando a movimentação intrínseca do pé. E chamando a atenção que para o pé trabalhar bem, e dinamicamente, são necessárias impreterivelmente três coisas:

• Manter suas juntas livres, não bloqueadas, não travadas.
• Apresentar boa flexibilidade, não tendo estruturas encurtadas.
• Oferecer ao pé um bom condicionamento físico.

É isso aí! E não tenho dúvida.

— O quê? Tu estás defendendo a necessidade de dar bom condicionamento físico ao pé? Não será isso uma colocação e uma exigência maluca? Não será?

— Que nada! Muito pelo contrário. É indispensável que se realizem trabalhos de alongamento, de desenferrujamento, de reforço muscular, de equilíbrio e de estabilidade do pé. Parece essa uma atitude desintegrada do ambiente e da vida humana? Realmente ela estaria contra a corrente? Não, não está. Nada disso. Muito pelo contrário, é o puro respeito ao pé.

— Pois é, um pouco antes tu afirmaste que praticamente todas as "correções" propostas no calçado para melhorar o pé se baseiam em medidas que de uma maneira ou outra deixam o pé mais endurecido. Podes nos dizer mais a respeito?

— Posso. Infelizmente, "as necessidades" propostas para o calçado mais e mais ajudam a levar o pé à derrocada, tornando-o indiscutivelmente mais mal preparado e deficiente. Todas as correções que são feitas nos calçados e, principalmente no esportivo, simplesmente dão ao pé um comportamento rígido. E, como vimos, o pé não deve ser rígido. Ele, ao se comportar rígido, se torna um incapaz e absolutamente vulnerável. Assim, a placa rígida de carbono ou de outro material rígido que se coloca na sola para "estabilizar o pé", as elevações na parte posterior do solado do calçado para "corrigir" pé pronado ou supinado, assim como a elevação firme do arco longitudinal medial do pé (para erguer a curva interna do pé), retiram a mobilidade intrínseca do pé. E, portanto, lhe dão um comportamento rígido, não sendo o que o pé pede e clama.

— Credo, realmente não conhecia o meu pé. Muito obrigado por esses esclarecimentos.

— Que bom. Mas vou além. Como aconselhamento final, digo que é fundamental e indispensável que tenhamos ouvidos para ouvir o que o nosso corpo nos diz. Ou, então, que tenhamos sensibilidade para captar o que pretende nos dizer. E para o pé é o mesmo. Então, por favor, tenha a sensibilidade e ouça teus pés. Eles te serão eternamente gratos.

Resumindo as necessidades do pé que sempre devem ser consideradas ao se pensar em calçá-los, inclusive com tênis, indico que se respeite o que descrevo a seguir:

- Boa função e adequada amplitude de movimentos articulares.
- Boa amplitude de movimento dos músculos e tendões.
- Boa função muscular, inclusive com capacidade de manutenção do equilíbrio entre os diferentes músculos.
- Interdependência e inter-relação de todos os seus segmentos e as suas estruturas.

- Não haver individualização dos segmentos.
- Jamais pensar o pé calçado satisfazendo-se apenas com um plano de ação, de trabalho. Deve-se pensá-lo considerando que cada uma das etapas do ciclo do andar acontece nos três planos espaciais, isto é, sagital, frontal e transversal.
- Não considerar o pé com exclusividade. Sempre deve ser analisado e considerado com os demais segmentos do corpo. Pois, como vimos, todos eles são interdependentes, integrados e inter-relacionados.

O ANDAR COM TÊNIS FUNCIONAL *VERSUS* TÊNIS NÃO FUNCIONAL

O tênis funcional. Ah... O tênis funcional.

O tênis é um calçado esportivo. E, portanto, deve obedecer às mesmas regras vistas para os sapatos. E quando ele desrespeita as necessidades do pé para executar seu trabalho é considerado um tênis não funcional. E acima, ao falar sobre o tênis, foram descritos os grandes erros encontrados no tênis esportivo de ponta que prejudicam e desobedecem as necessidades do pé. E, com isso, constituem um tênis não funcional. O funcional obedeceria as necessidades funcionais do pé. Veja bem, não estou aqui me referindo à relação entre o tênis e o ganho de rendimento e da performance do atleta. A minha preocupação é com o pé e o seu bem-estar imediato e mediato. Nunca, mas nunca mesmo, pensar no só agora.

Por isso, peço que revise e guarde essas recomendações em relação às necessidades do pé.

E, finalmente, quero parafrasear um paciente amigo meu – Valmir Nunes Fontes – ao me afirmar o seguinte: **"O pé é o astro. O calçado é o coadjuvante."**

Pelas considerações sobre a análise da maneira de andar (caminhar ou correr) **O Andar e o Calçado**, evidenciamos algumas dicas:

- Infelizmente, são realizadas afirmações e chamadas quanto aos cuidados dos pés normais, já que eles nos passam a ideia de serem desprotegidos, inaptos e despreparados.
- Os conhecimentos reais do pé funcional, biocinético e biomecânico não são considerados para as recomendações do calçado.
- O pé é considerado um desprotegido e um despreparado.
- O calçado funcional é o que preserva a integridade estrutural e funcional do pé.
- Deve-se ter cuidado na indicação do tipo de calçado para se evitar prejuízo funcional do pé.

Compreendendo a Caminhada

Após essa apresentação preliminar de conceitos e conhecimentos básicos correlacionados com a caminhada e o andar de um modo geral, já temos melhores condições para nos aprofundar ainda mais na caminhada e dominá-la melhor. Então vamos logo, estou muito ansioso. Daí...

A caminhada. Ah... A caminhada.

Vamos entendê-la?
Vamos?
Então, nada melhor do que começarmos empregando as ideias de Sutherland e colaboradores.
Portanto...

ATENÇÃO, MUITA ATENÇÃO!

> **"Um princípio da ciência, e da medicina em particular, é que se precisa compreender a história normal ou natural de um fenômeno estudado antes de tentar descrever e estudar o patológico e o anormal."**
>
> David H. Sutherland,
> Kenton R. Kaufman,
> James R. Moitoza[49]

É impressionante. Quanto mais leio, quanto mais estudo, quanto mais examino, quanto mais analiso, quanto mais avalio pessoas andando, em qualquer uma de suas formas – caminhada ou corrida –, mais me convenço de que aquilo que parece ser conhecido por todos nós, pois o praticamos por toda a vida, na realidade é e tem muito mais elementos, mais informações e mais conhecimentos do que pensamos e consideramos. E fico confuso. Daí por que devemos avançar mais e mais nos conhecimentos dos andares (caminhada e corrida), visto que assim teremos mais recursos para entender melhor tudo aquilo que pode acontecer em relação a eles.

Esse é o meu pensamento atual em relação ao andar e suas particularidades. Sei que o que será abordado agora poderá intrigar e tornar o leitor um pouco mais impertinente. Mas vamos lá, uma vez que o considero muitíssimo útil a todos.

É que, às vezes, fico parado física e mentalmente por algum tempo, como se estivesse entre o infinito passado e o infinito futuro, e tento compreender o andar. Vejo coisas passadas e presentes, além de vislumbrar outras futuras. E me pergunto: será que merecemos isso que temos e que nos é entregue e passado em relação ao nosso andar? Será? Fico parado. Parado. E, finalmente, me decidi: fico com o andar que me é passado pelas crianças. Indiscutivelmente! Pois a criança anda. Ah... E ela é inocente. E, portanto, o seu andar é um andar inocente. Só? Não. Simples. Puro. Verdadeiro. E lá vai ela andando feliz da vida. E o andar feliz com ela. Isso é lindo e apaixonante. É isso aí.

E o adulto procura transformar o andar e lhe cria facetas que o calam e denigrem. Infelizmente. Se é! Pois o andar é comumente denegrido por nós adultos. E perde a inocência infantil, que é pura, simples e verdadeira. E o andar da visão adulta se transforma em vilão. E que vilão! Pois é, aquilo que parece simples, puro, verdadeiro e inocente na criança se torna um causador de problemas na ótica do adulto com grande frequência! É. Pois o que vemos no dia a dia? Simplesmente, pelo que todos nós somos, pareceríamos débeis, deficientes, despreparados e que jamais deveríamos andar, nem caminhar e correr. Que o nosso corpo seria uma porcaria. E que suas estruturas programadas para produzir a nossa movimentação não prestariam nem para isso. Tanto, tanto mesmo, que o andar, até mesmo o caminhar, mas principalmente o correr, seria um "comportamento, uma atitude camicaze", de autodestruição.

— Iiii. Estou vendo. Estou vendo. Que com isso estás querendo dizer que até os nossos pés seriam uns inaptos para realizar aquilo para o qual foram criados. Que nossas juntas seriam umas despreparadas e incapazes para se movimentar enquanto suportam nosso corpo. E assim todas nossas partes que trabalham durante o andar. Não é isso?

— Acertou em cheio. Tanto que seguidamente se leem e se ouvem declarações de algumas pessoas afirmando que o homem não foi feito para correr! Só? Não! Não levará muito tempo e alguém indiscutivelmente irá propor que substituamos os pés de todas as pessoas por pés mecânicos, protéticos, pois que os nossos naturais não prestariam. Eles têm que ser jogados fora.

— Cruzes!

— Por favor me deixa continuar neste meu momento de transe e até de incertezas, pois quem é forte o suficiente para não ser levado pelas considerações que nos são passadas? Quem? Eu revejo e releio o pensamento de abertura deste capítulo e crio força ou melhor, muita força. Peço para que o considere aqui comigo agora. Vamos revisá-lo e compreendê-lo.

> **"Um princípio da ciência, e da medicina em particular, é que se precisa compreender a história normal ou natural de um fenômeno estudado antes de tentar descrever e estudar o patológico e o anormal."**

— O que te parece, qual é o grande mérito dessa colocação, desse pensamento? O que pensas a respeito?

— Simples, muito simples. Ele pede para que antes de qualquer coisa conheçamos ou tentemos conhecer e compreender o fenômeno em consideração, ou seja, a pessoa, o objeto, o corpo, a estrutura. Portanto, como ele é, o que tem, como trabalha, como se comporta, quais são suas necessidades, quais são seus recursos para realizar o que se propõe, o que lhe acontece se não são cumpridas suas exigências. Só assim teremos possibilidades para definir e decidir se o que estamos analisando apresenta ou não condições para se autogerir e autoconduzir.

— Genial! E, dando seguimento ao teu pensamento e por tudo o que colocaste maravilhosamente, impõe-se concluir que é necessário ter melhor estudo e conhecimento de nosso corpo. E do pé também. Mas não é só. E, como comentaremos mais adiante, na realidade os nossos pés não são deficientes, débeis, fracos e despreparados para o andar como costumeiramente é proposto. Muito pelo contrário.

— Então tu queres dizer que eles são muito bem preparados?

— Sim. Mas não só isso. E para todos os eventos do caminhar.

— Vou entrar nessa. Mas ainda não só isso. É necessário que se conheça o comportamento do pé durante o andar. E veremos que ele realiza e precisa de muitos movimentos.

— Bacana. Mas não é só isso. Mais ainda. O próprio andar exige determinados movimentos e comportamentos de nosso corpo e também os movimentos que o pé realiza. Se não ocorrerem nele, deverão acontecer em outro local. E, no caso da impossibilidade de o pé se movimentar a contento, ocorrerão no joelho. Mas esse não está preparado para realizá-los, pelo que se coloca à mercê e se expõe, podendo sofrer problemas. E como os sofre! Bem, agora que nos emocionamos, então vamos fazer alguns apanhados das estruturas do corpo, considerando a anatomia, a fisiologia e a biomecânica que apresentam.

Mas antes é bom que seja lembrado que não ocorrem apenas essas consequências desagradáveis – quer no corpo, como no pé. Não. O pé, por exemplo, sofre muito quando lhe são retirados os movimentos, independentemente da maneira como sejam retirados.

Porém, especificamente em relação ao andar, percebe-se outro problema. É que muitas das proposições feitas como necessárias para se mudar no pé são originadas da análise de princípios e de leis físicas mecânicas. É isso aí. São aplicadas só leis físicas. E ao pensar nisso eu me reporto a outra pessoa que em 1869 – isso mesmo, **em 1869!** – publicou um livro chamado de *A máquina animal*. Foi trabalho de Marey. Lá ele desenvolveu a ideia de que o homem e os animais eram também máquinas. Porém, uma máquina qualquer? Não. **Uma máquina biológica. E que, portanto, não estaria submetido apenas às leis físicas inorgânicas, mas igualmente às leis biológicas.** E que nunca, mas nunca mesmo, ele deveria ser analisado por apenas um desses ângulos. E isso é ainda absolutamente moderno, que deve ser respeitado. Daí por que não se devem aplicar apenas leis físicas na análise do andar. E não também só leis biológicas. No caso do movimento humano, seria necessário considerar e analisar essas duas facetas, ou seja, além de termos preocupações com as leis físicas, devemos conhecer adequadamente nosso corpo, suas estruturas e necessidades para funcionarem a contento.

OK. Continuando no andar, o meu conhecimento, mesmo o atual, continua sendo estruturado baseado nos pensamentos dos Ducroquet[8]. Apesar de eles terem estudado apenas com base na observação do olho humano, auxiliado pela fotografia e pela filmagem primárias, da época, os conhecimentos atuais são muito dependentes deles. Pelo menos os meus. Daí o grande valor que damos ao estudo do andar pela eletrônica que nos permitiu conhecer mais e melhor as suas nuanças. Pois o nosso olhar, por melhor que seja, apresenta algumas deficiências. É. Daí que outro momento marcante foi o ler a colocação de Peter Cavanagh[3-5], quando diz:

"Muitos dos importantes eventos biomecânicos durante o caminhar ocorrem tão rápido para os nossos olhos que não podem ser reconhecidos."

E com isso penetramos a análise do andar através de olhos eletrônicos que são muitíssimos mais perspicazes do que os nossos.

Exato. E conseguimos nos aprofundar intensamente. E que salto de qualidade do conhecimento a respeito do pé e do andar! Que salto! Foi impressionante. Tanto que hoje em dia é praticamente impossível querer conhecer adequadamente um pé ou um andar sem a análise no laboratório do andar e do pé. Eu utilizo a avaliação realizada com a baropodometria. E muitas de minhas colocações atuais a respeito do pé e do andar são devidas à baropodometria.

Alguns dos conhecimentos que a baropodometria nos trouxe mudaram muitos dos conceitos existentes. E outros foram definitivamente sedimentados. Por exemplo, vou citar alguns que interessam tanto aos técnicos da área, como aos leigos.

Um deles é o comportamento do calcanhar no andar. Já se tinha a ideia de que durante o apoio do pé no andar o calcanhar não ficava imóvel. Não. Inclusive se falava que ele se inclinava em pronação. E que depois mudava de posição, até mesmo se virando para dentro, isto é, supinando. Porém isso não era definitivo e taxativo. E daí as preocupações negativas tidas com relação aos calcanhares pronados e supinados. Que se deveria corrigir essa posição, independentemente do seu porte. Pois é, a baropodometria veio mostrar com detalhes inconfundíveis que o calcanhar na grande maioria das vezes muda constantemente sua posição durante o apoio no caminhar (Fig. 9-1), ou seja, pode começar carregando mais no lado de fora, depois no centro e terminar no lado de dentro, medial. Ou pode ter outra sequência. Muitas vezes ele se carrega apenas em duas posições.

Outra demonstração importante da baropodometria é quanto à sequência de apoio das diferentes partes da sola do pé. Dizia-se que o movimento do pé se dava como se fosse um pêndulo, ou seja, que primeiro tocaria o calcanhar no piso e depois todo o antepé. Mas que nada! A sequência habitual desses movimentos se faz de maneira ondular, num mexe e remexe desde o calcanhar até a ponta do pé (Fig. 9-1). Atenção, muita atenção! É que, na realidade, a existência de movimento pendular é muito danosa ao pé (Fig. 9-2). É só questão de tempo.

Ah... O impacto! Como o impacto do pé no piso é bandido! Como! Coitado do pé! Que pena tenho dele! Como o pé é indefeso contra o impacto! Ou, melhor, contra a reação do piso ao impacto do pé nele. Quanto! Mais adiante descreveremos alguns detalhes de como o pé atua contra o impacto. Aqui quero citar o que a baro-

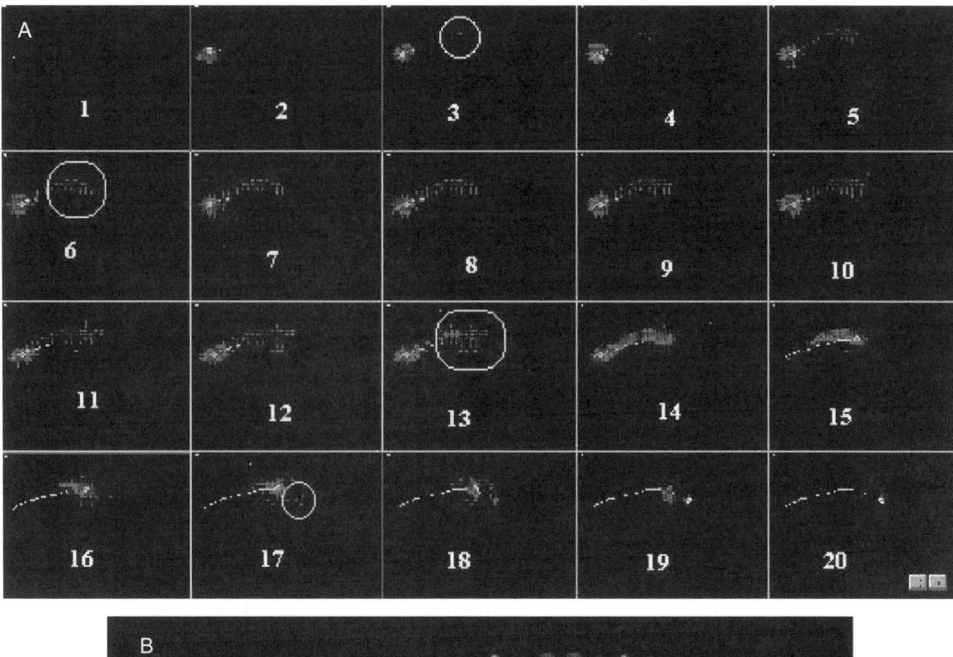

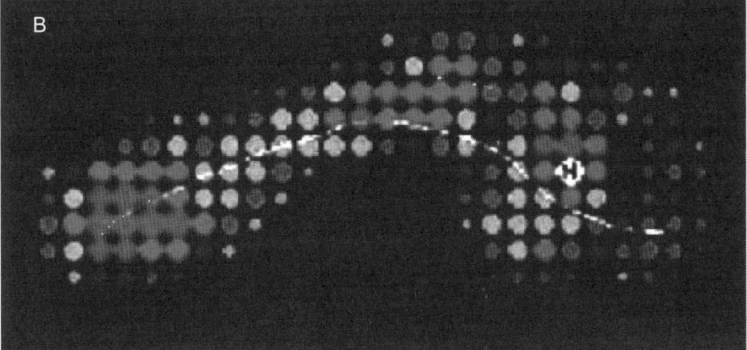

Fig. 9-1. A. Observar que o antepé (*ponta do pé*) começa seu apoio no piso por sua parte lateral (*quadros 3 e 4*) e depois gradativamente vai apoiando a parte central (*quadros 6 a 12*) e a medial (*interna*) (*quadros 13 a 19*). Finalmente apoia o dedão (*hálux*) (*quadros 17 a 20*). **B.** Vetor da resultante das forças de pressão – NORMAL.

A sequência ondular natural e habitual dos apoios plantares durante o andar.

Conhecendo-se a sequência natural e ondular dos diferentes apoios plantares do pé durante o caminhar.

A sequência natural, saudável e permissível dos diferentes apoios da sola do pé durante o caminhar, tendo a sua linha representant do vetor da resultante das forças de pressão em forma de S invertido. Vejam que essa linha branca começa na parte posterior do calcanhar, visto que é aí onde ocorre o primeiro toque do pé no piso. Depois essa linha segue mais ou menos o alinhamento da borda lateral do pé até chegar na junção do mediopé com o antepé. Vemos que essa primeira parte da linha forma um C voltado medialmente. Em sua segunda parte, a linha vai até o hálux – que é a última parte do pé que sai do apoio no piso – e se curva ao contrário da primeira, ou seja, forma outro C, só que voltado lateralmente.

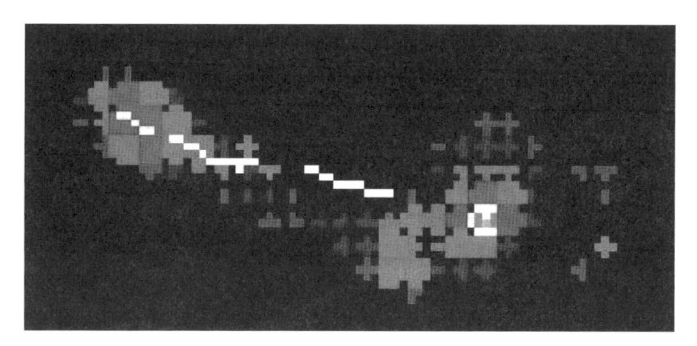

Fig. 9-2. A representação da sequência danosa do movimento pendular das cargas do pé no apoio. A sequência inadequada e maléfica em linha reta dos apoios planta-res visto num movimento pendular do pé. Isso nos acusa um comportamento rígido do pé – sem que ocorra o mexe e remexe natural do pé durante o apoio, mesmo que se note pela manipulação a existência de boa mobilidade intrínseca. O pé com comportamento rígido registrado pela baropodometria. Isso pode ser visto mesmo em pés que pela manipulação se apresentam com boa movimentação intrínseca. Contudo, nesses dois pés ainda estão expressos o componente que atesta a deformidade de pé equino, isto é, com o tendão de Aquiles curto e o calcanhar elevado. Isso fica demonstrado pela linha branca central – que é a resultante das pressões plantares – estar curta, pois deveria iniciar bem no calcanhar, visto que a batida desse sempre deve ser a primeira do caminhar.

podometria veio nos informar e enriquecer o nosso conhecimento a respeito. Mas, antes, dizer que impacto por impacto do pé no piso, isto é, no solo, só é feito pelo calcanhar do pé anterior, ou seja, o que está posicionado na frente durante o caminhar. Mas o que é importante na informação da baropodometria é que a força da pressão do toque do calcanhar mais forte ocorre na grande maioria das vezes mais de 110 milissegundos após a entrada do calcanhar no piso. Na realidade, próximo de 130 milissegundos. Eu tenho observado em alguns examinados que a pressão maior, máxima do calcanhar no piso, se faz depois de 200 milissegundos! Importância disso? Muitíssimo grande. É que a conscientização do registro da batida do pé no piso e do mecanismo de proteção leva em torno de 60 a 100 milissegundos, ou seja, a pressão forte acontece quando o corpo já está preparado para ela e pode, portanto, utilizar todos os recursos disponíveis. Só? Ainda não. O grande problema não é a pressão forte. Não. Não o é. E, sim, a pressão forte, localizada, concentrada e continuada (Fig. 9-3). Aí sim deve haver preocupações. E, nesse caso, a pressão nem precisa ser muito forte. E, como já vimos, o calcanhar não fica parado numa posição. Ele a muda. Portanto, isso diminui o risco da preocupação com o seu impacto no piso.

Agora vamos fazer algumas considerações sobre as cargas do antepé durante os andares. Bem, em relação à ponta do pé vimos que não existe impacto. Contudo, há forte força de apoio. Só que esse apoio se dá em razão da associação de dois elementos

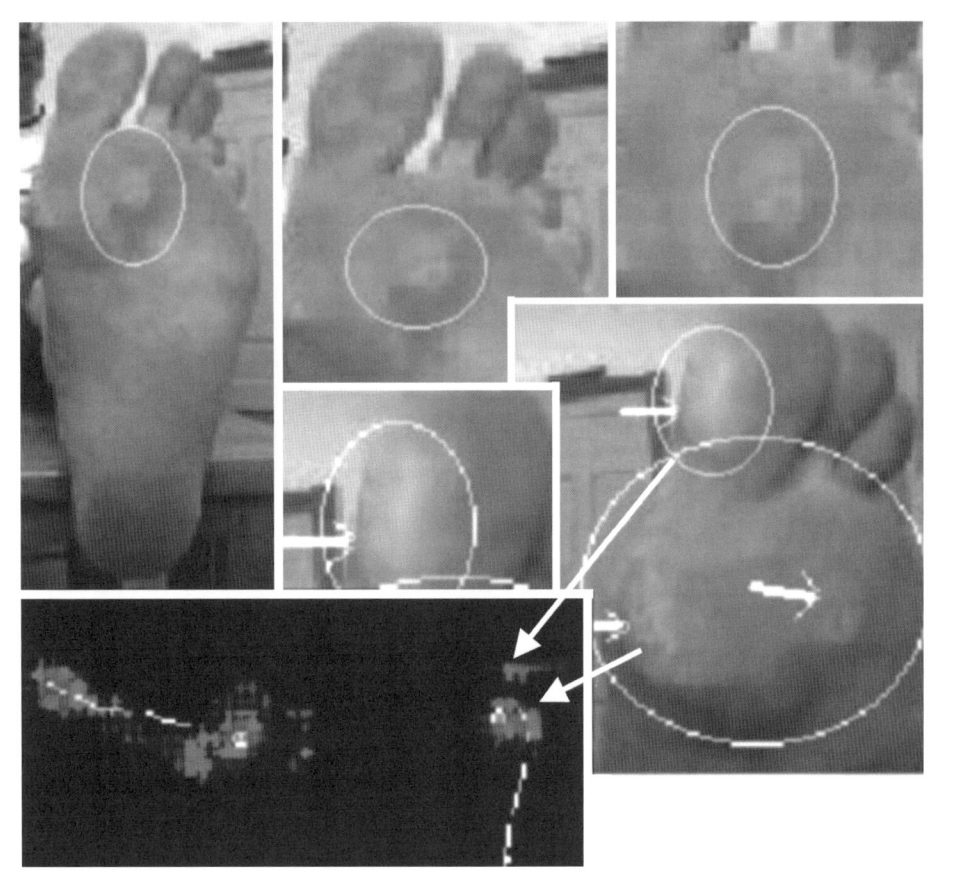

Fig. 9-3. O efeito negativo da pressão forte anormal – hiperpressão localizada, concentrada e duradoura – na planta do pé.
Conhecendo-se os efeitos da carga forte, localizada, concentrada do antepé no piso durante o caminhar.

importantes e ativíssimos. Se não, vejamos. No apoio do antepé participam intensamente a massa corporal através da força vertical que a leva ao solo. Mais, ainda, a forte força da impulsão do corpo para a frente. A força do toque da massa corporal entra com suavidade no antepé. E mais. Habitualmente não tem localização única durante todo o tempo do apoio do antepé. Nada disso. Primeiro toca a parte mais lateral do antepé e depois vão participando sequencialmente dos demais ossos do antepé. E, por último, sai só de dedão. Contudo, o tempo maior de apoio do antepé se faz com a cabeça do 2° metatarsiano. Também algo com a do 3°.

Bem, o grande problema é que o vilão não é a força vertical da carga do corpo. Não, não é. E, sim, a força que impulsiona o corpo para a frente. Por quê? Por uma razão muito simples. A orientação da força de impulsão tem um componente importantíssimo e muito forte que atua horizontalmente, isto é, o corpo e o pé precisam se deslocar para a frente. Porém, o solo se opõe com uma força igual e contrária que se desloca para trás. Bem, onde está o problema? Simples. É que essa impulsão atua principalmente quando os dedos estão se dobrando para cima, isto é, em extensão. Assim, a força de impulsão trabalha esticando intensamente as estruturas plantares que unem a cabeça do metatarsiano à base da primeira falange do dedo. E é brutal a carga nesse ponto. Daí por que essa é a que habitualmente mais queixa provoca no paciente. E para essa pressão alta de ação vertical associada com a horizontal para trás valem algumas dessas considerações feitas. Felizmente, o movimento do pé não é pendular. É na presença de movimentos pendulares onde mais encontro justificativas para as queixas dos pacientes quando analiso a baropodometria. Em condições habituais e normais ocorre pressão associada alta na ponta do pé. **Mas ela não é duradoura.** Felizmente é fugaz. E, sendo assim, não deve criar problema ao queixoso. E habitualmente também não é bem localizada e concentrada. É, sim, na área maior. Agora, se essa pressão for localizada, concentrada e duradoura, aí tende a criar problema. E ela ocorre com muita frequência na ponta do pé – até em "pé normal".

Porém, em trabalhos repetitivos, apesar das atenuantes já colocadas, é óbvio que a força de impulsão pode fazer estrago nas estruturas plantares à articulação entre os metatarsianos e os dedos. Como resultado, com o tempo é frequente se notar desalinhamento dos pequenos dedos, que projeta permanentemente um dos ossos da ponta do pé em direção à sola. E isso é permanente e, então, problemático. E sua ocorrência é mais possível quando atuam fatores condicionadores e facilitadores, que mencionaremos com destaquemais adiante, ou também na presença de problema de insuficiência no lado de dentro do pé, por exemplo. Em caso de joanete com desvio do dedão – o trabalho que deveria ser realizado por essa parte do pé precisa ser executado de uma maneira ou de outra. Então, o que se vê? Os ossos finos mais de fora do pé – os demais metatarsianos – devem trabalhar por si e pelo seu forte companheiro do lado de dentro, ou seja, eles ficam sobrecarregados e se expõem facilmente ao risco de terem problemas ao executar essa função transferida para eles. E – atenção! – sem que estejam adequadamente preparados para executá-las (Fig. 9-4).

Temos aqui, então, exemplos de fatores condicionadores e propiciadores para a ocorrência de problemas no antepé.

• Tranquilamente o fator que mais propicia a sobrecarga no antepé é o encurtamento do tendão do garrão (Aquiles). E o quanto isso é frequente! Setenta por

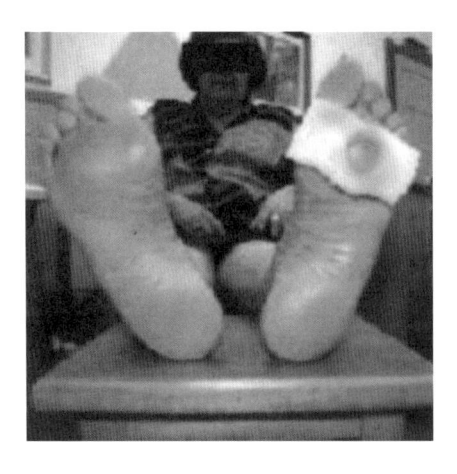

Fig. 9-4. O efeito danoso da concentração de carga no antepé, ou seja, a sobrecarga impulsionadora e tensionadora das estruturas plantares às cabeças metatarsianas.

cento das pessoas o têm curto! É isso aí! E não são só as mulheres que usam salto alto. Não. Inclusive homens o têm curto.

- Outro é o joanete. Ele sobrecarrega os ossos do seu lado.

- Um elemento que tenho encontrado com muita frequência é o pé apresentar o que rotulei de "comportamento rígido". É que, apesar de se encontrar movimentação intrínseca na manipulação do pé, ele sensorialmente durante o andar não acusa movimentos laterais. E a isso chamei de comportamento rígido. E esse comportamento é danoso ao pé.

- Até como um subtipo de pé com comportamento rígido cito também a transferência de apoio em movimento pendular, visto que ela determina carga forte em tempo maior no antepé. E isso causa muito sofrimento.

- Outro grave problema que a baropodometria pode nos mostrar é o comportamento de pé cavo (com grande curvatura) grave, centralizador de pressões, sendo impressionante a falta da participação dos pequenos dedos no apoio. E isso é muito danoso, pois sobrecarrega a cabeça dos diferentes metatarsianos – principalmente a do segundo (Fig. 9-5).

- Não podemos deixar de comentar um outro fator muitíssimo importante para causar sofrimento no antepé, determinando o que chamamos de metatarsalgia, ou seja, dor no antepé. Indiscutivelmente a considero um dos principais fatores que isolada ou associada a outros fatores se torna causa básica para o sofrimento. **É a insuficiência ou disfunção dos pequenos dedos.** Em qualquer de suas formas. Principalmente quando ficam elevados. Com isso a cabeça do metatarsiano correspondente é abaixada e sofre sobrecarga.

- Vou citar mais um. Mas existem outros, muitos outros que reservo para um escrito específico. É impressionante o quanto a baropodometria tem recursos para

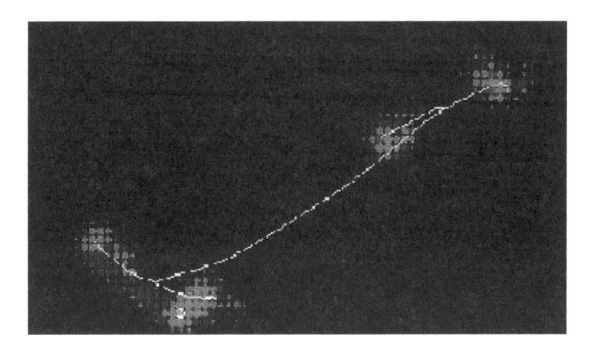

Fig. 9-5. Pé diabético cavo com hipercarga metatarsiana.
A concentração de sobrecarga no antepé dos pés cavos, principalmente graves, conhecendo-se os efeitos da carga forte, localizada, concentrada do antepé no piso durante o caminhar em pé cavo grave.
O pé cavo intenso, grave, centralizador de pressões em um ponto. A forma plantar de um pé normal está representada pelo pé direito da figura. Já a falta de impressão na área intermediária do pé esquerdo nos mostra um pé cavo grave.

nos mostrar o porte de equilíbrio do pé no apoio parado. E como encontro falta de equilíbrio sobre os pés parados! Pasmem, mesmo em pessoas que muito trabalham os seus pés, como é o caso de corredores!

Portanto, é o pé um deficiente? É? Não, ele não é. Muito pelo contrário, é muito bem dotado, por sinal. Mas é importante que penetremos o seu interior para conhecê-lo melhor e saber do que realmente ele precisa para trabalhar. E, para tal, é muitíssimo útil a avaliação com a baropodometria, pois, assim, teremos uma visão biodinâmica do pé e do corpo.

Pelas considerações sobre a análise da maneira de andar (caminhar ou correr), **Compreendendo a caminhada**, evidenciamos algumas dicas:

- Para a mais adequada análise do andar e do trabalho do pé, a observação visual deixa a desejar.
- A baropodometria determinou um progresso monumental na análise e na interpretação de como o pé trabalha.
- É evidente que, por meio da baropodometria, o pé normal nunca fica parado. Está sempre se mexendo, mesmo na função mais parada que é a do apoio postural (parado sobre os pés). Aí se observa que os sensores sempre se mexem, constituindo numa verdadeira "dança dos sensores eletrônicos".
- O grande problema na carga do pé sobre o solo é a duradoura hipercarga concentrada.

A Pressão do Pé no Piso. O que Acontece.

Ah... A pressão do pé no piso, no solo!

Ou, como se diz costumeiramente, a pressão do impacto da batida do pé no piso!

O que é?
O que significa?
Por que é?
Quando é?
O quanto é?
Por quanto é?
Enfim, o que realmente representa?
É o impacto da batida do pé no piso, inevitavelmente, inimigo do pé?

O quanto o pé fica à mercê das consequências maléficas da batida ou pressão no piso?

Foram aqui selecionados alguns questionamentos da relação entre o pé e o piso, considerando apenas o efeito de sua carga. E o que se observa quanto às ideias e aos pensamentos que todos nós temos? Só uma coisa e nada mais. E como ela marca! Se marca! E o que é? Simplesmente...

Impressionante como é profunda, conhecedora e pertinente a seguinte colocação de Cavanagh[3,4]. Por favor, pense muito nela e a considere. Vais ver para onde ela nos conduz. Se não, vejamos...

"A maioria das lesões no pé ocorre durante o caminhar *e*
é causada por forças originadas nele mesmo."

É ou não intrigante essa afirmação de Cavanagh? E o que provoca? Indiscutivelmente ela nos conduz à necessidade de melhor conhecer o caminhar, a sua mecânica. Isso é indispensável. E todos precisam conhecê-la. Mesmo o leigo.

Mas é pelo desconhecimento de como é o caminhar, de como ele se processa mecanicamente e de como o corpo se comporta durante o andar que vemos de maneira marcante a seguinte constatação, bem como as outras considerações adiante.

Vamos ver? Vamos.

Todos nós temos muito medo, mas muito medo mesmo, do que pode acontecer com as batidas do pé no solo. Que medo se tem!

E o resultado de tudo isso? Um só. Nem um outro. Qual é? Procurar proteger sempre e sempre o pé, evitando que bata ou, então, diminuindo o efeito de sua batida pelo uso de calçado com os mais distintos recursos capazes de diminuir ou abolir a pressão de risco. É. E esse é o momento em que vivemos. E mais e mais são estudados, criados e descobertos recursos para exercer essa função. Não só para altos riscos – como é o caso de esportes que têm alta pressão de batida do pé –, mas para calçados de uso trivial. Pois é. E o interessante é que isso não é um fato regional ou nacional. Não. É universal. A todo o momento se veem e se leem mensagens em vários idiomas, tais como:

- **"The human foot is PUNISHED daily by the tremendous forces of impact it encounters during all athletic activities. THIS MAKES CUSHIONING ESSENTIAL TO THE DEVELOPMENT OF A GOOD ATHLETIC SHOE. The... Cushioning Systtem has been designed to help protect the foot from these forces by helping to absorv impact."**
- **Ou seja: "O pé humano é PUNIDO diariamente pelas tremendas, brutais forças de impacto durante todas as atividades atléticas. ISSO TORNA ESSENCIAL O USO DE AMORTECEDOR PARA DESENVOLVER UM BOM CALÇADO ATLÉTICO. O... Sistema de Amortecimento é feito para ajudar a proteger o pé contra essas forças absorvendo o impacto."**

E como isso tem repercussão (Fig. 10-1)!
Se tem!
Só tem!

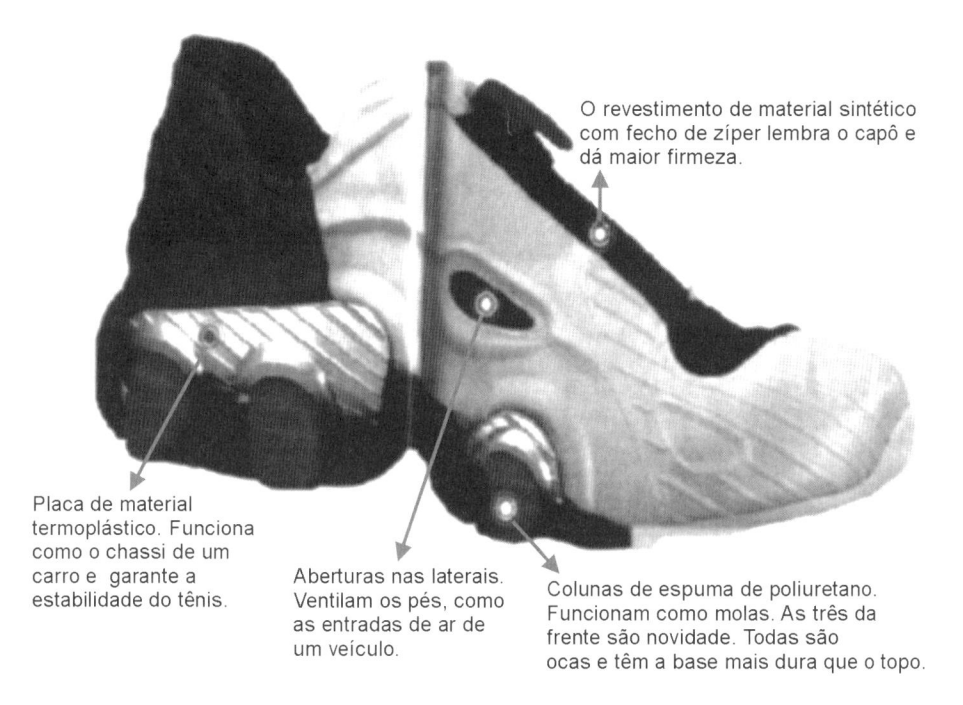

O revestimento de material sintético com fecho de zíper lembra o capô e dá maior firmeza.

Placa de material termoplástico. Funciona como o chassi de um carro e garante a estabilidade do tênis.

Aberturas nas laterais. Ventilam os pés, como as entradas de ar de um veículo.

Colunas de espuma de poliuretano. Funcionam como molas. As três da frente são novidade. Todas são ocas e têm a base mais dura que o topo.

Fig. 10-1. O tênis moderno e seus efeitos no pé. Conhecendo-se a relação – e os seus efeitos – do tênis moderno com o pé.
O tênis moderno! A que ponto chegamos! Ou seja, comprovadamente os nossos pés são uns deficientes. Melhor, são uns inválidos!

Pois como é fácil fazer a cabeça das pessoas! Ainda mais com uma chamada dessas. E, digo mais, o que choca, mas choca mesmo, é a palavra *impacto* em si. Pois ela de cara sempre nos sugere colisão, choque, batida. Uma batida leve? Que nada. Batida forte; em realidade, muito forte. Essa a ideia que temos sobre o impacto. E, claro, isso causa sempre má impressão. Pra mim, quando me falam do impacto do pé no piso, sempre, mas sempre mesmo, me vem à cabeça uma colisão forte. Isso ocorre praticamente com todos. Tanto que eu admitia que impacto do pé na caminhada na realidade só ocorria com o calcanhar. Pois ele é que bate no piso. Já a ponta do pé, não. Contudo, na prática o que mais cria dor não é a entrada do calcanhar no piso e sim a saída da ponta do pé. E isso me incomodava. Até que há pouco, muito pouco, me veio uma luz que clareou e me fez entender melhor. Falando com uma paciente amiga, que é a arquiteta Vanda Buffon, perguntei-lhe o que era impacto. E ela me respondeu rapidamente: **"Impacto é toda e qualquer força de compressão que ocorre entre um corpo e uma superfície. Ou entre dois corpos."** No entanto, ainda não fiquei satisfeito. Perguntei-lhe se era força de compressão forte. E ela complementou: **"Não. É de qualquer porte, qualquer intensidade. Mesmo o encontro bem leve. Pois há impacto leve e impacto violento."**

E veja o que nos é vendido e colocado como impacto do pé: é uma ação violenta, absolutamente agressiva ao pé.

Coincidentemente eu estava relendo o livro do Benno Nigg – *Biomechanics of running shoes* –, e o que li e consegui ver numa sua abordagem em relação ao impacto do pé no piso? Mais especificamente a respeito do controle do impacto? Preste atenção, pois é muito importante[38].

Bem, Nigg divide seus corredores em três tipos em relação ao impacto. São:

- Os que ele classificou de "pesadões", que aterrissam com muita força, indelicadamente.
- Os corredores "leves", que aterrissam com suavidade, com impacto pequeno, como se fossem gatos.
- Os intermediários.

Em realidade, ele está se referindo ao estilo de correr, onde um é deselegante, descuidado, entrando no piso com muita força; e o outro, o contrário, isto é, o delicado, que em vez de jogar o pé ao piso o coloca delicadamente, porém com eficiência.

Mas que implicação isso tem? Muito grande. Muito grande mesmo. Pois, segundo ele, os corredores "leves" têm bom estilo e praticamente não sofrem as consequências dos grandes impactos, pelo que não precisariam de calçado com proteção anti-impacto.

Já os corredores "pesados" de Nigg, ao contrário dos "leves", têm estilo agressivo, e aí provocam forte impacto. Sendo assim, precisam de bom calçado anti-impacto. É. Desse modo, como os corredores "leves" não precisam de absorventes de pressão, Benno Nigg se concentra nos "pesadões". Mas, por favor, muita atenção nas seguintes colocações de Nigg[38]. Ele diz:

> **"Como podem os corredores "pesados" escolher o calçado ideal? E, ainda, o calçado realizaria realmente o trabalho de amortecedor apropriado?"**

E continua:

> **"Isso é realmente difícil."**

Pois é, não entendi essa do Nigg. Pois ele não tem certeza de como resolver o problema do impacto dos pés dos corredores "pesados". Mas defende a necessidade.

É isso aí. Bem, ao se lerem ou ouvirem mensagens comerciais desse tipo e essas considerações do Benno Nigg, obviamente que nós somos induzidos a pensar em uma conclusão. Sem a menor dúvida. Os nossos pés são uns débeis, fracos e desprotegidos que ficam à mercê de qualquer solicitação de carga extra. Melhor ainda, até mesmo para as cargas da vida diária, ou seja, a estruturação e a constituição do pé humano não apresentam recurso apropriado para o desempenho dessa função que lhe é vital. Perdão. Não só a ele, mas a todo o nosso corpo.

É. E essa colocação virou uma doutrinação tão eficiente que, como foi referido no capítulo anterior, existem pessoas que defendem e afirmam que o homem não deveria nunca correr. E repetem com brutal firmeza que o nosso corpo não foi feito para correr!

Portanto, que medo, que ojeriza de andar e de tocar com os pés no solo, independentemente do seu tipo, mas principalmente se duro!

E centros de estudo do pé se assessoraram com engenheiros para estudar esse problema. A indústria de calçado igualmente.

E mais e mais somos doutrinados para que nos conscientizemos de que os nossos pés são uma "droga", tão fracos e indefesos que nos deixam à deriva.

Por favor, te peço que agora me acompanhes para "um retiro" de concentração, de pensamento. Por favor, vamos nos dedicar mesmo. Tá legal?

— Então vamos lá. Pensa. Pensa. Seriam os nossos pés assim tão deficientes? Seriam? Ou melhor, são? E daí, o que te parece? Qual é a tua opinião?

— Ah... Opinião, opinião, ainda não tenho. Porém, uma coisa eu tenho: medo. Melhor, muito medo. E como o tenho! Também, todo mundo que ouço falar e tudo que leio a respeito indiscutivelmente me produzem a preocupação que o pé é mal preparado para absorver o seu impacto no piso! Mesmo o do caminhar normal, trivial, diário. Daí o meu medo.

— É, eu já esperava esta tua resposta. Pois tu não és diferente dos outros. Eu pessoalmente já tive todo este medo. Inclusive já fui defensor absoluto, absolutamente intransigente, da preservação do pé pela sua proteção contra o impacto.

— Que bacana ouvir isto de ti. Muito bem. Por favor, me esclareça um pouco a respeito. E por que a tua mudança?

— Pois não. É isso que pretendo fazer e falar agora. Por favor, ouça com atenção e, se quiseres, podes falar também. Aconselho que sigas atentamente os esclarecimentos que serão dados agora e depois então tires tuas próprias conclusões. Não há aqui a intenção de doutrinar. Nada disso. Apenas esclarecer e mostrar como o pé e o nosso corpo estão estruturados para a realização desse trabalho de conseguir absorver as forças de carga do peso no solo e como levá-las a um nível compatível para uma boa convivência e até harmônica entre o pé e o solo. Muitas das descrições detalhadas já foram apresentadas em outros capítulos, pelo que só as lembrarei. Então, por favor, acompanhe.

Primeiro, eu gostaria de dizer que fico muito intrigado ao falar em impacto, uma vez que lembra choque, colisão, batida e, habitualmente, sugerindo intensidade forte. O primeiro ponto fundamental é conhecer realmente o pé, como ele é e como trabalha. Aí, então, ficamos sabendo que o pé não dispõe apenas de um só recurso para diminuir a força da carga de seu contato com o solo. Não. Muito pelo contrário. Ele dispõe de uma série de recursos, dispositivos e de sistemas para diminuir essa carga. E, mais, são recursos de diferentes naturezas que se completam na ação de absorver a força de compressão do seu impacto no piso. E, o que ainda torna muitíssimo mais interessante, todos eles funcionam de uma certa maneira integrados, harmoniosos e até são interdependentes para que haja soma dos efeitos.

— Credo! Essa não posso acreditar!
— Pois é, pois é. Por favor, preste atenção por uns momentos.

Para melhor entendimento, é importante que aqui seja enfatizado que, quando caminhamos, nosso corpo está se movimentando. E o corpo em movimento sofre a influência de forças diferentes.

- A primeira delas é a carga do corpo sobre o pé e dele sobre o solo. Essa força é vertical quer sobre o pé, quer sobre o solo.
- Mas há mais duas forças atuando. Uma delas é a que, por estarmos caminhando para a frente, nosso corpo é deslocado pela força da sua aceleração, de impulsão. E essa força atua horizontalmente no sentido de trás para a frente.
- Mas ainda se impõe a lembrança de que andamos apenas com dois pés, isto é, somos bípedes. Desse modo, existem momentos que estamos caminhando tendo os dois pés apoiados no solo. Porém, existem outros momentos em que o apoio é sustentado por apenas um pé. E se trocam, pelo que, quando trocamos o apoio de um pé para o outro, uma força atua empurrando o corpo do lado do pé que era de apoio e que agora está suspenso para o lado do pé que está apoiando o corpo. E depois se troca o apoio do pé e, consequentemente, o deslocamento do corpo. Essa força atua transversalmente no plano horizontal, no sentido de dentro para fora.

- Em realidade, durante o andar os nossos pés quando apoiados sofrem impulsões nos três planos: sagital, frontal e horizontal. No sagital temos as impulsões longitudinais – para a frente e para trás. No frontal se realizam as impulsões em supinação e pronação. No plano horizontal atuam as impulsões medial e lateral.

Após esses conhecimentos é importante nos lembrarmos do que afirmou e explicou magistralmente Isaac Newton com a sua terceira lei física, que diz: **"Toda a força atuante determina o surgimento de outra igual e contrária."** E isso deve ser aplicado a essas três forças citadas que atuam no andar. E daí que...

Assim, a força com que o pé toca no solo determina nele o surgimento de uma resposta igual e contrária à que o atingiu. E baseado pura e simplesmente nisso é óbvio que devemos concluir que quem tenderia levar a pior seria o pé, visto que o solo é mais resistente. E o solo reage com três forças opostas às já citadas (Fig. 10-2). E, portanto,

- Uma é de direção vertical, que origina a sua contrária no sentido do solo para cima.
- E as outras duas são horizontais.
- Uma é no sentido da frente para trás, ou seja, da ponta do pé para o calcanhar.
- E a outra, horizontal, representa a movimentação transversal do corpo do lado apoiado para o do pé suspenso.

Feito esse esclarecimento, vamos ver os recursos do corpo.

E vamos iniciar pelos mecanismos habitualmente contados.

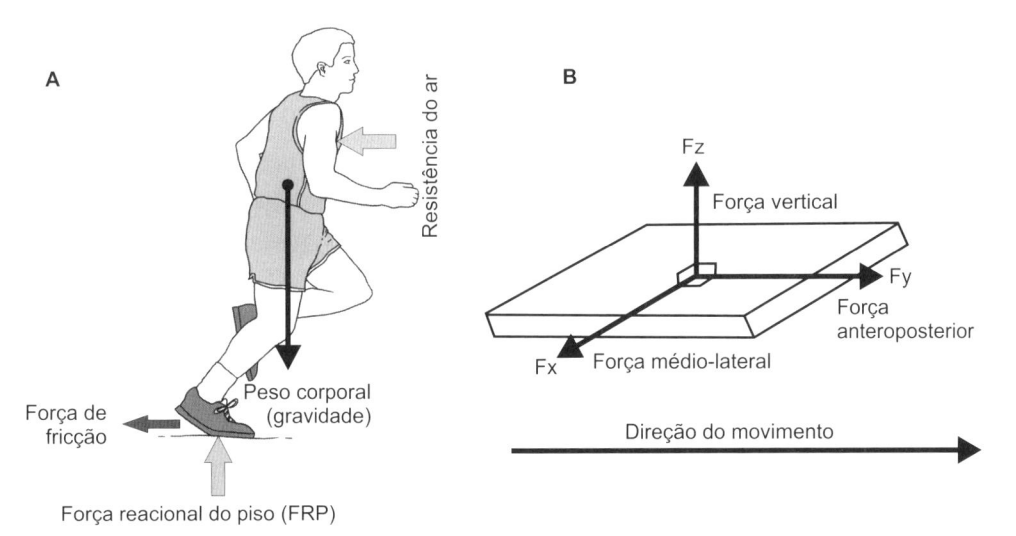

Fig. 10-2. As três forças reacionais – vertical, horizontal longitudinal e horizontal transversal – do piso à pisada do pé. **A.** Sistema de forças externas que atuam no corpo do corredor. **B.** Componentes das forças reacionais do piso às batidas do pé.

BIOMECÂNICA DA CARGA NO APOIO DO PÉ DURANTE O CAMINHAR

Nesse estágio de conhecimento impõe-se entender melhor a relação entre o toque do pé e o piso durante o andar, mais especificamente no caminhar, ou seja, sua "entrada" no piso. Pelo fato de que o piso reage à batida do pé com força de mesma intensidade e grandeza em sentido contrário e como o piso tem menor probabilidade de se traumatizar, obviamente que a pior só poderia ser do pé. Então cabe saber se o pé é um desprotegido ou se apresenta recurso de defesa e de proteção. É o que vamos saber agora.

Conforme foi comentado no capítulo anterior, ao nos referirmos ao impacto do calcanhar no piso, por meio da baropodometria ficamos sabendo que a força da pressão mais forte do toque do calcanhar no piso leva de 110 a 130 milissegundos para ocorrer após o seu contato. Enquanto que a conscientização do registro da batida do pé no piso e do mecanismo de proteção leva cerca de 60 a 100 milissegundos. **Por essa razão, obviamente que a pressão forte acontece quando o corpo já está preparado para ela, podendo utilizar todos os seus recursos disponíveis para absorver essa pressão.**

Portanto, esse já é um dos recursos que os nossos pés dispõem para viver numa boa com suas batidas e pressões fortes no piso. E é o que iremos abordar e discutir com mais profundidade agora. Preste atenção. Ou seja...

1. AS FORÇAS DE TRAVAMENTO QUE ATUAM ANTES MESMO DO TOQUE DO CALCANHAR

Vamos ver com detalhes no Capítulo 14. Mas aqui fica o lembrete de que no pé que foi impulsionado observa-se sua desaceleração já durante o período em que está suspenso, isto é, já aí fica diminuída a força com que foi impulsionado, ou seja, antes de ele tocar no piso.

2. O TEMPO DE LATÊNCIA PARA PRESSIONAR O CALCANHAR

Agora já sabemos que o pé não é pego desprevenido. Conforme já vimos, ele consegue ativar seus mecanismos de absorção do impacto.

3. O TRABALHO DA PELE PLANTAR

De acordo com o que já escrevemos, a própria pele plantar da área de apoio está preparada para o trabalho do toque no piso. Quanto mais ela trabalha, mais engrossa. Tanto que lá foi mencionado que a pele da sola do pé demonstra o grau de trabalho do "trabalhador *pesaI*". A pele que apoia pouco ou nada é fina, lisa e macia. Já a pele de apoio se torna mais áspera, engrossada e pode até ficar calosa. E ao olharmos a pele plantar se observa o verdadeiro mapa do relacionamento do pé com o piso durante o caminhar. E já por ele podemos identificar os locais que mais trabalham e os que pouco ou nada fazem para manter o peso corporal apoiado no piso.

4. COXIM GORDUROSO DA SOLA DO PÉ (SISTEMA DE AMORTECIMENTO ESTÁTICO)

O mais importante em realidade é o trabalho da gordura da sola do pé, um verdadeiro amortecedor hidráulico magistralmente construído (Fig. 10-3). Tanto que Sylvia Resch[42] afirmou:

> **"O homem até hoje não criou e não construiu nada igual que possa substituir o trabalho da gordura plantar na função de amortecimento do impacto do pé no piso."**

E Sylvia Resch continuou:

> **"E tranquilamente que ele nunca conseguirá construir alguma coisa que venha substituir essa gordura plantar."**

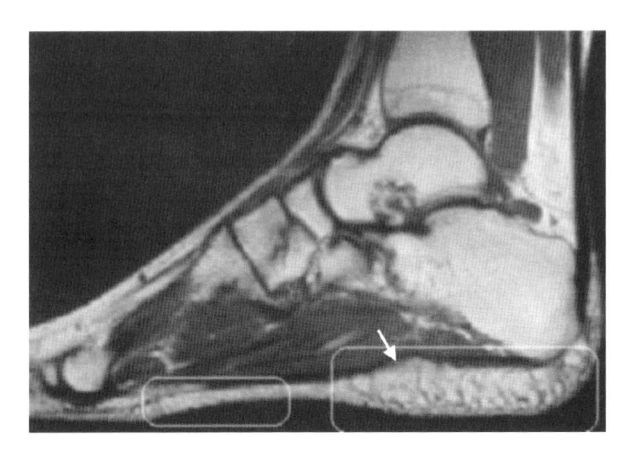

Fig. 10.3. O papel dos coxins gordurosos plantares do pé atuando como amortecedores hidráulicos. O papel de amortecedor da gordura existente na sola do pé. Ela se caracteriza por formar verdadeiras almofadas gordurosas em forma de coxins, que se encontram amarradas transversal e obliquamente por fitas fibrosas que atuam como "cintos de segurança". Além disso, esses coxins são ricamente vascularizados. Conforme Silvia Resch[42], eles são verdadeiros "amortecedores hidráulicos". Esse tipo de arranjo da gordura só existe na sola do pé. Portanto, a tentativa de se usar gordura de outra parte do corpo para substituir – por alguma razão – a gordura da área de carga do pé não é nada adequada.

— Mas será que ela tem razão? Afinal, o que tem essa gordura plantar de tão especial?

— Simples. Ela é uma gordura especializada para apoiar. E é totalmente diferente do resto da gordura subcutânea de nosso corpo. A primeira diferença é que ela é estruturada em blocos pequenos, constituindo verdadeiros coxins gordurosos. Esses bloquinhos de gordura são amarrados por tiras fibrosas – por volta de duas, três ou quatro – dispostas como os cintos de segurança.

— Mas é só este o encanto dessa gordura?

— Que nada! Além disso, esses coxins gordurosos são ricamente irrigados por vasos de sangue. Tanto que, quando apoiamos, eles se esvaziam um pouco. E, quando liberamos o apoio, eles se enchem de sangue, ou seja, esses pequenos coxins gordurosos se comportam como verdadeiros amortecedores hidráulicos. E isso é diferente do resto da gordura do corpo. Tanto que, havendo perda de pele com gordura plantar da área de apoio, não tem como ela ser substituída por gordura de outra parte do corpo, porque essa não dispõe do tipo de estrutura da gordura plantar. Por essa razão, essa gordura com pele trazida de outra parte do corpo não funciona adequadamente e não aguenta o peso corporal.

Esse sistema foi chamado de sistema "estático" de absorção da força de carga[18]. Cuidado! Visto que ele não é parado, tem movimentação interna intensa.

5. O SISTEMA DE AMORTECIMENTO DINÂMICO

Além desses mecanismos mencionados, o pé tem outros quatro sistemas de amortecimento que se baseiam no movimento. Por isso são chamados de dinâmicos. Três deles são baseados fundamentalmente na movimentação intrínseca do pé[18]. E o quarto depende um pouco dela e outro tanto da capacidade de absorção da fáscia plantar.

São:

5.1 O sistema de amortecimento dinâmico torsional do pé

É o sistema de amortecimento baseado nos movimentos de lateralização e torção do pé. Em realidade existem dois. Um é na parte posterior do pé e o outro na anterior.

Assim:

5.2 O sistema de amortecimento dinâmico torsional do calcanhar

A movimentação da parte posterior do pé inclina o calcanhar. Em primeiro lugar, ele "se deita" para dentro, medialmente, isto é, ele faz a sua pronação. Com isso ocorre aumento da superfície de apoio do calcanhar, ficando por essa razão diminuída a intensidade da pressão, ou seja, da força localizada (Fig. 10-4).

5.3 O sistema de amortecimento dinâmico torsional do antepé

Mais ou menos no momento em que o calcanhar se "deita" (prona) no piso, a ponta do pé se encontra supinada, pelo que a sua parte interna – medial – está mais alta. Assim, o lado de fora do pé se apoia no solo. Logo, logo, a ponta do pé se inclina ao contrário e o seu lado de dentro se abaixa, ou seja, a ponta do pé entra em pronação. Assim, um a um os ossos da ponta do pé vão se apoiando em sequência no solo. Por último, apoiam os dedos, principalmente o dedão (hálux). E essa sequência é indispensável e introcável. Qualquer alteração em sua sequência provoca dano no pé. Esse apoio sequencial da ponta do pé faz diminuir a intensidade da pressão, visto que cada um dos ossos fica apoiado um tempo relativamente não muito longo. O que

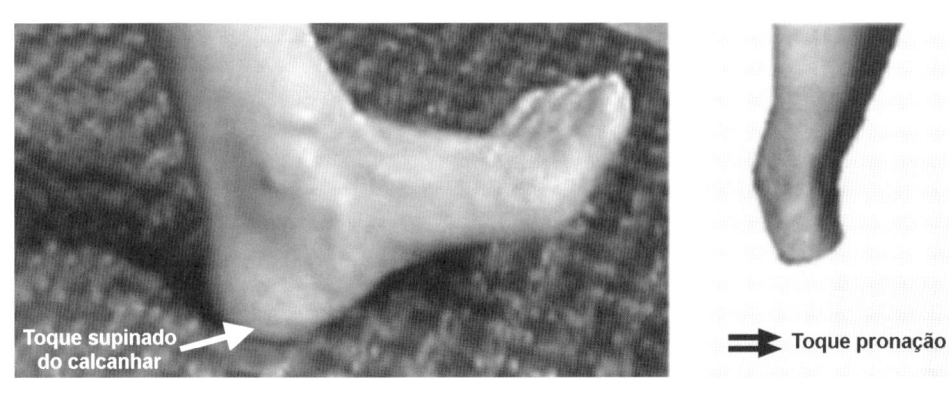

Fig. 10-4. O sistema de amortecimento dinâmico torsional do retropé, causando pronação e aumento da área de carga do calcanhar.
Durante o apoio do retropé observa-se que ocorre grande movimentação das articulações do retropé – principalmente a do calcâneo com o tálus e a desse com o navicular. O calcâneo entra no piso em posição supinada e logo, logo, prona. Com essa pronação ocorre aumento da superfície de apoio, o que diminui o efeito da ação da carga do corpo sobre o calcanhar.
Toque supinado do calcanhar.

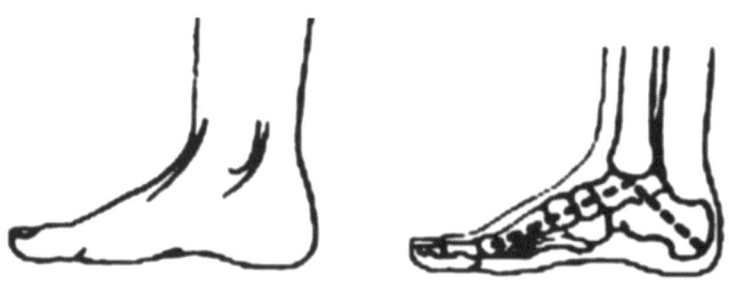

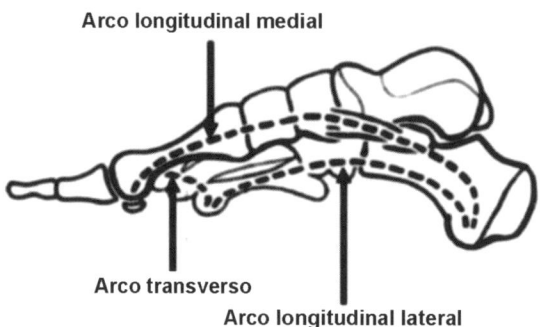

Arco longitudinal medial

Arco transverso

Arco longitudinal lateral

Fig. 10-5. Os sistemas dinâmicos de amortecimento longitudinal e transversal do pé.

Os arcos do pé – tanto os longitudinais, como o transverso – quando o pé está em descarga, elevado do piso, ficam moderadamente arqueados. Porém, durante o apoio, eles se achatam devido à carga do corpo, o que se torna um bom mecanismo de absorção e diminuição da pressão.

fica mais tempo apoiado é o osso longo imediatamente anterior ao segundo dedo (2º metatarsiano).

O que vemos nesse trabalho? Simplesmente um verdadeiro amolejamento do pé para os lados (Fig. 10-5).

5.4 O sistema de amortecimento dinâmico longitudinal do pé

Outro sistema espetacular – que é muito explorado pelos ninjas – é a movimentação do tornozelo, ou seja, dobrar o pé para cima, isto é, o pé faz sua dorsoflexão – principalmente. E que comportamento de mola ele tem! É espetacular (ver Fig. 10-5). E esse sistema é trabalhado simultaneamente ao...

5.5 O sistema de amortecimento dinâmico do arco longitudinal por ação dos músculos curtos plantares e da fáscia plantar

O quarto sistema rotulado como dinâmico é o desempenhado pelos pequenos músculos da sola do pé e pela sua capa – a fáscia plantar. Claro, tendo, ainda, a participação de praticamente todos os ossos do pé. Diria que principalmente por essa.

Esse sistema foi muito bem estudado por Hicks[24]. Ele o comparou com o sistema de guindaste ou da roldana. Pois esse conjunto se prende em sua parte posterior debaixo do calcanhar e, na parte anterior, debaixo do início do dedão (hálux), e também dos pequenos dedos. Assim, quando o hálux se dobra para cima (extensão do dedo), o conjunto – principalmente a fáscia plantar – se estica e trabalha como a corda de um arco, ficando tensionada. Qual a importância desse conjunto? Simplesmente, entre outras coisas, controlar a altura do pé, ou seja, a altura do arco do pé. O movimento do hálux para cima estica esse conjunto, que fica encurtado, pelo que se torna mais alta a curva (o arco) do pé. Quando se relaxa, abaixa o arco do pé. E o que é esse arco? Ele vai do calcanhar até a ponta do pé. Portanto, é uma mola sobre a qual se apoia todo o pé. E, como já vimos, esse "arco-mola longitudinal" atua no mesmo momento do virar o pé para cima, ao cair-se de ponta de pé.

Mas o conjunto da fáscia plantar com os músculos curtos da sola do pé igualmente, por si só, amortece o toque do pé no piso (Fig. 10-6). E isso foi mais bem entendido após as observações de Stainsby, um defensor de Hicks[48]. Ele con-

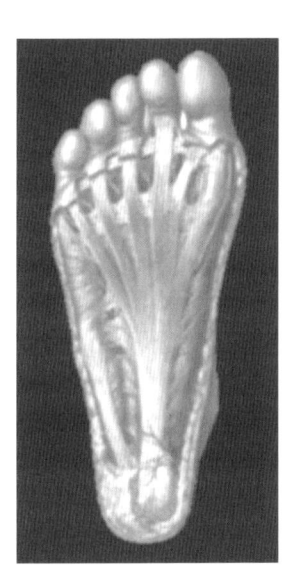
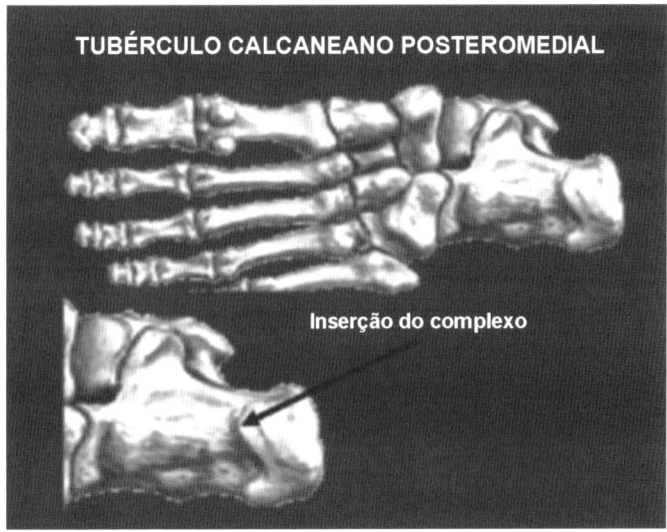

Fig. 10.6. O sistema de amortecimento longitudinal dinâmico por meio da ação dos músculos curtos plantares e da fáscia plantar no arco longitudinal medial do pé.
Conhecendo o sistema de amortecimento dinâmico longitudinal do pé produzido pelo arco longitudinal e pelo trabalho de corda da fáscia plantar.
O efeito de Hicks para diminuir as cargas. Ele é realizado pelo sistema de amortecimento dinâmico do arco longitudinal do pé e de suas fáscias plantares, ou seja, pela parte arqueada do pé, desde que seja móvel e pela capa plantar dos músculos plantares, que funciona como uma corda de um arco (arco e flexa).
A fáscia plantar do pé. Ela é importante inclusive pela sua ação dinâmica de encurtamento e de relaxamento entre o calcanhar e a ponta do dedo. Com isso, também funciona como um amortecedor.

siderou o pé como sendo formado por um conjunto de vigas (ossos) segmentadas e amarradas entre si por ligamentos, fáscias e tendões. Esse conjunto foi por ele denominado de "o princípio da barra amarrada". Graças a essa ideia passamos a entender melhor a razão de o pé ter tantos ossos amarrados. E, ainda, a razão da inter-relação e interdependência de todas as suas estruturas para o bom trabalho do pé.

5.6 A placa plantar sob a cabeça dos metatarsianos

A placa plantar é uma membrana existente debaixo da cabeça do 1º ao 5º metatarsiano. Claro, o primeiro tecido que recobre a cabeça dos metatarsianos é a cápsula articular, isto é, a capa da junta. Imediatamente abaixo dela é que se encontra a placa plantar. Ela é uma estrutura cartilaginosa, rica em fibras colágenas do tipo 1. Ela se origina mais ou menos afrouxada imediatamente atrás da cabeça metatarsiana e se fixa com firmeza na base proximal da primeira falange do dedo. Tem uma espessura de 2mm. Além disso, é fixada longitudinalmente na fáscia plantar que fica junto a ela, porém, mais plantar. E, ainda, também apresenta expansões que a unem aos coxins gordurosos plantares imediatamente abaixo dela. Essa placa tem a estrutura e o comportamento dos meniscos do joelho, ou seja, ela atua como excelente amortecedor da compressão no solo. Porém, como é cartilaginosa – assim como o menisco –, evidentemente que é má vascularizada. Ela atua predominantemente quando o antepé pressiona fortemente o piso durante a impulsão. Nesse caso, sobre a placa plantar atuam duas forças críticas: a primeira é a vertical, que não lhe é tão problemática; a outra é a horizontal, com ação da frente para trás, pois é produzida pela impulsão propriamente dita. Só que, como essa força tem essa orientação, obviamente que tende a forçar a placa plantar, esticando-a junto à falange. E isso, aos poucos ou até abruptamente, poderá lhe ser problemático, visto que pode lhe causar degeneração, ruptura parcial e até total.

5.7 A flexão do joelho durante o apoio do calcanhar

Quando o membro inferior está se deslocando para a frente no ar, na sua fase final próximo ao momento de o calcanhar tocar o solo, o joelho se apresenta discretamente fletido a 15°. Isso tem um grande valor na absorção da pressão da carga do pé no solo, visto que pela flexão do joelho há diminuição da carga do corpo sobre o solo.

6. A AÇÃO DE APOIO DOS DEDOS, INCLUINDO OS PEQUENOS

Indiscutivelmente que os dedos têm função de apoio muito importante na biomecânica do pé. Não só a do hálux. Não mesmo. Os pequenos dedos igualmente devem trabalhar no apoio, pois assim se tornam parceiros da cabeça dos metatarsianos. Tanto isso é verdade que Kelikian[28] nos deu a seguinte informação:

> **"A principal função dos dedos é a de fazer contato com a superfície de apoio e exercer uma pressão forte o suficiente para obter um ponto de apoio, um ponto fixo de onde o corpo possa ser impulsionado."**

Mas não só isso deve ser levado em consideração. Existem vários autores[3,28,32] que dizem que o apoio dos pequenos dedos é muito importante, uma vez que devem suportar carga semelhante à suportada pela cabeça dos metatarsianos e que, assim, ocorre diminuição da carga suportada pelos metatarsianos, com o que sofrem menos sobrecarga. Porém, se os dedos não apoiarem ou forem insuficientes, impõem maior sobrecarga metatarsiana, com grande risco de sofrimento.

Infelizmente tenho comprovado por meio da baropodometria que habitualmente os dedos suportam muito menos carga do que os metatarsianos. E não é incomum verificarmos que os pequenos dedos não apoiam absolutamente nada no piso. Assim, temos tendência à sobrecarga dos metatarsianos.

7. A AÇÃO DE AMORTECEDOR DO PRIMEIRO RAIO DO PÉ

Deixei esse tópico por último para comentar o papel do primeiro raio do pé, isto é, todos os ossos que participam do eixo do 1º metatarsiano (talus, navicular, 1ª cunha, 1º metatarsiano e o hálux) em vista de sua grande importância. Acima – na razão 8ª – foi comentado o grande papel da sequência dos apoios metatarsianos, que começa pelo 5º e termina no1º. E lá foi dito que essa sequência é introcável. Sendo assim, o 1º metatarsiano é o último a tocar no piso. Para quê? Habitualmente ele é considerado apenas na função de impulsão do pé e de nosso corpo. E que por essa razão todo o 1º raio do pé é muito mais grosso e resistente. Negativo.

Na realidade, a razão principal dessa sua maior potência é o grande papel que todo o 1º raio tem como amortecedor para absorver o impacto e acomodar melhor todo o lado medial do pé no piso. Porém, esse papel não é desempenhado e dependente apenas dos seus grossos ossos. Nada disso, visto que junto a esses ossos que chamei de 1º raio, mas principalmente junto ao 1º metatarsiano, estão ligados e trabalhando todos os principais músculos do pé com exceção do tríceps sural. Pois aí chegam o tibial posterior, o tibial anterior, o fibular longo e o flexor longo do hálux. Mas não só esses músculos, já que além deles estão o flexor curto do hálux, os extensores longo e curto do hálux, o adutor do hálux e os abdutores do hálux, ou seja, um grande número de músculos está relacionado e trabalhando no lado medial do pé para colaborar brilhantemente com seu trabalho de amortecedor! (Fig. 10-7).

Acredito que seja útil e estratégico interrompermos um pouco a descrição dos sistemas de absorção das forças de toque do pé no solo, visto que é válido fazermos alguns comentários dessas colocações.

— O que te parece?

— Estou embasbacado! Meio tonto. E, então, esse é o pé que nos é vendido como incapaz para absorver o seu impacto no piso? Santa ignorância!

— OK. OK. Mas, então, vamos continuar e divagar um pouco mais. Primeiro. Pelo que vimos, ficou claro que para ocorrer a função do pé na absorção da força de

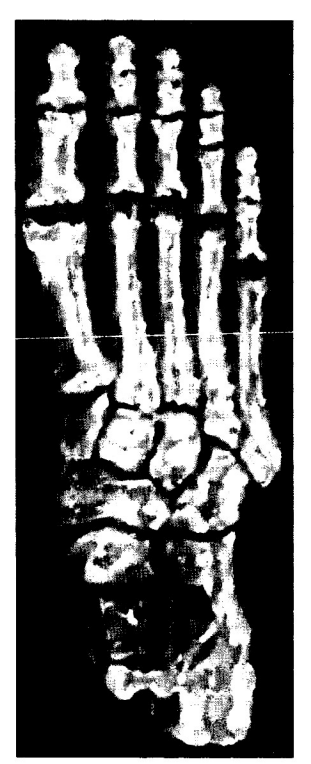

Fig. 10-7. A ação do 1 raio do pé no amortecimento das cargas do antepé.
Como se vê na figura, o primeiro raio do pé – constituído pelo hálux, o 1 metatarsiano, a 1 cunha e o navicular – é bem mais grosso do que os demais raios. Antes se pensava que isso fosse fundamentalmente para a força impulsora. Porém, atualmente se sabe que é assim também para absorver grande parte da carga que lhe chega passando pela parte lateral do pé e para exercer quer essa função de amortecimento transverso e a de impulsão ocorre no 1 raio a concentração da maioria dos músculos do mediopé e do antepé.

impacto ou de contato com o solo há necessidade – entre outras coisas – de que ele se movimente constantemente. Tanto intrínseca como geralmente. E, se não existir essa mobilidade no pé, infelizmente ele perderá sua capacidade funcional, ficando deficiente.

— Não estás radical ao colocar isso?

— Que nada! E mais. Seja lá qual for a causa da falta de movimentos. Se por problema do pé, se por distúrbios funcionais do pé dependentes principalmente dos costumes culturais provocadores de falta de movimento no pé ou, ainda, se pela falta de movimento do pé provocado pelo calçado – quer por solado duro, quer por qualquer dispositivo seu que seja bloqueador da movimentação intrínseca do pé.

— Pisastes firme agora! Que "impacto" isso poderá causar! Que impacto!

— Não viaja, não viaja. Vamos continuar. Segundo. Passamos a ter melhor conhecimento da relação entre a movimentação do pé e a ação do trabalho das cargas com o uso do sistema da baropodometria eletrônica computadorizada com telecâmera acoplada. Vimos no Capítulo 9 alguns subsídios seus. Vamos ver outros que nos interessam mais diretamente no tema em discussão.

— A baropodometria é tão informadora assim?

— Se é! Seguindo. Assim, o estudo sensorial eletrônico computadorizado nos permite identificar uma linha de trajeto longitudinal por meio do pé, que habitualmente começa no calcanhar e vai até o antepé.

— Importância dessa linha?

— Essa linha simplesmente é o vetor da representação das cargas, isto é, das pressões do corpo que atuam sobre o pé durante o caminhar. Na realidade representa a resultante de todas as cargas. E ela tende a iniciar no calcanhar. Depois vai se deslocando para o mediopé. Desse, vai para o antepé e habitualmente termina no hálux.

— O que se nota em relação ao seu trajeto?

— Para melhor entender isso, precisamos realizar algumas considerações. Assim...

  • Onde inicia. Onde termina a linha.
  • Trajeto por onde passa no calcanhar, no mediopé e no antepé.
  • Característica da linha: se contínua, falha, reta, curva, em ziguezague, sinuosa. No caso de linha curva, saber se sua convexidade é lateral ou medial. E, ainda, onde ela ocorre: se no calcanhar, no mediopé ou no antepé. E ainda se em mais de uma região.

— Diz-me uma coisa, tudo isso é importante e realmente útil para conhecer o trabalho do pé na absorção de sua carga no piso?

— Se é! Se estamos aqui discutindo com a ênfase que estamos dando, é pelo seu valor e para mostrar que o pé não é um dependente de auxílio externo para absorver a carga de nosso corpo no piso. Vamos fazer algumas considerações complementares a respeito.

Pela sua análise podemos conhecer se a mobilidade do pé está adequada, enrijecida ou instável. Mas não só isso. Igualmente ela nos informa se há encurtamento do tríceps sural, se o pé tende ao cavismo ou ao pé plano.

Mas, ainda, é importante conhecermos o comportamento do pé quanto ao suporte de carga, à distribuição da impulsão de propulsão e, ainda, quanto à sua capacidade de amortecer as cargas suportadas.

É fundamental que saibamos que os dois arcos laterais do pé – correspondente aos 4º e 5º metatarsianos – constituem os arcos de carga, ou seja, constituem as vigas de suporte do pé. Já os outros três arcos mediais, referentes aos 1º, 2º e 3º metatarsianos, são especializados em movimentação, quer para a impulsão, quer para o amortecimento.

Então, o ideal é que a linha da resultante das pressões do pé cruze pela área lateral ou laterocentral, ou seja, que fique sobre a linha de viga de apoio. Se ela estiver mais medialmente localizada, então existirá anormalidade funcional no pé, visto que essa parte deveria estar trabalhando no movimento e na impulsão do pé e não no seu suporte.

Seguindo. Como vimos, conceitualmente a área de distribuição das cargas do pé é a lateral, pelo que, após o apoio do calcanhar, a progressão em direção distal deve ser feita pela parte lateral do pé. Daí por que a linha da resultante das cargas de apoio tende a se curvar convexamente do calcanhar para o mediopé por sua parte lateral. Depois, como o antepé deve pronar lentamente para que o apoio vá indo sequencialmente do 5º metatarsiano em direção aos mais mediais, a linha das resultantes vai se curvando até chegar no 3º metatarsiano. Após, a pronação do antepé se exagera, caindo intensamente os metatarsianos mediais e inclusive o hálux. Então, a linha adquire uma curva oposta ao seu percurso anterior, quando a convexidade era lateral, ou seja, no apoio do antepé sua convexidade é medial desde o 3º metatarsiano até o hálux (ver Fig. 10-15).

Portanto...

As cargas do corpo que se apoiam sobre o pé em condições normais não ficam concentradas demoradamente num determinado lugar. Elas vão a todo o momento trocando o lugar carregado, pressionado. Portanto, habitualmente não há carga localizada concentrada duradoura sobre o pé.

— Opa! Opa! Agora sou eu quem falo! Isso aí termina de matar a charada da incapacidade ou não do pé para a pressão do impacto. Estou certo?

— Perfeito. Vou reforçar o que tu terminaste de dizer agora. Siga. Pois é indiscutível que esse é um dos elementos que mais devemos levar em consideração quanto às cargas do corpo que pressionam o pé. Jamais podemos dissociar qualquer análise sobre esse tema tão valorizado e explorado em relação ao tempo que cada carga fica pressionando um determinado local. Portanto, claro que o porte da carga é importante. Mas tanto a carga grande ou a pequena devem ser correlacionadas com o tempo em que atuam.

— Legal! Legal!

— Certo. Pois a esse respeito do tempo de ação de uma carga sobre o pé, o sistema da baropodometria consegue mostrar o tempo de ação de qualquer uma delas sobre determinada superfície. E poderíamos dizer que aí está o encanto maior desse sistema. Pois uma carga, independentemente do seu porte – principalmente as maiores –, poderá não ter qualquer significado maior ou não ser maléfica. Se não, vejamos. Se ela incidir ocasional e passageiramente num determinado lugar, é praticamente certo que não lhe causará qualquer problema. Porém, se ficar aí por um tempo maior, aí, sim, sua atuação será de risco ou até de certeza para originar um problema local. E isso será mais certo de ocorrer se o mecanismo de defesa do pé no local for precário. E, infelizmente, por uma série de razões podem existir fatores inadequados favoráveis para criar problemas no pé por ação de cargas do corpo.

Alguns dos fatores negativos que podem propiciar essa ação maléfica ao pé temos encontrado com grande frequência. Por exemplo, o que sempre devemos procurar por sua alta incidência e prevalência.

- O encurtamento do músculo da panturrilha e o seu tendão de Aquiles.
- O comportamento do pé cavo grave, sem apoio do mediopé e dos dedos.
- O comportamento do pé rígido.
- O encurtamento dos flexores do hálux.
- O comportamento dos pequenos dedos (2º a 5º), ou seja, se estão adequados ou se apresentam disfunção, além da observação quanto ao seu alinhamento – dando ênfase aqui se eles têm ou não deformidade de flexoextensão. E, principalmente, se projetam a cabeça dos metatarsianos plantarmente, visto que isso causa hipercarga localizada duradoura, o que pode determinar graves problemas ao pé.
- A rigidez do hálux.

- A deformidade local com projeção óssea plantar.
- A má sensibilidade do pé.
- A má circulação do pé.

Qualquer uma dessas condições indiscutivelmente sempre deve ser procurada e considerada, pois que possibilita o surgimento de graves problemas no pé provocados por sobrecarga localizada e concentrada de modo duradouro, principalmente se existem mais de um deles presentes.

Por tudo isso e antes de encerrarmos essas considerações sobre a biomecânica da carga de apoio no pé durante o caminhar, é importante que se reforcem os pontos principais, com o que se tornará mais fácil a sua análise.

Assim...

- É indispensável que se considerem todos os mecanismos de absorção das cargas que tanto o pé, como o corpo têm.
- Saber investigar o estado dos coxins adiposos plantares. Se estão bem ou não.
- Ver a integridade da pele para absorver a carga.
- Saber o grau de mobilidade intrínseca do pé. Se ele tem boa movimentação ou se está algo rígido.
- Temos até constatado que o comportamento rígido do pé é um dos fatores de maior risco para concentrar duradouramente cargas nele. A análise da linha representante das cargas de apoio sobre o pé é muito precisa para identificarmos o seu grau de movimento, mas temos outras possibilidades para reconhecer. Por exemplo, pelas marcas sensoriais plantares fica claro o grau de mobilidade do pé. Mas ainda é possível sabê-lo pela observação atenta com a telecâmera.
- Saber as condições de vascularização da pele e do pé.
- Saber o grau de sensibilidade da pele do pé. Se sente ou não.
- Conhecer a estabilidade e o equilíbrio do pé.
- Conhecer a força muscular no pé.

Pelas considerações sobre a análise da maneira de andar (caminhar ou correr), **A pressão do pé no piso. O que acontece**, evidenciamos algumas dicas:

- Para a mais adequada análise do andar e do trabalho do pé a observação visual deixa a desejar.
- É importantíssimo que se faça a avaliação por meio da baropodometria.

A Dor na Canela dos Caminhadores

— Diz-me uma coisa. Que outras informações te parecem marcantes na caminhada?

— Ah... Existem muitas. A caminhada se caracteriza por apresentar muitos elementos que podem marcá-la. Quer positivos ou negativos.

— Por favor, cite ou comente algum elemento negativo.

— Antes disso, cabe que te dê uma dica muitíssimo importante. E como é! Procure gravar e pense bem sobre o que vou falar agora. Se não, vejamos. É que os fatores negativos que podemos encontrar na relação entre o caminhador e a caminhada praticamente sempre são originados no caminhador em si. Existem vários que chegam a prejudicar a caminhada do caminhador. Muitas vezes até são motivos de abandono da atividade. Daí por que nós estudiosos da caminhada temos que estar aptos a reconhecer todos eles, mas também considerá-los e definir o que fazer. Se aceitar. Se corrigir. Ou o quê. Portanto, grave...

> **Os fatores negativos que podemos encontrar na relação entre o caminhador e a caminhada praticamente sempre são originados no caminhador em si.**

— E digo mais. Isso se emprega para a relação dos praticantes com qualquer tipo de atividade física. Mas retornando à caminhada. Um desses fatores negativos que muito incomoda grande número de caminhadores e corredores é a dor na canela. E como ela é frequente! Devido a essa frequência é que resolvi incluí-la, dando-lhe algum destaque. São muitos os diferentes problemas que podem determinar dor na canela do caminhador. Inclusive com locais bem distintos e característicos. Contudo, vou me deter no que considero mais comum, relativamente simples e até fácil de ser corrigido e retirado. Mas que se não for identificado e corrigido torna-se causa de abandono da caminhada ou da corrida. E, com a explicação que será dada, o próprio caminhador vai conseguir identificá-lo, com o que ficará mais tranquilo e certo que poderá exterminá-lo.

— Vamos lá, então.

A dor na canela na grande maioria das vezes é um problema que incomoda – pouco ou muito – e que até pode ser muitíssimo grave. Porém, sua causa é geralmente simples e de fácil solução. Pois ela é fruto de mau condicionamento físico.

Que dor é esta?
Localização?
Quando ocorre?
Frequência?
Manifestações?
Por que ocorre? Ou seja, qual é a sua causa?
Quanto dura?
Consequências que pode apresentar?
Como corrigi-la?

— Pô, que mistério é este? E é tão importante assim para justificar sua inclusão no texto?

— Vou começar pela segunda pergunta. Ela realmente é muitíssimo importante que seja identificada e reconhecida porque causa sérios transtornos aos caminhadores. E muitos, mas muitos mesmo, chegam a abandonar a caminhada. E como veremos, ela não é tão complicada e que se identificada e retirada a sua causa – o que é fácil – libera o caminhador do sofrimento, que chega a ser chato. Posso afirmar isso porque muito já sofri com ela. Bem, agora cabe dizer que dor é e onde se localiza. É uma dor acompanhada de desconforto que aparece na canela, bem em sua frente, logo do lado de fora (lateral) do grande osso da canela (tíbia). Muitas vezes pode dar a ideia de se localizar no próprio osso. Mas não é nele. É bem junto, na parte um pouco mais macia do que o osso. Na grande maioria das pessoas ela começa a aparecer no início da caminhada. Em torno dos 10 minutos. Em outros aparece mais tarde. Mas sempre surge durante a caminhada. Não antes, nem depois. É durante.

— Qual é a sua frequência?

— Varia muito. Existem caminhadores que a apresentam sempre que caminham. Eu diria que é assim na grande maioria. Porém, outros a sofrem, só que nem sempre. Basicamente quando caminham ou correm muito.

— Iiii, o troço está complicando. Seja mais objetivo.

— OK. Vou tentar caracterizar suas manifestações. Aí possivelmente muitos por si só poderão identificá-la como já tendo sofrido. Quem sabe, até tu mesmo. Vamos ver? Então preste atenção. A dor vai surgindo aos pouquinhos. E lá vai ela se intensificando e começando a incomodar. E vai crescendo. Repito, sua localização é bem do lado do osso da canela. Um das sensações que surge na canela é a impressão de que está se inchando. Dá a sensação de ir apertando. Quanto mais intensa, mais isso se manifesta assim. E daí, está conseguindo acompanhar?

— Sim e não. Gostaria que tu apresentasse outras características dela.

— Tudo bem. Com a intensificação da dor, o caminhador percebe que tem dificuldade de levantar um pouco a ponta do pé quando dá um passo para frente. E logo, logo, a ponta do pé fica caída.

— Opa, opa, isso já aconteceu comigo! Agora estou te entendendo. E como esse sofrimento é chato! Já o tive por muito tempo. Agora só o tenho em poucas situações. E vou contar outras coisas que aconteciam. Posso?

— A palavra é tua. Mas não te esquece que estou de olho em ti.

— Tudo bem. Outra coisa que eu percebia quando a situação apertava um pouco mais é que, quando eu caminhava em piso um pouco mais duro, em vez de o pé bater uma só vez nele batia duas ou, então, o som era um, porém duplo, como se fosse quebrado. É isso aí. E como me chamava a atenção.

— Fostes muito preciso na descrição. É isso aí. Nesse sentido não tenho mais nada a acrescentar.

— Diga-me então qual é a causa.

— Lá vai. Por favor, não caia de costas. Sabes qual é a causa? Simples. Simples mesmo. Não é nada mais, nada menos do que má condição física – mau condicionamento – do músculo que levanta a ponta do pé, ou seja, o músculo que chamamos de tibial anterior. Só por curiosidade é que estou dando o nome dele. Tu estás com cara apatetada, como não querendo acreditar. Mas é a pura verdade.

— Incrível! É isso aí mesmo?

— É exatamente o que falei.

— Credo! É inacreditável que isso ocorra.

— Pois é, mas eu te digo que entendo o porquê disso e ainda a razão da sua alta frequência.

— Fala.

— Pelo costume cultural de não fazer trabalho de condicionamento físico da perna e do pé. Só isso. Nada mais do que isso.

— Não me enrola. Não pode ser.

— Mas é. E o pior. Sabes que atendo muita gente que a apresenta, mesmo maratonistas antigos.

— Quanto tempo ela dura?

— Ela dura enquanto o músculo comprometido estiver sendo forçado, solicitado e que não esteja bem preparado para o que está sendo solicitado. E isso depende muito do nível do seu mau condicionamento. Parou de caminhar, em seguida desaparece o mal-estar.

— Quais são as suas consequências?

— Felizmente na grandíssima maioria das vezes ficamos nisso. Porém, se houver insistência e o caminhador continuar forçando, o processo avança e avança.

— O que pode acontecer então?

— O local vai ficando inchado e vai se inchando mais e mais. Chega a ponto de a parede do local não conseguir mais se esticar e, a partir desse momento, se o caminhador não parar, o inchaço continua, só que agora ele incha pra dentro. Se ele continuar, vai apertando tudo que está aí dentro. Aperta vasos de sangue, nervos e músculos. Avançando, pode prejudicar a circulação sanguínea, até não haver mais sangue. E também aperta os nervos, causando paralisia do pé. Ele perde a sensibilidade e não consegue mais se movimentar. Mas não é só isso. Toda a musculatura dessa parte da perna que ficou apertada pode morrer no todo ou em parte. Isso para sempre. Ela fica fibrosada e o músculo perde sua ação, não conseguindo mais levantar o pé.

— E daí, o que mais acontece?

— Logo, logo, o pé começa a cair e fica fixo na posição de sua ponta para baixo. Chamamos essa deformidade de pé equino. E isso tudo determina brutal dificuldade de o pé trabalhar.

— Que loucura é essa?

— Concordo plenamente contigo. E, olha, infelizmente isso acontece, e para nós pode ser muito desagradável.

— Chega pra mim.

— Pra mim também.

— Pois é, pois é, mas o que podemos fazer?

— Temos duas situações totalmente diferentes. A do dia a dia. E essa mais grave eu citei por último.

— Muito bem. Fale sobre a primeira delas.

— A conduta no seu caso é simples. E não é o ortopedista que trata. Não. É o preparador físico! Pois que o problema fica restrito à área dele. Será feito trabalho de condicionamento físico, procurando melhorar dois elementos ou, como dizemos, duas valências: alongar e realizar reforço muscular. Se bem executado, logo, logo, há correção.

— Só isso?

— Para este problema geral, é.

— Bem, e no outro caso muito mais grave?

— Aí temos duas situações a considerar. Chegou com o quadro de muita dor local e inchaço, e já com algumas manifestações de risco. Aí então o tratamento é urgente. Melhor, emergencial. Deve-se levar para a sala de cirurgia e cortar a capa da perna que está limitando o inchaço. Ao cortá-la é impressionante como salta o conteúdo para fora. Só pra ter uma idéia da compressão que aí havia!

— E depois?

— Depende do estrago ocorrido. Mas um dos elementos que se deve fazer, sendo ainda possível, é o trabalho indicado na condição mais simples.

Com isso é possível e interessante que até o leigo entenda a necessidade de conhecer e a importância do trabalho do condicionamento físico adequado, no qual deve ser incluído o que é mais apropriado para a perna e o pé.

Contudo, cabe ainda falar de outra consequência da fraqueza desse músculo. O processo de fraqueza segue com o tempo. Pode até não doer. Porém, o músculo que ficou fraco passa a não conseguir manter a ponta do pé nem levemente elevada. E o que vemos na maioria das vezes? Simples. É importante que a ponta do pé não caia. Pois, se acontecer, há chance de tropeçar e sofrer acidentes. Então pela fraqueza do músculo ocorre um trabalho que considero sensacional e que vem demonstrar que no pé se observa um trabalho em equipe e com auxílio mútuo. Se não, vejamos. O músculo que levanta – estende – o hálux tem como função primária só a de estender o hálux. Porém, estando o elevador do pé – músculo tibial anterior – debilitado, observa-se que o extensor do hálux vai auxiliar ao dobrar o pé para cima. Porém, se esse processo continuar por um tempo, provocará problema no extensor do hálux. E o mesmo poderá até ser grave.

Pelas considerações sobre a análise da maneira de andar (caminhar ou correr), **A dor na canela do caminhador**, evidenciamos algumas dicas:

- É muito frequente ocorrer dor na parte da frente da canela, bem do lado do osso grande, quer em caminhadores, quer em corredores.
- Sua causa é o mau condicionamento físico do músculo que ergue a ponta do pé.
- Sua consequência pode ser pequena ou grave.

Quem Pode Caminhar

Quem pode caminhar. Ah... Quem pode caminhar! Quem?

O questionamento sobre a importância da caminhada já determinou uma série de escritos e discussões. Um livro meu anterior, *Caminhada. Uma vida saudável passo a passo*[19], procurou abranger esse ponto, além de dar informações e recomendações de um bom caminhar.

Porém, a pergunta **"Quem pode caminhar?"** é ainda muito presente e atual.

Estamos notando mudanças nas considerações sobre o tema.

Nos últimos anos ocorreram grandes reviravoltas.

Assim, até há pouco era heresia que o enfartado caminhasse ou praticasse atividade física. Isso mesmo! Ele deveria ficar em repouso praticamente absoluto, deitado na cama!

O diabético também. Era-lhe sonegado e proibido que caminhasse e corresse[20].

E ocorria o mesmo com muitos outros problemas médicos, inclusive com a própria asma respiratória.

Como mudaram os conhecimentos e as recomendações! Que bom!

Atualmente as recomendações médicas são absolutamente opostas.

De tal maneira que:

> **Um diabético que aceitar um plano de atividade física regular, rotineira, preferentemente caminhada ou corrida – mas não só isso –, e se obedecer a um cuidado nutricional adequado, poderá, até quem sabe, não precisar de medicamentos[20].**

É isso aí! Aqui, mais uma vez se observa o vingar da orientação:

> **"Os nossos órgãos e estruturas internas se trabalharem com moderação, crescerão mais, terão vida mais sadia e retardarão o seu envelhecimento. Agora, se não trabalharem ou o fizerem pouco, crescerão menos, terão pior saúde e precipitarão o seu envelhecimento."**

Que senhor conceito! Estupendo! Como já vimos, lembrem-se quando isso foi afirmado? E por quem? Simplesmente 460 anos a.C! Dito por Hipócrates!

Apesar disso, só agora nos últimos anos é que ele passa quase a ser considerado um dogma, sendo universalmente utilizado.

Antes não se pensava em aplicá-lo, pois que era considerado de muito risco em vários problemas, como os referidos.

Isso é válido para o coração, os vasos sanguíneos, o pulmão, o sistema nervoso, os órgãos endócrinos – incluindo o controlador do diabetes.

Mas não só para eles, não.

Também esse ensinamento é aplicado para o sistema e o aparelho musculoesquelético.

Ou seja, para nossos ossos, juntas, músculos, tendões, ligamentos.

Portanto, para todas as estruturas do corpo.

Cabe aqui repetir o pensamento de Tim Noakes[39]:

> **"A corrida me introduziu em meu corpo, tornando-me informado dele e tornando-me responsável por ele. E aperfeiçoei meu corpo, aprendi que sem um corpo perfeito não se pode ter nem perfeição mental, nem espiritual. Aprendi que a perfeição física do corpo mostrou que eu cuidaria e teria me autopremiado e, mais importante, autodisciplinado."**

Qualquer um que caminha ou corre dirá algo parecido.

E penso que, na realidade, aí está o maior dos benefícios que possamos ter.

E essa mensagem deve ser passada aos principiantes, aos que ainda não se introduziram e também aos que não tenham até então se tocado por essa magia.

Porque, ao senti-la, tranquilamente nunca mais gostariam de abandoná-la.

Bem, mas sobre isso me aprofundarei mais adiante.

Voltando. Portanto, quem atualmente está sendo orientado e convidado a caminhar?

Todos? Sem exceção?

Esse é um tema interessantíssimo. E pode apresentar algumas controvérsias. Tanto que ao participar de encontro, discussão a respeito desse tema, com frequência sou cutucado por um amigo meu. Ele é cardiologista esportivo e um dos criadores do CORPA (Clube dos Corredores de Porto Alegre). Estou falando do Doutor Ênio Aguzoli. Com a sua maneira peculiar, envolvente e incisiva, diz que eles, cardiologistas, já resolveram esse problema, permitindo e orientando que seus pacientes participem ativamente de caminhadas e até de corridas – desde que controladamente. E segue: *"Porém, eles aí – dirigindo-se a nós ortopedistas – o que fizeram para as nossas articulações?"*

É.

E daí?

Portanto...

QUEM PODE CAMINHAR

Praticamente todos têm condições de caminhar.

Já correr, no entanto, é limitado a um menor número de pessoas. Pois suas exigências são muitíssimas maiores. Porém, mesmo assim, só algumas delas não podem correr.

OBESO NA CAMINHADA

A obesidade já foi considerada um problema catastrófico para o exercício da atividade física. Seja lá qual fosse. Tanto que me foi ensinada uma técnica de orientação aos pacientes gordos com queixas de dores em juntas dos membros inferiores (tornozelo, joelho e quadril). Perguntava-se ao paciente queixoso o seguinte:

"O que pode acontecer se colocar a carroceria de uma jamanta sobre o rodado de um fusca?"

Então, eu ainda era estudante e depois médico jovem. E do ponto de vista figurativo e para a época achei muitíssimo interessante e claro. E o adotei. Até que ao dizê-lo para uma paciente relativamente jovem e não muito gorda, olhando os seus olhos, percebi que ela simplesmente me fulminou. Só então percebi a barbaridade que tinha dito. E o quanto a colocação era agressiva. Imediatamente lhe pedi desculpas e prometi que nunca mais o diria para outra pessoa, como não disse mais.

Contudo, estamos em outra época e com conhecimentos mais aprofundados. E as coisas mudaram.

Porém, o que realmente considero decisório para a definição do que e o quanto o gordo pode realizar de atividade física está fundamentalmente no conhecimento que atualmente temos da biomecânica do andar do gordo. Isso vimos no Capítulo 7. Porém é indispensável que o comente novamente. E o farei em poucas palavras.

O gordo, devido ao volume de sua barriga, tem deslocado anteriormente o centro de gravidade do corpo para a frente. Isso determina curvatura anterior de sua coluna lombar, provocando uma lordose. Mas não é só isso. Praticamente sua bacia se movimenta muito pouco, determinando a não ocorrência do passo pélvico. Como decorrência há diminuição da amplitude do comprimento de seus passos, ou seja, habitualmente o gordo caminha com passos menores. E, assim, ele coloca seus pés no piso de maneira mais suave, não ocorrendo grandes impactos. Impacto forte só ocorreria se o jeito de caminhar fosse inadequado e agressivo, ou seja, apresentando má técnica. Não podemos nos esquecer de que a força da pressão do impacto depende da massa corporal e da velocidade dos movimentos. Mas ainda não só isso é importante reforçar. Não. É também indispensável que se considere a capacidade de trabalho dos coxins gordurosos plantares, assim como o estado de funcionabilidade das articulações dos pés e dos sistemas de amolejamento.

Com esses conceitos fica mais fácil entendermos a relação do gordo com o andar. E é isso que vou considerar.

Começaremos pelo básico. E aí cabe a pergunta: É o obeso muito mais propenso a sofrer problemas em caminhadas ou corridas? É?

Para responder é indispensável que ele seja mais conhecido.

- Conhecer o seu estado físico geral, tendo uma ideia de suas condições cardiológicas.
- Porte da obesidade.
- Nível do condicionamento físico ortopédico.
- E, principalmente, o que pretende o obeso fazer em grau de solicitação de esforços. Se muito, grande ou pequeno.
- Comportamento corporal durante a caminhada ou corrida.

Então, pode o obeso correr?

Até prova em contrário, não deve, pois a sobrecarga tende a se tornar muito grande. Apenas os que apresentarem boas condições é que podem esboçar leve corrida. Porém, para isso é indispensável que tenha avaliação clínica e ortopédica.

E, agora, pode o obeso caminhar?

A caminhada é muitíssimo mais favorável ao obeso. E, não tenho dúvida, é importantíssimo que ele caminhe.

Nesse momento cabe um questionamento: o que e o quanto caminhar.

Aconselho que inicie pela caminhada costumeira de sua atividade diária e que não lhe cause problema. Se não lhe causa, organize uma caminhada tipo esportiva. Comece com a intensidade com que está acostumado em sua vida normal. Com o seu jeito habitual de caminhar. Depois gradativamente vá aumentando. Esse aumento não deve ultrapassar os 10%. E preferentemente deverá se adaptar ao novo tempo da caminhada por no mínimo 15 dias. Só aí estará autorizado a aumentar aos poucos a intensidade da caminhada. E assim vai. E muitíssimo importante, por favor, respeite seu corpo e seus pés. Não os castigue. Seja delicado com eles. Não seja agressivo. Tendo esses cuidados, indiscutivelmente que a caminhada será absolutamente saudável ao obeso.

Portanto...

- Claro, obeso com sobrecarga razoável não deve correr de preferência.
- Se ele tiver bom condicionamento físico, boas condições clínicas, domínio da técnica de andar e fazendo pouco impacto, até pode pensar em correr. Não que isso seja uma liberação para correr propriamente dita. Nada disso. É uma corrida que não é corrida. Na realidade, é uma caminhada um pouco mais forçada. Mas com cuidado. Usar ou não calçado anti-impacto é discutível. Se o obeso não for agressivo no caminhar, obviamente que não precisa de calçado anti-impacto.
- Mas obesos mais graves, em hipótese alguma, podem pensar em correr, devendo se restringir somente a caminhar.
- O importante é que o obeso seja delicado na colocação dos pés no piso, assim como não exagerar no comprimento dos passos. É isso aí. E, ainda, não exagere no que for solicitado fisicamente.
- Porém, caminhar pode e deve sempre. Contudo, nunca ultrapassando os seus limites.

O IDOSO NA CAMINHADA

É impressionante como se criaram tabus em relação ao idoso.

Criou-se uma cultura negativa de forma exagerada e absurda quanto ao envolvimento dele na atividade física.

Que ele não teria condições mínimas para tanto.

E lá se plantou o idoso na cadeira ou na poltrona. Nada de atividade física. Nada de caminhada. Quando muito, jogar bocha.

Não se via – e ainda se vê pouco – que ele pratique alguma atividade.

E, o pior, é que a noção de idoso era muito ampla.

Assim, há relativamente poucos anos a expectativa de vida do brasileiro era de 50 anos.

E, portanto, pessoas na faixa dos 40 já eram consideradas velhas, tanto que a idade da aposentadoria era mais ou menos nessa faixa.

E a aposentadoria se tornou sinônimo de inatividade, inaptidão para realizar qualquer coisa, ou seja, o aposentado se torna um descartado em todos os sentidos.

Até se dizia que o idoso era intelectualmente incapaz!

Contudo, os tempos mudaram. E como! Que bom.

Pasmem! Tanto que cabe citar aqui orgulhosamente essa mudança com a apresentação do exemplo do que ocorreu com o Dr. João Gomes Mariante, psicanalista, tendo só 92 anos... Ele acaba de publicar o seu primeiro livro – *Três no Divã* –, editado pela Já Editores, em 2010! E, ao cumprimentá-lo um dia após o lançamento – que foi um grande sucesso –, ele me confessou que estava iniciando o segundo livro, já tendo o seu nome: *O suicídio. Consciente. Inconsciente!* Que exemplo para todos nós!

Com a caminhada, felizmente observamos um quadro semelhante ao do Dr. João.

Pois hoje o idoso caminha, corre, pratica atividade física (Ver Fig. 7-7).

Faz trabalho de musculação.

É isso aí!

Tenho depoimento de pacientes de 75 anos e até com mais que comumente me dizem:

"Sou corredor há anos e até hoje me sinto maravilhosamente bem, sem problemas de juntas."

Rui Barbosa, um dos maratonistas mais idosos do Brasil em 2001, concluiu a maratona (42.195 metros) de Porto Alegre em 5 horas e 30 minutos! Que idade tinha? Pasmem! 86 anos!

No entanto, esses não constituem a regra. São exceções.

Temos que considerar as condições gerais do idoso.

Sua elasticidade é menor.

Sua flexibilidade tende a sê-lo também, assim como a velocidade, a força muscular e as condições clínicas gerais.

A quantidade de idosos frequentando academias está aumentando muito, inclusive no Brasil.

Nossa conduta com o idoso primeiro é saber se tem fatores impeditivos ou limitantes. Felizmente não são muitos.

Se tiverem, orientamos para que façam o que estiver a seu alcance.

O importante é que dentro do possível, ele fique o menos inativo que puder.

Pois a principal causa da osteoporose é a inatividade.

E por ela os ossos se tornam mais quebradiços. Daí por que a fratura é muito mais comum no idoso.

Mas não é só por isso.

Outro fator que muito levo em consideração é que a inatividade diminui a capacitação física do idoso, tornando-o mais dependente até para as atividades diárias triviais.

Um argumento muito utilizado para afastar o idoso da caminhada é o desgaste de suas juntas.

Por favor, hoje se sabe que o desgaste articular não é habitualmente provocado pela caminhada. Não. Só aquelas articulações que apresentarem condições propícias, facilitadoras e condicionadoras para causar o problema.

E, mesmo na vigência de um desgaste da junta, isso não chega a ser necessariamente impeditivo para caminhar.

Nossa orientação atual é que se ele caminha na vida diária tem condições de caminhar para ter ganho de saúde.

Simplesmente deve apenas se organizar.

Assim, comece a caminhar o quanto faz no dia a dia, juntando numa só vez.

Se tem condições para caminhar 200 metros, que o faça.

Caminhe nas condições, na velocidade, do jeito e com o calçado do dia a dia.

E assim vai dia após dia.

Algum tempo depois, duas a três semanas, ele perceberá ter condições de caminhar ainda mais.

Aumente, então, 10%.

Lá pelas tantas notará que suas condições melhoraram, e muito.

E, inclusive, começa a fazer parte de um *kit* pessoal do qual não consegue abandonar.

Por favor, não por obrigação, mas porque percebe que a caminhada faz parte de sua personalidade, de sua formação, de sua mente, de seu espírito e de sua autodisciplina.

PESSOAS COM PROBLEMA CLÍNICO DELICADO

Apenas problemas muito graves e incapacitantes impedem ou limitam a caminhada.

Caso contrário, o idoso pode ser incluído nos programas de caminhada.

JUNTAS DESGASTADAS

A presença de juntas desgastadas – ou seja, com artrose – tem uma orientação semelhante à do problema clínico.

Tudo depende se o paciente fica confortável ou não quando caminha.

Em caso extremo de sofrimento articular é óbvio que se torna impossível ou muito difícil praticar a caminhada ou, pelo menos, desagradável.

Por exemplo, uma senhora de 79 anos, muito sadia, está muito bem, quer do ponto de vista clínico, mental ou espiritual. Sempre gostou de caminhar, e muito. Contudo, há alguns anos está começando a ter dificuldade devido a grave desgaste (artrose) em uma junta de sua bacia. O colega que a atende optou por uma conduta não cirúrgica. Porém, no momento ela está se restringindo muito fisicamente – com repercussão até em seu humor. Por isso e por outro fator que me dá até medo – a famosa osteoporose devida intensamente à inatividade –, que é o fator importante para produzir fratura, decidiu-se que ela deva ser operada. A operação consiste na colocação de uma prótese, que lhe devolverá as condições para voltar a caminhar.

Portanto, com esse exemplo quero dizer que evidentemente existe situação em que o caminhar é muito difícil e até penoso, diminuindo a qualidade de vida da pessoa.

Nesse caso, ela é orientada a caminhar dentro do possível.

Porém, se chegar a ponto de prejudicar a qualidade de vida, temos recursos de lhe devolver condições melhores, com melhora da qualidade de vida.

Por tudo isso, o que é muito importante, praticamente todos podem caminhar.

Em realidade deveriam e devem caminhar.

São raríssimos os fatores que impedem o caminhar.

Pelas considerações sobre a análise de **Quem pode caminhar ou correr?**, evidenciamos algumas dicas:

* A atividade física é uma boa aliada da saúde física, mental e espiritual.
* A inatividade física é brutal e inimiga da saúde física, mental e espiritual.
* Praticamente todos podem e devem caminhar.
* Só os que apresentam impossibilidade é que não podem, principalmente correr.

Quando Se Pode Caminhar

Quando se pode caminhar?

É importante sabermos que essa é outra pergunta com que me defronto habitualmente em minha clínica. Homens e mulheres, indistintamente, chegam a apresentar ansiedade.

Quando posso caminhar? Quando?

Bem, cabem aqui várias considerações.

O homem por natureza é um corredor.

Pensemos. Pensemos. O homem por natureza é um corredor? É? E daí?

Vamos apresentar e analisar algumas passagens do homem em sua vida. E, quem sabe, poderemos concluir.

Iniciamos com a observação do primeiro andar da criança, quando ela se levanta de pé e "caminha" mantendo o corpo ereto na vertical. O que se vê?

Simplesmente que o seu iniciar é feito **correndo na ponta dos pés**. É isso aí! Ou seja, o homem começa o seu caminhar não caminhando propriamente dito, mas correndo. E correndo na ponta dos pés, mantendo os calcanhares elevados! Até parecendo que queira descontar todo o tempo que levou para se levantar e iniciar a caminhar.

Pois é. E têm malucos que dizem que o homem não foi feito para correr! Que desconhecimento! Que falta de sensibilidade e de capacidade observadora!

E, depois, qual passa a ser o comportamento físico da criança? Prestem atenção!

As suas atividades físicas se fazem predominantemente com o uso de corridas!

Seus brinquedos são corridos! Esconde-esconde, pega-pega, polícia e ladrão, brincar de roda, sapata (amarelinha), por exemplo. E lá vai a criança correndo!

Raramente a criança permanece parada! Pasmem! Mas é a pura verdade! Quando ela chega a parar, indiscutivelmente que o faz por pura influência dos adultos. Por essa influência fica sentada mexendo no computador ou dominando o celular. Como lhe tiram tempos nobres! E como os pais ficam orgulhosos e com inveja pelo desenvolvimento dos filhos na manipulação do computador e do celular! Como! E isso é um bom-ruim! Infelizmente é!

Vamos avançar um pouco. E na idade escolar e na adolescência? Observem.

Praticamente todas as suas atividades físicas têm uma mescla principalmente de caminhada e corrida. Mas não são só as duas. Verificamos também saltos, contatos físicos competitivos e outras.

Seguindo. Na fase adulta os esportes têm muita movimentação.

E até na velhice verificamos a ocorrência de atividades movimentadas.

Por favor, peço que me acompanhem com atenção ao que será apresentado a seguir, visto que é muitíssimo importante para conhecer o corpo e o movimento, ou seja, o corpo-movimento! Então...

Agora, vamos analisar mais um ângulo, dando outro enfoque.

Como é preparado e estruturado o nosso corpo?

Para a imobilidade? Para a inércia? Será?

Ou é preparado para a movimentação? Será?

Pare e observe o teu corpo. Melhor. Observe também o de outras pessoas. Crianças, mulheres e homens. Seja atento. E daí, o que vês?

Indiscutivelmente, verás que...

O nosso esqueleto é todo preparado para os movimentos!

É isso aí! É a pura verdade! Todo o nosso sistema esquelético – ossos, articulações, ligamentos, músculos e tendões – é preparado para os movimentos. Quer para os grandes, quer para os pequenos.

Contudo, impõe-se que continuemos avaliando outros elementos pertinentes ao assunto.

Então...

Cabe outra pergunta. Vimos que a atividade física do homem, mescla do instinto natural com o aprendizado, é feita com movimentos – imprimindo-se até velocidade – e que todas as estruturas do nosso corpo são preparadas para a movimentação. Porém, aqui cabe uma indagação. É o homem fisicamente ativo na prática do dia a dia? É? Sim, as pessoas sem os vícios culturais são ativas. Caso contrário, se já estiverem viciadas, infelizmente o nosso corpo deixará a desejar para a prática daquilo que é tão seu – a movimentação e o andar. Quer em sua forma mais elaborada, que é a corrida, ou até mesmo na mais simples, que é a caminhada.

Na introdução deste tema prefiro fechar os olhos e esconder a minha frustração, além de colocar elementos para a apresentação do corpo humano na atividade do andar. Por favor, não estou querendo pregar uma forma simbólica ou desejosa. Não. Estou apresentando a real. Pois, conhecendo-a, torna-se fácil empregá-la em qualquer tipo. Então vamos lá.

Vimos no Capítulo 5 que todo o nosso corpo está destinado e preparado para andar. Peço perdão, mas solicito que – caso necessário – revisem a explanação lá apresentada. Será muito benéfico a todos. Lá vão relembrar detalhadamente toda a montagem do corpo apropriada para a movimentação do andar.

Mas há uma outra particularidade muito fundamental para a caminhada e a corrida que todos devemos conhecer e dominar. Se não, vejamos. Fiquem atentos e concentrados, pois sei que ficarão surpresos, visto que desconhecem o que será colocado. Peço que tirem os calçados, as meias e fiquem olhando um dos pés na visão de perfil. Antes, até, olhem nessa visão para o calcanhar e depois para a ponta do pé – aqui, neste, principalmente para a união do dedão (hálux) com o osso longo aí existente (1º metatarsiano) que se junta ao hálux. Bem, lá vai...

Os ossos da sola do pé apresentam forma para permitir o rolar, pelo que o pé é preparado para rolar e assim facilitar e possibilitar o andar (ver Fig. 5.1).

Daí que...

O PÉ ANDA!

Em realidade, quer dizer que o pé participa do andar! Não de maneira passiva, imóvel. Não, visto que para a função primordial do pé, que é o andar, esse conceito de que "o pé anda", lançado pelo Professor João Alvarenga Rossi, é o ponto crucial para o conhecimento do que e como trabalha o pé. Quando se diz que "o pé anda", na realidade, quer dizer que o pé se movimenta e não trabalha parado. E por isso vivenciei um momento antológico que muito me marcou. Ocorreu durante meu curso de doutorado em São Paulo em 1978. Num determinado dia, eu e os professores Mânlio Mário Napoli e Osny Salomão estávamos parados de pé, próximos da biblioteca, conversando. Então o saudoso Professor João Alvarenga Rossi, coordenador dos Cursos de Mestrado e Doutorado do Instituto de Ortopedia do Hospital das Clínicas de São Paulo, aproximou-se de nós e disse simplesmente o seguinte:

"Felizmente vocês descobriram que o pé anda."

Claro, ele não disse isso especificamente para nós. Não. E sim para todos os estudiosos do pé, ali representados por nós.

Pense. Pense. Vê se isso não é uma loucura revolucionária do ponto de vista do entendimento da biomecânica do pé. Foi então que se descobriu que todas as funções do pé se fazem com movimentos. É. O pé anda. Portanto, caminha, corre, pula. E o pé para andar precisa estar sempre em movimento. E, portanto, o que também é muitíssimo importante, marcante e divisório do conhecimento...

Todas as funções do pé ocorrem com movimentação intrínseca. Até a de nos sustentar parados apoiados pelos dois pés.

Seguindo na descrição das ideias e dos conhecimentos a respeito do comportamento do pé, por favor, pense a respeito do que será colocado agora. Atenção, quando estamos parados apoiados pelos dois pés, essa movimentação que eles apresentam é perfeitamente detectada por meio da avaliação da baropodometria. Percebe-se movimentação constante dos sensores eletrônicos de pressão, tanto que denominei isso de "a dança dos sensores eletrônicos". Veja bem, isso na função mais parada do pé, que é a de nos sustentar parados! E ele não está nada parado! Portanto, essa não é uma função estática, digo, parada. Nada disso. Mesmo ela é uma função dinâmica. Pois é. E, se mesmo ela é um trabalho dinâmico do pé, o que se pode dizer em relação aos seus outros trabalhos? Daí por que o conceito de pé estático, parado, evoluiu para...

Pé dinâmico.

E pelo que foi comentado e descrito agora se pode afirmar que esse é um dos conhecimentos básicos para se entender que estamos preparados e somos constituídos para andar e, assim, caminhar e, até, correr.

Contudo, isso ainda é insatisfatório, visto que o pé apresenta muitas outras rique-zas estruturais e funcionais. Se não vejamos, como estão moldados e formados os ossos da sua sola. Verás que é simplesmente fenomenal o que será apresentado. Assim...

Os ossos da sola do pé são especializados em movimentos de rolamento.

Existem sistemas de ossos – principalmente no pé –, preparados e especializados na execução de movimentos de rolamento. E isso já comentei. E lá vimos que têm ossos na sola do pé que são curvados, abaulados, na direção do calcanhar para os de-dos, ou seja, eles têm a superfície plantar convexa, algo arredondada, como se fossem **meia roda** (ver Fig. 5-1).

"Isso é incrível"! Mas é a pura verdade. E como funciona!

E isso é absolutamente indispensável para a caminhada e para a corrida, pois permite o rolamento do pé com participação dos ossos com essa característica, um após o outro, em cascata. Isso é muito importante e até indispensável para que não fique concentrado o trabalho de rolamento em um só ponto, pois que, se o fosse, ha-veria maior dispêndio de energia. E, no pé, observa-se o rolamento primeiro no osso do calcanhar e depois nos ossos da sua ponta, junto aos dedos.

Ou seja, primeiro o pé quando chega ao piso "entra" com o calcanhar – que é uma meia roda – e então ele rola pelo calcanhar. Porém, depois vão entrando as ou-tras partes do pé – não tanto em forma de rolamento. Mas, finalmente, o pé vai sair do piso lá pela sua ponta, onde está o hálux. E como é essa saída? Simplesmente um novo rolar! Por quê? Nada mais, nada menos, porque a união do hálux com a ponta do pé também tem a forma de meia roda! Por favor, voltem a olhar com atenção para a sola de seus pés! Espero que entendam melhor o que aqui está sendo comentado.

Mas a riqueza funcional do pé não para por aí. Existem outros elementos e ou-tras funções que devem ser do conhecimento até do leigo.

Assim, é óbvio que ao se falar em movimento e andar há necessidade de se co-nhecer a força principal que possibilita esse andar.

Portanto, vamos avançar um pouco mais no conhecimento do pé. Isso será mui-to bom. Eu não tenho dúvida.

O TRABALHO DE IMPULSÃO DO NOSSO CORPO

Aí está outro elemento indispensável para o conhecimento de que e como o nos-so corpo se apresenta preparado para andar e se acostumar a caminhar ou correr, ou seja, se ele quer se movimentar – caminhar, mudar de posição, saltar, correr –, precisa de uma força própria que possa provocar tais movimentos, isto é, necessita de impulsão ou propulsão, como queira. E há um impulsionador potentíssimo que se prende atrás do calcanhar, é o músculo da barriga da perna (panturrilha), chamado de tríceps sural. Seu tendão está preso no calcanhar. É o tendão do garrão ou tendão de Aquiles. Sem ele não há corrida, salto e até caminhada. Daí por que é muitíssimo mais forte do que os outros músculos da perna e do pé. A relação entre o tendão de Aquiles e o calcanhar é muitíssima interessante e deve ser considerada. Se não, vejamos.

O tendão começa a se grudar no calcâneo na parte posterior mais alta desse. Porém, sua fixação maior e mais forte se faz na parte inferior – quase plantar – do calcâneo, o que nos permite imaginar que o calcâneo – em forma de uma bola – esteja na "palma da mão" do tendão de Aquiles. E o comportamento do tendão de Aquiles é o mesmo de uma mão ao arremessar uma bola de bocha (Fig. 13-1). E assim ele "joga" o pé para a frente e acima, provocando o rolar da ponta do pé e o retirando do piso.

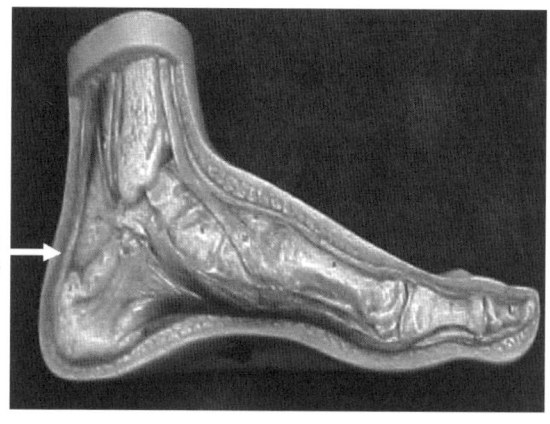

Tendão de Aquiles

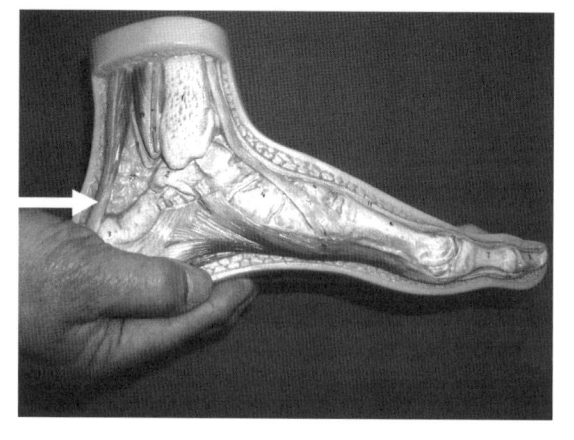

Fig. 13-1. A relação anatômica e funcional entre o tendão de Aquiles e o calcanhar, ou seja, o tendão de Aquiles se relaciona com o calcâneo como se o estivesse agarrando para arremessá-lo. Isso sugere a relação entre a palma da mão e uma bola a ser arremetida.

Bem, durante o andar um pé se posiciona atrás e o outro à frente. Depois se trocam. O que estava atrás passa para a frente e o da frente para trás. E vão se trocando e intercalando. Quando esse músculo da barriga da perna faz força, ele puxa e eleva do piso o calcanhar do pé que está localizado atrás. Com isso provoca o rolamento dos ossos da ponta do pé. Eles rolam e, como se empurrassem o piso para trás, vão provocar o erguimento da ponta do pé e, portanto, tirando do chão todo o pé, que é deslocado para a frente, suspenso no ar. E a ação de empurrar, impulsionar, consegue produzir a movimentação do caminhar e do correr de maneira fácil, graças ao tipo de ossos – em forma de "meia roda" – existentes na sola do pé. E por isso a ponta do pé rola com facilidade. E logo, logo, vê-se que o calcanhar do pé que está na frente toca o piso na sua parte mais posterior. Como esse calcanhar foi empurrado para a frente pelo ar, ele vai rolando no piso devido à forma convexa de sua superfície plantar.

A ESTABILIDADE DO PÉ E DO TORNOZELO

Ao entrarmos nesse tema da estabilidade do pé propriamente dito, acredito ser necessário discutirmos alguns conceitos básicos e fundamentais para o seu entendimento. Por quê? Simplesmente porque agora virou moda falar-se e pregar-se a necessidade de dar estabilidade ao pé por recursos empregados no calçado, quer no sapato, quer no tênis. E hoje em dia "um tênis que se preze" tem a obrigação de oferecer estabilidade ao pé. Se não desempenha esse papel, "não presta". É indispensável que o exerça. Parte disso já foi comentada no Capítulo 7.

Esse é um problema que considero muito sério. Melhor, muitíssimo sério. Em todo caso, vamos analisá-lo.

Muito bem. Cabe aqui uma pergunta: o que seria importante conhecer para se entender a estabilidade do pé? O quê?

Acredito que é indispensável que se tenha algum dos seguintes conhecimentos: Melhor. Preferentemente todos eles.

1. Ter firmeza no conceito do que é estabilidade.
2. Como o pé consegue manter-se estável.
3. Qual a qualidade, a capacidade e os recursos naturais do pé para se manter estável?
4. Quando o pé perde a sua estabilidade e se torna instável?
5. Que necessidade o pé tem de auxílio externo para se manter estável?
6. Qual o benefício da estabilidade oferecida por dispositivos e recursos externos ao pé?
7. Quais as consequências do uso desses recursos de "proteção" do pé?

Portanto, vamos tentar conhecer e aplicar esses conhecimentos ao pé.

E começando: **O QUE É ESTABILIDADE?**

Estabilidade é a capacidade que qualquer corpo tem de se manter firme, seguro, em determinada posição. E, o que é importante, isso tanto para corpo imóvel, como para corpo em movimento.

Então vamos passar e analisar a segunda necessidade, isto é, **COMO QUE O PÉ CONSEGUE SE MANTER ESTÁVEL.**

Para entender isso é importantíssimo que nos lembremos do que já vimos: as articulações são juntas biológicas. E, como qualquer junta, precisam ser estáveis. Mas a articulação com mais razão deve ser bem estável, pois, como já vimos, as superfícies dos ossos da articulação são revestidas pela cartilagem articular para que sejam bem lisas. Uma particularidade importante dessa cartilagem é que **ela é avascularizada**, ou seja, não tem sangue que chega ou sai dela. E ela depende para o seu metabolismo exclusivamente do líquido existente na cavidade da junta, isto é, da articulação. Por meio do movimento da junta, obviamente que o líquido dentro dela também se movimenta. E isso cria uma pressão que lubrifica as superfícies articulares e, portanto, as próprias cartilagens articulares. Quando houver instabilidade, há choque das cartilagens articulares entre si. Por não serem vascularizadas, essas cartilagens apresentam praticamente uma mínima capacidade de defesa. E, portanto, a repetição dos choques dessas cartilagens determina a sua destruição gradativa, ou seja, vão se desgastando e se destruindo. Isso é a famigerada artrose.

Muito bem. Por uma série de razões, a articulação precisa ser estável. Foi agora citada uma muito forte:

COMO SE FAZ ESTA ESTABILIDADE DA ARTICULAÇÃO?

Vimos que a articulação tem estabilizadores que estão presos e fixos diretamente nela e que **ligam** os ossos que aí estão. Por isso – por ligarem os ossos – essas estruturas são chamadas de **ligamentos**, os quais são os principais protetores das cartilagens articulares. Mas não os únicos. O trabalho de estabilidade articular realizado pelos ligamentos é **reforçado** pela força dos músculos que passam pela articulação. No entanto, esse trabalho de reforço para a estabilidade exercido pelos músculos se torna insuficiente em caso de perda do ligamento, ou seja, havendo ruptura ligamentar, o trabalho isolado dos músculos é insuficiente para manter a estabilidade da articulação. Ele só é eficiente e indispensável num trabalho conjunto com os ligamentos.

E agora estamos em condição de comentar a respeito da terceira necessidade para se conhecer a estabilidade do pé. É saber qual a capacidade e quais os recursos naturais do pé para se manter estável.

Pelo que vimos, fica fácil condicionar e adequar os recursos naturais do pé para a sua estabilidade. É ter ligamentos íntegros e bons músculos locais. Daí por que é indispensável se adotar um condicionamento físico apropriado para as estruturas da perna e do pé. E, como sabemos, não existe cultura para tal!

QUANDO O PÉ PERDE A SUA ESTABILIDADE E SE TORNA INSTÁVEL?

A quarta consideração para se compreender a estabilidade do pé praticamente já foi discutida, ou seja, quando o pé ou o tornozelo se torna instável, o que pode acontecer de desagradável? O mais grave é a perda de ligamento articular por ruptura. Porém, mesmo tendo ligamentos íntegros, a fraqueza dos músculos que reforçam as juntas do pé determina diminuição de sua segurança para sofrer entorses. Assim, também um pé com músculos fracos se torna fortíssimo candidato para sofrer entorse. Quanto maior o número de músculos fracos na região, pior é. Mas mesmo a existência isolada de algum músculo específico para uma articulação já pode possibilitar a ocorrência da entorse. Não que haja certeza. Não. Mas aumenta a probabilidade. E como!

A próxima consideração foi colocada pela imposição do mercado. Por favor, **QUE NECESSIDADE O PÉ TEM DE AUXÍLIO EXTERNO PARA SE MANTER ESTÁVEL?**

Ele tem alguma necessidade desse auxílio? Tem? Será que tem? Isso merece uma pequena análise. Quanto à necessidade de estabilizadores externos, considero inexistente essa dependência. Já quanto aos benefícios da estabilidade oferecida por dispositivos e recursos externos ao pé, vimos na colocação anterior que também são absolutamente desnecessários, pelo que não cabe discutir se podem trazer benefício, pois o mais importante é conhecermos os recursos do pé e do tornozelo e verificarmos que não têm a mínima necessidade de auxílio externo para se manterem estáveis.

Pelo que foi analisado no tópico anterior torna-se indispensável passar logo para comentar as **CONSEQUÊNCIAS DO USO DE ESTABILIZADORES EXTERNOS NA "PROTEÇÃO" DO PÉ.**

Bem, para entendê-las é indispensável que voltemos a considerar como o pé trabalha. E melhor ainda. O que ele precisa para exercer suas funções. Então, peço que acompanhem o raciocínio e as colocações. Depois de tudo que foi comentado em relação ao pé, ficou absolutamente claro que é indispensável que mantenha integral a sua capacidade de se movimentar. E, portanto, que não perca qualquer um dos seus movimentos intrínsecos que lhe são importantes para desempenhar a contento qualquer uma de suas funções, pois que toda a mobilidade intrínseca do pé é indispensável na realização do andar. Principalmente do caminhar, mas também na corrida. Pelo que vimos ao analisar como o corpo se comporta durante o andar, ficou claro que, quando um determinado segmento do corpo deixa de executar seu trabalho, isso repercute no todo, prejudicando quer a caminhada, quer a corrida, ou seja, devido à inter-relação, à harmonia e à interdependência de todos os segmentos do corpo no andar. Quando um deles não trabalha bem, haverá prejuízo do todo. Portanto, se o pé é bloqueado para realizar o seu trabalho, indiscutivelmente o andar fica prejudicado. E, pior ainda, no fim o próprio pé se prejudica e fica sujeito a sofrer danos. E como os sofre! E isso já comentei no Capítulo 7.

Então, no caso de ser retirada a mobilidade intrínseca do pé durante o andar, o que irá acontecer?

Várias coisas. Primeiro. A movimentação intrínseca do pé é fundamental para o andar. Se ela não existir no pé, deverá ser executada noutro local. Se não for, o andar ficará muitíssimo prejudicado. E essa movimentação irá acontecer no joelho. E como ele não está acostumado e não tem capacidade para executá-los, torna-se óbvio e lógico que fique condicionado e propenso a sofrer lesões. Isso é tão verdadeiro que o professor João Ellera Gomes[21] percebeu que a grande maioria das rupturas ligamentares do joelho que opera acontece em pessoas com pé cavo. E essa relação é certa e não provável, porque o pé cavo apresenta menor mobilidade intrínseca, o que já não acontece com o pé plano, habitualmente. Por essa mesma razão, percebe-se nos esportes que usam imobilização do pé para a sua prática que a articulação que mais sofre traumatismos é o joelho. Isso ocorre no esqui na neve, nos patins, no basquete e até no futebol, que rotineiramente utiliza o enfaixamento dos pés dos jogadores para diminuir a incidência de entorse do tornozelo.

Conclusão óbvia do visto. O MELHOR E MAIS PRUDENTE ESTABILIZADOR QUE SE DEVE USAR NO PÉ E NO TORNOZELO É TER LIGAMENTOS ÍNTEGROS E APRESENTAR BOA MUSCULATURA LOCAL.

Daí por que é indiscutivelmente recomendado ser indispensável se fazer bom condicionamento físico da perna e do pé para melhorar a sua estabilidade, como do tornozelo. É. É isso aí. Principalmente dando ênfase aos trabalhos de reforço muscular e da propriocepção. E, ainda, saber-se que o uso de estabilizador externo – seja qual for – para o pé e o tornozelo simplesmente deve ser proscrito. Não menos do que isso.

EQUILÍBRIO DO CORPO E DOS PÉS

O equilíbrio natural dos pés depende de vários fatores. Poderia agrupá-los em:

- Integridade ligamentar.
- Boa musculatura da perna e do pé.
- Boa mobilidade intrínseca do pé.
- Boa capacidade funcional do pé.
- Boa base de apoio dos pés.
- Bom controle articular, por meio do qual já contamos, isto é, pela propriocepção.

A primeira consideração indispensável para se conhecer e entender o equilíbrio natural é que o pé se encontre livre e tenha boa mobilidade intrínseca. Se a retirarmos por qualquer razão, determinamos prejuízo do equilíbrio do pé. Portanto, pé rígido por doença, por cirurgia de fixação articular (artrodese) ou por recursos aplicados nos calçados apresenta o seu equilíbrio prejudicado. Outro fator fortemente desencadeador de diminuição do equilíbrio do pé – como já comentei –, é a existência de músculos fracos.

Portanto, novamente se vê a importância de termos bons músculos nos pés.

E, como já vimos, é igualmente importante **existir boa propriocepção**.

O que é isso? É simples. Muito simples até. E todos sabem o que é. Só não a conheciam pelo nome. É o mesmo que acontece no conhecimento de uma cidade. Geralmente conhecemos a maioria das suas ruas. Sabemos circular por entre elas. Porém, pelo nome apenas dominamos algumas. Quem sabe 10% a 20%. No entanto, sabemos circular tranquilamente pela cidade! Então o que é a propriocepção? É a capacidade e a sensibilidade pelas quais conseguimos saber a posição, o movimento de cada segmento de nosso corpo, principalmente do esqueleto. Mais especificamente de nossas juntas, ou seja, é uma sensibilidade vital para o bem-estar de uma junta, articulação. Por isso, é muito trabalhada pelos educadores físicos e fisioterapeutas. Para a propriocepção ter essa capacidade existem sensores nas articulações, principalmente junto aos ligamentos. Eles são acionados em qualquer movimento de uma junta. Seja lá qual for. E qual é a consequência da perda ou diminuição da propriocepção? São várias. Bem, cito que tanto o equilíbrio, assim como a estabilidade articular ficam prejudicados. Por quê? Por ocorrer perda total do controle e da segurança dos movimentos das peças articulares, isto é, da junta. E isso as expõe a danos. Daí a necessidade de se ter boa propriocepção.

Bem, prefiro que pensemos nessas considerações, pois são básicas para o desenvolvimento do diálogo e da discussão sobre quando se pode caminhar. Que conclusões são possíveis se tirar do que foi comentado nessas últimas considerações? Pelo que vimos, o homem é ajeitado – e, até poderíamos dizer, "azeitado" em suas juntas –, preparando-o para andar, quer caminhando ou correndo.

É isso aí. Boa conclusão. Mas agora cabem algumas ilações, deduções. Por que estamos aqui, então, discutindo e analisando quando se pode caminhar? Não é um tanto paradoxal? Se o homem inicia andando em forma de corrida? Se todas as suas estruturas são criadas e preparadas para caminhar e correr? E o homem se tornou um sentadão, um sedentário? Por quê? Por que isso?

Tem uma conclusão lógica a que se chega com o entendimento do comentado. E com esses conhecimentos fica muito mais fácil identificar quando se pode caminhar ou correr.

É isso aí. Bem, vamos dar uma passada em algumas faixas etárias, fazendo a análise e as considerações em cada uma delas.

Agora atingimos um nível em que já se torna interessante indicar como está sendo considerado o pé atualmente. E é este o pé que realmente nos interessa. Preste atenção. Preste atenção. Lá vai...

O pé funcional. Ah... O pé funcional!

Veja bem, comecei a considerar o pé estático, ou seja, o pé tipo alicerce, que dominou o nosso conhecimento por muitos e muitos anos. E com todas as suas funestas consequências! A seguir, passei para o pé dinâmico, isto é, não mais é só o pé que suporta, mas o pé que se movimenta e anda. E, convenhamos, que progresso no conhecimento do pé! Que progresso! Contudo, agora quero que nos tornemos absolutamente mais exigentes. Por quê? E para quê? Simples, mas muito simples mesmo! É pura e simplesmente para a evolução dos conhecimentos e dos seus resultados! Ou seja, estou exigindo chegarmos ao **pé funcional**. A que ponto chegamos! Mas isso é absolutamente necessário. E tenho certeza de que irão concordar comigo. Então, qual a importância disso? Simples, muito simples. Quando comentei e considerei o pé, inclusive no que ele deva usar para trabalhar, vimos que é prerrogativa básica e fundamental que respeitemos e mantenhamos íntegras todas as suas condições para que possa executar adequadamente qualquer de seus trabalhos, ou seja, para exercer todas as suas funções. E, pelo que vimos, o de que mais o pé precisa para executar qualquer de seus trabalhos **é ter condições de se movimentar.** Isso é o mais indispensável para o seu bom desempenho. Retirar algum grau de movimento é prejudicar o seu trabalho, ou seja, alguma ou até várias de suas funções.

Daí por que por mais essa razão é indispensável haver bom condicionamento físico, com trabalho de reforço muscular, para que as articulações tenham boa estabilidade e muito boa movimentação. Mas, além disso, que consiga desempenhar suas funções, sejam quais forem.

Agora, não podemos nos esquecer de algo que participa de qualquer idade dos humanos: **a inatividade.** Por esse peso que ela tem em todas as idades, considero até indispensável que sejam feitas, inicialmente, algumas considerações a respeito. E gostaria de deixar bem clara uma grande marca da inatividade para o homem.

E novamente cito aqui Benno Nigg[38] pelo que disse a respeito. Vejam...

> **"O corpo humano não é construído para sentar numa cadeira de escritório por todo o longo dia."**

Segue...

> **"Para que a saúde normal seja mantida, os sistemas cardiorrespiratório e locomotor devem ser regularmente estimulados."**

E continua...

> **"Para muitas pessoas, a inatividade aumentada no local de trabalho – numa quase que condução subconsciente – tem resultado mais ativo durante seu tempo livre."**

Portanto...

> **A inatividade física é a maior inimiga de nosso corpo.**

É. É isso aí. A inatividade física é a maior inimiga de nosso corpo.

Todas as estruturas esqueléticas precisam de atividade. E tem mais. Muitas delas precisam de determinados estímulos, que se não ocorrerem provocam ou, no mínimo, tendem a provocar seriíssimos problemas, determinando entre outras coisas, encurtamentos – por exemplo, de músculos, de tendões, de ligamentos, das capas das juntas e dos músculos. Essas estruturas apresentam em sua constituição um elemento – que em realidade é uma fibra – muitíssimo importante e indispensável para o adequado funcionamento de todas elas. É a **fibra colágena do tipo 1.** Essa fibra tem duas características muito importantes. Primeira: ela se agrupa em feixes, estando todos, mas todos mesmo, dispostos helicoidalmente, **mas paralelos entre si**. Segunda: é indispensável para sua formação e estruturação que seja constantemente estimulada por estímulos tensionais, isto é, que seja puxada, tracionada. Se isso não ocorrer – mesmo em tempo pequeno –, elas se desorganizam, perdem seu paralelismo e se entrecruzam. Consequência disso? Simplesmente determina aderências, provocando encurtamento das estruturas que a possuem – músculos, tendões, ligamentos, cápsulas das juntas.

Essa é a causa do famoso "enferrujamento" quando deixamos de fazer exercícios.

Com isso, somado à perda de massa muscular, assim como da sua fraqueza, com pouca força dos músculos e das péssimas condições gerais – cardíaca, vascular, metabólica, neurológica e outras –, é lógico que a pessoa não poderá fazer exercícios ou atividades que puxem muito. Por outro lado, não se deve deixar a pessoa naquele afastamento, naquele ostracismo físico e psicoemocional. Daí por que se deve dosar adequadamente, estimular um trabalho físico compatível e necessário.

Portanto, nessas condições deficientes, até prova em contrário, ela não poderá praticar corrida esportiva, que tem grande solicitação física. Se o fizer, estará sujeita a danos físicos.

E, infelizmente, isso acontece com a grande maioria das pessoas. Pior ainda, em qualquer idade. Mas principalmente os mais idosos. Esses, dependendo do grau de inatividade, tornam-se muito deficientes e impossibilitados de realizar qualquer trabalho físico que envolva atividades esportivas mais pesadas. Contudo, como veremos, podem perfeitamente fazer algum trabalho, ou, melhor, devem. Veremos.

Vamos pegar exemplos muito marcantes que ocorreram agora há pouco.

É comum vermos pessoas despreparadas fisicamente praticarem esporte competitivo sem ter a mínima condição. E comumente há tendência a ocorrerem um verdadeiro quebra-quebra ou outras lesões. Que coisa! Daí por que apresento um lembrete...

"Comigo isso nunca vai acontecer. Só acontece com os outros."

Esse exemplo foi muito pertinente, pois é muito marcante e alertador.

E assim como ocorreu problema agudo traumático com os nossos governantes, constatamos uma série de outros no nosso dia a dia no atendimento de "esportistas", principalmente os "ocasionais".

Assim, quando trabalhei no Hospital de Pronto-Socorro de Porto Alegre, constatei muitos casos graves, inclusive com morte, em praticantes de atividade física ocasional. Razão fundamental disso? Indiscutivelmente que por péssimo preparo físico ou por trabalho exagerado e forçado para as condições físicas.

E sabemos que existem dois fatores muito fortes que determinam essa precipitação.

Um deles é a ideia que todos temos: "Comigo isso nunca vai acontecer." "Só acontece com os outros."

E como isso é pensado como verdadeiro!

O outro fator são o orgulho e a vaidade próprios, que habitualmente são muito fortes em nós. Isso ocorre não só entre os principiantes e os despreparados. Negativo. Isso é visível em qualquer nível de preparo e formação, tanto que relembro o médico que corre há 29 anos. É também corredor de maratonas. O problema que me trouxe agora indiscutivelmente foi devido em grande parte ao orgulho e à vaidade.

E devo reforçar que isso induz que não paremos, não desistamos, mesmo se identificarmos "avisos" de que estamos correndo perigo.

E o nosso corpo não tem nada de bobalhão!

Por favor, atenção com a chamada a seguir e lembre-se sempre dela. Portanto...

O nosso corpo avisa quando não está bem ou quando está prestes a sofrer algum dano.

Portanto, o nosso corpo está sempre alerta.

Ele é muito "vivo" e "inteligente", tanto que, quando percebe que está sendo muito solicitado e que suas condições estão se tornando inadequadas, imediatamente nos avisa, quer de maneira espalhafatosa ou não. A mais espalhafatosa e que mais marca é a dor, e todos nós a respeitamos muito.

Mas nos avisa ainda pela diminuição da força.

Pela diminuição e lentidão dos movimentos.

Pelo cansaço.

Pela câimbra.

Pelo inchume, inchaço.

Pela contratura muscular.

E por outros meios.

E eu costumo dizer que, além disso, o corpo não é nada masoquista. Muito pelo contrário!

Daí os avisos.

Contudo...

Temos que ser suficientemente inteligentes para perceber o aviso do corpo. Só? Não! E sermos humildes para entender a mensagem e respeitá-la, deixando de agredi-lo.

Eis, pois, aí um elemento muitíssimo importante para decidir quando uma pessoa pode ou não praticar atividade física. E, no caso que estamos focando agora, correr ou caminhar. Como já foi abordado, devemos ser humildes para aceitar as recomendações e as solicitações feitas pelo corpo. Pra mim esse é indiscutivelmente um dos principais fatores definidores do quando e do quanto caminhar e correr. Ninguém, mas ninguém mesmo, pode relegar o aviso que o seu corpo fizer.

Mas aí é que está um ponto crucial, ou seja, caracterizado e identificado algum aviso do corpo quanto à iminência de risco de problema ou que já está chegando, cabe então uma orientação básica:

1. Só em caso de rebeldia do aviso é que se deve evitar qualquer atividade de risco. Inclusive qualquer caminhada.
2. Se o aviso é leve e foi definido qual o momento que aparece ou tende a aparecer, aí a conduta é outra.
3. Nesse caso não cabe o abandono total da atividade. Aí se deve seguir a seguinte orientação:

Até quase, mas sem chegar lá.

É isso aí. Até quase, mas sem chegar lá, ou seja, pratique a atividade até quase a ponto de querer iniciar o aviso do corpo. Mas jamais deixe chegar o aviso crítico, pois que assim se tem boa margem de segurança.

Após a lesão, o cuidado deve ser redobrado.

Cuidado, muito cuidado! Após ter sofrido uma lesão siga as seguintes orientações:

1. Corrigi-la adequadamente.
2. Após a lesão, o cuidado deve ser redobrado e só retornar quando se capacitar adequadamente.
3. Nunca volte se não recuperou 90% do estado físico geral.

4. Mas, principalmente, se não recuperou em praticamente toda a sua totalidade os problemas secundários que surgem com uma lesão qualquer.

Comumente ao sofrerem uma lesão qualquer, as pessoas se preocupam exclusivamente com a lesão em si. Isso é uma grave falha, pois que o estado dela seria básica e fundamentalmente para definir quando se está curado ou não. Porém, na realidade não é só a lesão em si a definidora. Muito pelo contrário. Na grande maioria das vezes, ela está bem, porém o lesionado ainda não. E ele volta à prática física e se lesiona novamente. E é comentado: **"Como este cara é fraco e se lesiona a toda hora."** Mas não é isso. É que após qualquer lesão ocorre prejuízo funcional imediato. E esse prejuízo é causado basicamente pela inatividade, que provoca vários problemas, principalmente:

- Fraqueza e atrofia muscular.
- Retardo do trabalho muscular, que fica muito lento ao responder qualquer solicitação de trabalho.
- Diminuição da flexibilidade, com juntas e músculos tendo seus movimentos encurtados.
- E outras razões. Muitas outras. Não podemos deixar de nos preocupar com o condicionamento cardiorrespiratório e o geral.
- Portanto, cuidado. Na grande maioria das vezes, os problemas que determinam "recidivas" da lesão ou outro qualquer é a não recuperação das complicações indiretas funcionais.

E, por favor, atenção. As alterações secundárias, que habitualmente aparecem com qualquer lesão, não devem apresentar nenhum déficit funcional.

Pois só assim poderá retornar sem medo de prolongar o tempo da parada.

Com isso, agora sim temos condições de fazer alguma consideração extra sobre os dois grupos etários que podem ser mais críticos. São eles:

- O período dos jovens (crianças e adolescentes).
- O período do idoso.

A ATIVIDADE FÍSICA É INERENTE AO PERÍODO DO JOVEM (CRIANÇAS E ADOLESCENTES)

Vejamos a faixa etária das crianças. É a do período quando deveriam ser mais ativas fisicamente. E o que se nota? Claro, existem algumas que são ativas, muito ligadas. Mas o que tem de crianças acomodadas! É triste, muito triste. Mas é isso aí.

Por que isso ocorre? Aí está a complexidade a que me referi no início. Eu penso e muito nisso. O que mais me vem à cabeça é a situação socioeconômico-familiar. O casal trabalha. A mãe fica pouco em casa.

E o pior é que, se o jovem perde o hábito da prática da atividade física e desenvolve o do sedentarismo, ele terá muita dificuldade de voltar à situação inicial.

Aí cabe outra pergunta: onde se deve agir para mudar esse estado de inatividade física?

É, mas então serve de alerta para se fazer um trabalho em nível estrutural e governamental.

Tem-se que tirar o medo dos pais e oferecer-lhes condições para liberar – claro, de maneira controlada – seus filhos. Não vemos outro jeito. É isso aí. Esse é o caminho. Contudo, que droga esse momento em que vivemos em nosso país onde não se tem a mínima segurança social! Que droga!

Agora estamos encontrando o principal nó que verificamos na orientação e na educação da atividade física, inclusive a caminhada e a corrida.

Pois essas crianças ao crescerem não terão o hábito da atividade física.

Consequentemente, como já vimos pelo ensinamento de Hipócrates, as estruturas que não trabalham moderadamente não se desenvolverão a contento.

Assim, os músculos, os ossos, as juntas, os tendões, os ligamentos, o coração, os vasos sanguíneos, os pulmões e todas as estruturas orgânicas tornam-se frágeis e impotentes para a atividade física mais puxada.

O PERÍODO DO IDOSO

As pessoas devem viver o momento em que estão.

O corpo envelhece, muda com o tempo. Suas estruturas também mudam.

Mas acredito que não podemos parar aí, visto que tem outra consideração que, apesar de ser conhecida pelas pessoas, elas não a respeitam na prática.

> **É que o nosso corpo vai mudando com o tempo. Na realidade, vai é envelhecendo.**

E pasmem! Sabem quando começa o envelhecimento?

Já lá logo após a concepção, ou seja, na união do espermatozoide com o óvulo.

A todo o momento nascem infinidades de células de nossa pele. E morre outro tanto.

O que é o cascão que aparece na pele após certo tempo sem banho? É o ajuntamento de células mortas com a gordura.

E com a idade as estruturas vão mudando.

Elas perdem elasticidade.

Não que a pessoa idosa não tenha condições de ter boa flexibilidade articular. Nada disso. Ela pode fazer belos trabalhos de alongamento e de reforço muscular.

É, as pessoas devem saber viver o seu momento, respeitando suas condições.

Ou seja, aos 40 anos temos que viver esse momento e não querer levar a vida dos 20 anos. Aos 60 anos ocorre é a mesma coisa.

Desastres tendem a ocorrer quando se vive momento diferente do que estamos.

A pessoa deve respeitar as condições que o corpo apresenta.

Existem outras situações.

O OBESO

Vamos pegar o exemplo do obeso, principalmente quando muito.

Como já comentamos, é óbvio que ele está proibido de pensar em correr. Isso seria um absurdo e um abuso.

Pois sabemos que a força de movimentação de um corpo é igual à multiplicação de sua massa corporal pela velocidade. E, portanto, para o corpo em queda, o seu peso é o resultado da multiplicação de sua massa pela aceleração da gravidade.

Porém...

Em caminhada normal praticamente todos podem participar, quase sem problema.

Mas na corrida, sim, é muito problemático.

Portanto, gordinho mal condicionado correndo só causa incômodo. Caminhar, sim, pode e deve sempre. Porém, respeitando suas condições.

Para concluir, é indispensável alertar que se a pessoa apresenta algum problema que lhe diminua a capacidade de caminhar deve esperar, se preparar melhor – se for o caso – e só então tentar.

Porém, existe uma dica boa. Preste atenção.

Se a pessoa caminha nas atividades do dia a dia e não sente nada, então ela pode aproveitar muito bem isso, ou seja, ela não só se organiza, como também a sua caminhada. Reúna essa quantidade de caminhada do dia a dia em um momento. Além disso, mantenha o jeito e a velocidade. Portanto, mantenha as condições habituais. Assim, se ela caminha habitualmente 300 metros apenas, tudo bem. Caminhe só isso.

Repete o mesmo por alguns dias. Lá pelas tantas percebe que isso já se torna fácil para ela. Nesse momento está habilitada para aumentar 10% a mais o seu percurso. E lá vai ela. Porém, muito cuidado. O que se percebe no dia a dia é que quando a pessoa nota que melhorou não se contenta em ir aumentando aos poucos. E ela se considera apta e força a barra, exagerando na quantidade da atividade física. E aí surgem os problemas que podem até ser muito graves. Portanto – mais uma vez – atenção, muita atenção: respeite seu corpo e as reclamações dele. Seja inteligente e, principalmente, humilde em perceber os avisos do corpo e os respeite. Só assim irá se dar bem.

Por tudo falado e comentado, somos obrigados a dizer que qualquer pessoa está apta a praticar atividades físicas, principalmente caminhada. Pelo menos até prova em contrário. E digo mais, na realidade não é poder realizá-la. Não. Não é. E, sim, deve. E deve. Na pior das hipóteses, como vimos, caminhe o comum do dia a dia. Pois, se essa caminhada habitual não causa problema, então a adote e a organize. E depois vá aumentando pouco a pouco. Dessa maneira não deverá surgir problema.

E, mais, é indispensável que orientemos as pessoas em todas as idades para que pratiquem a atividade física.

Na idade jovem, porque é a marcante e definidora do que irá acontecer no resto da vida.

Os enquadrados entre os idosos, porque a inatividade vai corroendo o seu corpo e a sua psicoemocionalidade, vão enfraquecendo o seu coração, igualmente os seus ossos, as suas juntas, os seus músculos e todas as demais estruturas de seu corpo.

Pelas considerações sobre a análise de **Quando se pode caminhar ou correr,** evidenciamos algumas dicas:

- A inatividade física é o pior inimigo de nosso corpo e de nossa mente.
- Na atividade física o homem tem que saber viver o seu momento.
- A pessoa deve caminhar ou correr dentro de seus limites.
- É fundamental que saiba controlar o orgulho e a autoestima.
- O ativista físico tem que aprender a respeitar os avisos do seu corpo.
- A sobrecarga de peso pode produzir grande carga quando se usa velocidade.
- Se tiver algum problema que o impossibilite à prática da atividade física, deve resolvê-lo primeiro.

Onde Caminhar

Ah... Onde se caminha? Onde?

É impressionante como muitas pessoas apresentam dúvidas e incertezas quanto a isso. Onde posso e devo caminhar? Questionam-se, portanto, a si próprias, mas igualmente aos outros. Onde posso caminhar, correr? Onde?

E daí? Onde? Não consigo entender o porquê dessas dúvidas e até ansiedades. Mas existem e são muito frequentes.

Pois é, onde? Bem, os enfoques são múltiplos, como veremos. Existem elementos decisórios materiais e outros, muitos outros. Mas considero fundamental que na origem sejamos simples. E é o que vou ser, ou seja, irei simplificar, pois são múltiplas as possibilidades e, portanto, as escolhas.

Porém, existe um fator que é disparadamente o mais forte de todos. E pra mim, na realidade e na prática, é o determinante. Qual é? Simplesmente o desejo, o gosto e a preferência de cada um. Pois é fundamental que cada um se integre e viva o que faz. Assim, ele deve se integrar e viver a caminhada ou a corrida que está praticando. E para tanto tem que gostar de tudo o que está envolvido com essas atividades. Daí por que, em tese, considero como elemento decisório na escolha do local onde praticar atividade o lugar que permita a integração total entre ele e o praticante. Portanto, o praticante tem que sentir o prazer e demonstrar a sua preferência. Em caso contrário, indiscutivelmente haverá grande possibilidade de ocorrer desarmonia entre o praticante e a sua atividade. E com a desarmonia é fácil ocorrer o desprazer. E com esse acontecerá o desinteresse. O abandono. E o que queremos? Queremos aumentar mais e mais o número de participantes integrados no grupo dos caminhadores e dos corredores.

Esse fator é importantíssimo, porém existe uma série de outros que influem no resultado final da caminhada ou da corrida. Daí por que devemos considerá-los e pesá-los.

Eu gostaria de iniciar considerando a relação entre o caminhador e a caminhada. E desde já deixo registrado que as influências da caminhada sobre o caminhador são muito grandes e marcantes. Positivas e negativas.

Mas não é só isso. O local da prática é também intensamente marcante e decisório. E as características do local são decisórias na definição do jeito de andar. Com isso se conclui que o local do andar é definitivamente um dos elementos que mais influem no estilo e na qualidade do andar.

Porém, deve-se reenfatizar que o local do andar depende principalmente do próprio caminhador. E que o caminhador deve escolher e gostar dele.

ESCOLHA DO LOCAL PARA CAMINHAR

São múltiplas as inter-relações entre o ambiente em que se anda e o jeito, a maneira e a expressão do andar.

Conforme o porte do ambiente e do prazer esteja nele integrado, o "caminhador" se apresenta com o corpo mais relaxado ou mais contraído.

Mais ou menos inclinado.

Ergue mais ou menos os pés.

Aumenta ou diminui o comprimento dos passos.

Apresenta-se com maior ou menor flexibilidade.

E assim por diante.

Portanto, a influência do local para caminhar sobre o estilo é muito grande.

Daí a necessidade de se fazerem algumas análises sobre o ambiente.

Essa noção da inter-relação entre a expressão do estilo de andar e o local onde se anda ainda não é muito considerada.

Ainda mais que a grande maioria dos locais destinados ao andar esportivo está em condições precárias. Inclusive pistas de clubes especializados e, pior ainda, algumas pistas de escolas de educação física deixam muito a desejar. Mas não é só isso, pois, além de poderem prejudicar a qualidade do andar, podem também ser causas de danos agudos ou crônicos.

Portanto, o piso inadequado é um fator facilitador, condicionador e propiciador para a ocorrência dos traumatismos. Daí por que se impõe que se faça uma cruzada para a divulgação e a conscientização dessa má interrelação! Pois acredito que essa deva ser a única maneira de conseguir sucesso e compreensão. E gostaria de criticar e correlacionar essa falta de cultura e cuidado com o bom estado dos pisos esportivos, como sendo uma das causas da falta de prazer e motivação em praticar atividades físicas. Esse problema é muito delicado. E se a vontade e a motivação da prática do esporte forem fragilizadas, obviamente que um obstáculo desse porte pode minar e destruí-la definitivamente com muita facilidade, afastando – até definitivamente – o seu candidato a praticante.

Qualidade da pista

Portanto, devemos ter preocupação com a qualidade da pista. Se boa, facilita a maneira e o jeito do andar. Se ruim, dificulta. Obviamente que no mesmo nível está o seu grau de integridade.

Dureza do piso

A grande ou, melhor, a maior preocupação do caminhador habitualmente é quanto à intensidade do impacto da batida do pé no piso.

Isso já vimos e enfatizamos. Porém, na prática, é realmente válido? Ou seja, é a causa mais comum e mais grave na origem de problema para o caminhador? E até para o corredor?

Será que é?

É o que vamos ver.

Atenção. Se o piso é macio, determina menor impacto. Se duro, torna-o maior. E isso é mecanicamente certo. E lembro que no Capítulo 9 já comentamos sobre a pressão do pé no piso, o que acontece e como o pé está preparado para esse trabalho. Inclusive discutimos a biomecânica da carga no apoio do pé durante o caminhar. Porém, é necessário que se façam alguns outros comentários fundamentais a respeito da relação entre o andar, o piso e o impacto. Vamos fazer uma análise basicamente do impacto na caminhada e que serve inclusive para a corrida não veloz. Não serve para a corrida veloz porque sua biomecânica é totalmente diferente.

BIOMECÂNICA DO CICLO DO CAMINHAR: O IMPACTO

Primeira pergunta: quando ocorre impacto durante o andar? No toque do calcanhar no piso? No toque do mediopé? No toque da ponta do pé? Ou seja, qualquer toque do pé no piso seria um impacto? Seria?

Aqui se impõe que se faça uma leve análise da biomecânica do ciclo do caminhar. E, portanto, em primeiro lugar, vamos ter uma pequena idéia do ciclo do caminhar.

Então vamos lá.

Quando caminhamos, um dos pés se posiciona atrás e o outro à frente (ver Fig. 7-1). Os Ducroquet[8] foram sensacionais no estudo e na descrição da biomecânica do caminhar e, consequentemente, do seu ciclo. E eles valorizam o início do ciclo com o pé que está atrás, isto é, o pé posterior, ou seja, o pé que está atrás seria o mais decisório na determinação do caminhar.

Por que, hem?

Simples, muito simples. Como a força impulsionadora ocorre nele para tentar jogar o corpo para a frente, obviamente que esse é o pé iniciante, o empurrador e lançador, também chamado de pé impulsionador, ou seja, ele impulsiona o corpo para a frente. Mas não só isso. Essa impulsão também influi no outro membro inferior, pois igualmente o joga para a frente, ou seja, sendo o pé posterior o impulsionador, então ele tem um papel importantíssimo, visto que é a força trabalhada nele que joga, impulsiona o corpo para a frente. Para que isso aconteça, ele tem que fazer força e empurrar o piso para trás. E, portanto, nunca teremos impacto do pé posterior no piso, no sentido de batida, de colisão. Teremos, isso sim, uma força de impulsão que empurra o piso e obviamente que gera nele uma resposta de força igual e contrária. Porém, isso não é impacto – na acepção do seu sentido habitualmente pensado. E essa força tende até a ser mais potente do que a força de impacto. Contudo, temos que nos lembrar do que me afirmou a arquiteta Vanda Buffon quando disse que impacto é toda e qualquer força de compressão entre um corpo e uma superfície.

Nesse sentido, claro que a impulsão é também uma força de impacto, mesmo que não ocorra com batida. Porém, não podemos nos esquecer de que a ponta do pé vai parte a parte encostando, tocando e, portanto, produzindo uma força de compressão. E, segundo Vanda Buffon, qualquer força de compressão é impacto. Daí por que nesse sentido temos que dizer que o antepé também sofre impacto. Esse é o primeiro conhecimento e a primeira compreensão necessários para o entendimento. Porém, logo, logo, vem mais. E que bomba!

Pelo que vimos, na relação do antepé com o piso trabalham intensamente duas forças. Uma, a vertical, correspondente ao peso corporal, e a outra, a da impulsão do corpo. Porém, vimos que o corpo no caminhar não joga o antepé contra o piso. Nada disso. Porém, lá pelas tantas o calcanhar se ergue e se afasta do piso e deixa só o antepé apoiado. E para a impulsão, os dedos dobram para cima, isto é, fazem a extensão. E, como vimos, isso tensiona a placa plantar. E com isso ela pode sofrer.

Já o pé anterior, por ser lançado para a frente, primeiro balança no ar e depois vai bater, chocar-se no piso. Por uma série de razões ele precisa diminuir a sua velocidade. Portanto, desacelera, se trava e só então bate, "se impacta" no piso.

Pois é, depois disso, os dois pés ficam por um pequeno tempo apoiados no piso. E após isso vão trocar de posição. O pé que estava atrás passa para a frente e o da frente fica atrás. Vimos que o pé posterior é o impulsionador. E o pé anterior nunca é o impulsionador. É importante que se domine a ideia de que o pé anterior antes de sê-lo veio de trás para a frente pelo ar, ou seja, esteve suspenso no ar. E ele foi impulsionado. E poderíamos ter uma ideia de que seria jogado solto, livre e descontroladamente para a frente. Contudo, isso não é verdade. Pois não ocorre assim. Visto que, ainda balançando, logo após passar sobre o outro pé – que está apoiado –, ele começa a se desacelerar e se travar, ou seja, o pé no ar se desacelera sozinho! Que delírio!

Portanto, esse pé suspenso que está se deslocando para a frente a caminho do piso onde vai bater não está indo ao deus-dará, de maneira descontrolada, de qualquer jeito. Nada disso, ou seja, ele não é jogado do ar direto ao piso. Não. Ele é lançado de maneira controlada, dirigida. Contudo, é igualmente óbvio que, quanto mais potente for a força impulsionadora, mais forte será a batida do pé impulsionado no piso. E não esquecer que como esse pé foi lançado, impulsionado para a frente, é óbvio que precisa existir algum mecanismo de travamento por duas razões. Tanto para que o corpo não seja lançado excessivamente longe, assim como para que diminua a força do seu impacto no piso. Sendo assim, como o pé posterior foi chamado de pé impulsionador, o anterior é chamado de travador. Mas ele também é chamado de receptor ou do toque.

Na caminhada, a parte do pé que vai primeiro tocar o piso normalmente é o calcanhar, ou seja, esse é o pé do toque. Portanto, o calcanhar seria a estrutura impactante no piso. Depois vai abaixar-se a ponta do pé que igualmente tocará também no piso. O último toque que o pé anterior tem no piso é o do antepé. Melhor, do metatarso em seu primeiro apoio. E geralmente em condições normais é a sua parte lateral, de fora (o 5º metatarsiano), a que primeiro toca o piso. Mas esse toque tem uma brutal diferença do toque do calcanhar, pois ele é chocado no piso vindo do alto. Já o metatarso, não. Pode ser com força. Porém, toca o piso com suavidade, pois é colocado e não jogado. E essa é uma grande diferença. E comumente o toque metatarsiano vai se revezando em sequência, começando com o 5º, depois o 4º, seguindo o 3º, então o 2º e terminando no 1º metatarsiano, para sair com o hálux. Porém, essa pressão sequencial do antepé ocorre depois que esse pé seja ultrapassado pelo outro e se torna, portanto, posterior, passando a ter comportamento impulsionador e não mais de choque.

Portanto...

O impacto por choque de risco do pé no piso durante o andar normal só se dá por meio do calcanhar. E só dele.

Apesar dessa afirmativa e indo contra todas as colocações e divulgações quase que diárias, não tenho atendido problemas em razão de impacto do calcanhar! É verdade. Não tenho visto o impacto do calcanhar causar problema clínico! Claro, isso está se confrontando com muitas colocações tremendamente exploradas pela grande maioria das pessoas que vivem essa área. Quer diretamente, ou seja, atletas e professores de corrida e de caminhada, mas principalmente os que trabalham com calçados.

Eu tenho pensado muitíssimo nisso. Claro, às vezes até me deixa intranquilo. E me levou a estudar, me aprofundar, pesquisar e pensar muitíssimo, que até me deu mais confiança e certeza da necessidade de esclarecer o problema. E nesse momento, quando estou sendo mais direto nas colocações – já vinha fazendo uma ou outra referência em pinceladas –, passei a me sentir mais aliviado, me deu mais emoção e mais tesão. É impressionante o quanto está mexendo comigo e me deixando satisfeito.

Mas continuando. Contudo, isso ainda é insuficiente. Necessitamos de mais esclarecimentos sobre a relação biomecânica entre o pé, o corpo e o piso durante o andar. Principalmente para esclarecer melhor o significado, o efeito e a consequência do impacto do pé no piso. Finalmente, saber e entender o que na realidade pode e acontece na relação direta do contato entre o pé e o piso. E, como já vimos, são vários os elementos que estão inter-relacionados e somados contra o impacto. Porém, tem um pensamento e esclarecimento que se destaca – e como! – na relação natural entre o pé e o seu contato com o piso. Preste atenção e pense. Pois vou repeti-lo. Já o apresentamos no Capítulo 9. O que coloco agora foi dito por Sylvia Resch[42].

"O homem, até hoje, ainda não pensou, não criou e não construiu algo melhor contra o impacto do pé no piso do que o trabalho realizado pela gordura plantar. E, tranquilamente, isso nunca irá acontecer."

Que revolução na compreensão desse problema aparentemente complicado!

Isso explica parcialmente por que considero insuficiente só o conhecimento que antes eu havia comentado, ou seja, quando foi lançada a pergunta se é válida e real a preocupação de que o impacto do pé no piso seja o maior ou um dos grandes problemas do caminhador. Com essa abordagem da Sylvia Resch, claro que se tornou insuficiente. Mas, por favor, não só por ela. Não, pois um pouco antes vimos que o impacto em caminhada normal ocorre apenas no calcanhar e não na ponta do pé, uma vez nesse se dá a pressão por impulsão. Daí que se impõe fazer uma análise complementar a respeito. E a análise que se impunha não é nada mais, nada menos do que:

O nosso corpo, melhor ainda, e os nossos pés estão magistralmente condicionados e preparados para a absorção do impacto contra o piso.

Nesse momento cabem algumas considerações complementares, inclusive pelo fato de que existem colegas ortopedistas que reputam o tênis como o baluarte na proteção e na defesa contra o impacto. Arrolam, como reforço do raciocínio, as fraturas por estresse. Isso aconteceu há 5 anos – 21 de outubro de 2005 –, quando um amigo meu, colega paulista, professor e ortopedista, especialista em pé, de altíssimo nível, informou num dos programas *Globo Repórter* a respeito de "tênis falsificado". Alegou que isso ocorreria porque esses tênis não têm a mínima condição para a proteção dos pés. Não cabe aqui a discussão de que eles têm ou não. Claro que não apresentam a "formatação", a estrutura e os requisitos dos produzidos pela indústria normal e especializada. Até fui entrevistado por uma jornalista antes de o programa ser apresentado e ela me trouxe um tênis falsificado para que eu o analisasse. E vi que não apresentava os recursos que os legítimos têm. Ele era relativamente simples.

Porém, nesse momento penso que seria útil repetir e reforçar o que já foi comentado no Capítulo 7 a respeito do calçado e do trabalho do pé. Pois é. Realmente o que me interessa não é discutir se o tênis é capaz ou não de proteger o pé contra os riscos que ele pode correr. É evidente que o trabalho específico que os tênis qualificados apresentam contra o impacto é excelente. Isso, sem dúvida. E foi também abordado no Capítulo 7. Lá foi mencionado que o trabalho contra o impacto é um *plus*. Porém, na realidade, o pé normal não precisa dele. Nada contra usá-lo, mas não é necessário. Portanto, o que temos que conhecer e entender é quando o pé precisa dessa proteção externa. Sempre? Negativo. Só certos pés com problemas. Por que isso? Porque o pé não é um deficiente como se propaga.

Mas não esquecer ainda o seguinte. É que habitualmente um tênis de nível "bom" não apresenta apenas recursos anti-impacto. Não. Ele tem outras particularidades que a indústria considera indispensáveis. Assim, ele vem com o solado duro para "estabilizar" o pé. E, ainda, há outros recursos. Porém, em relação a tudo isso já externei a minha opinião no Capítulo 7. Portanto, cuidado. Melhor, muito cuidado! Vamos primeiro perguntar ao pé se ele concorda com tudo isso. E ele nos responderá imediatamente que não é um incapaz e que devemos respeitá-lo!

O primeiro desses elementos naturais eficientes contra o impacto é esse maravilhoso e impressionante sistema de amortecedores hidráulicos existente na gordura plantar que foi elogiado por Sylvia Resch[42] (ver Fig. 10-3). Mas ele é assim tão suficiente principalmente no calcanhar. Por que seria isso? Simples. Muito simples. É que esses amortecedores hidráulicos não são grandes. Muito pelo contrário, são pequenos. E o pior, sua superfície de apoio é relativamente diminuta. Para o osso do calcanhar, tudo bem. Pois o seu osso, o calcâneo, até tem superfície de apoio plantar maior do que a dos amortecedores. E como esses não trabalham individualmente, mas em conjunto, obviamente que o calcanhar fica sempre apoiado sobre eles. Porém, os ossos da ponta do pé que se apoiam sobre esses amortecedores hidráulicos apresentam superfície plantar muito pequena, de tal maneira que podem se apoiar sobre mais de um amortecedor por ponto. E o que pode acontecer então? Simplesmente quando esses ossos do antepé são muito projetados, deslocados para a sola do pé, eles tendem a escorregar de cima dos amortecedores e a se insinuarem entre eles. Qual é o resultado disso? Simples. Esses ossos da ponta do pé vão se apoiar direto em cima da pele plantar. E essa é uma das razões pelas quais essa pele se engrossa, chegando a ponto de fazer os famosos calos na planta do pé. E esse é um recurso igualmente protetor. Tanto que costumo dizer que a pele da planta do pé está para o pé, assim como a da palma da mão está para a mão. Aqui temos a pele da palma da mão do trabalhador *braçal* e lá temos a pele da planta do pé do trabalhador *pesal*, ou seja, as duas expressam o grau, a intensidade e o porte do seu trabalho. Quanto mais trabalham, mais grossa a sua pele fica. E, portanto, a pele grossa não é uma intrusa, uma inimiga. Nada disso. Ela é um meio de reforçar a defesa. Daí que são discutíveis a necessidade e o benefício reais da raspagem da pele plantar grossa e até dos calos. Acredito que isso só tem efeito estético e nada mais. Tanto que eles voltam. Daí que o importante é avaliar adequadamente e corrigir o fator provocador dessa situação.

É. É de pensar. Pois, em caso contrário, se deveria fazer o mesmo na palma da mão dos trabalhadores braçais, que apresentam muitos calos. Mas isso não é feito. Pois é até um símbolo de como a mão trabalha.

Não estou dizendo com isso que nunca falo para diminuir o calo plantar. Não. Isso não afirmei e não afirmo. Pois há situações em que o calo plantar pode ser inimigo. É o caso, por exemplo, do pé diabético insensível. A existência de calo nesses pés determina aumento de pressão local, o que pode ser motivo de propiciar o surgimento de ferida da pele, produzindo o que é chamado de úlcera plantar, que pode ser simplesmente catastrófica.

Outra consideração importante ocorre no calcanhar. Quando ele toca o piso, vai pressioná-lo. E, como sabemos, o piso vai responder com uma força igual e contrária, isto é, está de acordo com a terceira lei de Newton. Bem, mas é impressionante o que acontece e como o corpo vai responder a essa resposta do piso, pois o corpo não responde imediatamente. Não, não o faz de imediato. Muito pelo contrário, pois que a resposta do corpo tem que ser elaborada. E o que acontece? Simplesmente a resposta do piso tem que ser recebida pelo sistema nervoso central para identificá-la e então elaborar uma resposta à altura. Aí ele vai responder. E, como vimos no Capítulo 9, o toque – isso é, o impacto – do calcanhar no piso é reconhecido e registrado muito antes de ocorrer o tempo de ocorrência da força da pressão do toque do calcanhar mais forte. Sendo assim, a conscientização do registro da batida do pé no piso e do mecanismo de proteção já está preparada para enfrentar o impacto! É isso aí! Mas, felizmente, o primeiro toque – ou, melhor, choque – do calcanhar no piso é de relativa pequena força, visto que já ocorreu uma desaceleração do seu movimento quando o pé, suspenso, estava se deslocando. E, portanto, esse impacto inicial do calcanhar no piso não é um caos, mesmo pegando o pé aparentemente indefeso, pois já nesse momento os coxins gordurosos – os amortecedores hidráulicos – podem atuar naturalmente, como atuam.

Portanto, que conclusão poderemos tirar disso? Muito simples. O corpo e os nossos pés não são e não estão desprotegidos naturalmente contra o impacto forte. Nada disso. Na realidade, estão até muito protegidos.

É isso aí. E essa é a explicação para entender o porquê de no atendimento clínico que faço de caminhadores com problemas, o causado por impacto do calcanhar é responsável por um número muitíssimo pequeno, ou melhor, é raríssimo. Pasmem, mas é a pura verdade!

Vou até novamente plagiar Boris Casoi: "Isto é incrível!" Então...

> **Na prática clínica de atendimento a caminhadores com problemas oriundos em caminhada é raríssimo o causado pelo impacto do calcanhar.**

Essa é uma conclusão surgida com o atendimento de um cada vez maior número de caminhadores e corredores com problemas.

Como já me referi, há tempo não identifico problemas causados pelo impacto durante a caminhada. Atenção! O predominante é o causado por tensionamento, pelo esticamento, ou, melhor ainda, se o estilo e a técnica do caminhador forem adequados, a dureza do piso terá pouca importância.

Daí por que devemos valorizar a biomecânica do caminhar e, principalmente, do caminhador. Tudo dependerá da movimentação dos passos. Tanto quanto o seu comprimento. Como quanto à elevação dos pés, isto é, sua oscilação vertical. E, ainda, quanto à violência da batida do pé no piso. Claro, aí temos a influência da expressão do estilo do andar. Até mais do que a dureza do piso. E, como vimos, nisso o Benno Nigg[38] foi muito feliz ao classificar seus corredores de "pesadões", "intermediários" e "leves". Mas já sabemos que aí não é o peso corporal que está em jogo e, sim, a delicadeza ou a indelicadeza da colocação do pé no piso.

Além disso, deve-se considerar ainda que a maciez ou a dureza do piso influencia diferentemente na velocidade do andar. Quanto mais duro o piso, maior é a facilidade para correr mais. Se macio, tende a diminuir a velocidade.

Portanto, por favor, pela grande importância do que será afirmado agora...

> **Os nossos pés apresentam grande capacidade natural e espontânea de se proteger de seus impactos no piso. Tanto que habitualmente não necessitam de proteção por uso de tênis apropriados. Claro, esses tênis funcionam como um *plus*. Mas não são absolutamente necessários em condições normais.**

Traçado da pista

Há diferença se a pista tem traçado e alinhamento retilíneo ou curvilíneo. E como!

A repercussão biomecânica é totalmente diferente num tipo ou no outro. E isso deve ser dominado pelo caminhador.

Pista de traçado retilíneo

Em pista reta há equilíbrio e balanceamento entre os lados de quem anda, o que independe da velocidade. Tranquilamente é o melhor traçado de pista para se andar. Claro, desde que seja sem inclinação de qualquer tipo. Portanto, é a pista mais saudável.

Pista de traçado curvilíneo

Já em pista curva existe uma força centrífuga atuante que tende, portanto, a empurrar para fora. E isso determina desequilíbrio entre os dois lados de quem anda. E altera a maneira de andar, pois no lado do pé que está voltado para o centro atuam forças compressoras, causando compressão, principalmente nas articulações. No lado de fora há um certo tensionamento articular e muscular, tirando a naturalidade dos movimentos e causando esforços tensionais. As articulações mais comprometidas nos pés do caminhador são as de sua parte posterior, detrás. Isso eu sinto – e qualquer um sente – principalmente quando corro em pista curva.

Pista inclinada lateralmente

A influência do andar em piso inclinado lateralmente é muito semelhante à do piso com traçado curvo. A força centrífuga atua de cima para baixo, tendendo a empurrar o tornozelo e o pé para baixo. O pé localizado mais abaixo sofre estresse supinador (virando o pé para dentro). O pé mais superior é forçado em pronação (virando o pé para fora). Obviamente que isso prejudica a expressão do estilo, pois, nos dois pés, a parte que fica mais para cima sofre estresse de compressão. A que fica mais abaixo sofre estresse de tensionamento.

Pista inclinada para cima

Pista em subida é tranquilamente a que mais exige do atleta.

Vamos entender as razões.

Força muito do ponto de vistado todo – coração, circulação do sangue, respiração, metabólico e outros. Força muito os músculos, os tendões e as articulações. É o que mais exige fadiga e o que mais força as resistências. Se considerarmos que na subida o caminhador inclina o corpo para a frente, isso provoca o tensionamento (esticamento) exagerado dos músculos biarticulados posteriores do membro inferior, levando-os ao estresse com facilidade. É o que acontece com os músculos das costas, os detrás da coxa, da perna e da sola do pé.

E, como a tendência é aumentar o comprimento dos passos na subida, isso agrava em muito o efeito referido. E tudo isso exige muito do estilo de andar.

Pista inclinada para baixo

A descida igualmente é muito exigente. Os caminhadores inclinam o corpo para trás. Isso tensiona um músculo da frente da coxa (reto femoral), que fica vulnerável. Também tensiona um pouco os músculos abdominais. Isso na dependência do porte da inclinação.

Temos, no caso, expressão forçada do estilo do andar.

181

Ambiente externo

Bem, até aqui estamos analisando pistas em ambiente externo. E aí devemos enfatizar que existem muitos outros fatores influenciadores. Um deles é a temperatura. Calor ou frio. A influência dos dois é bem distinta. O vento de frente oferece resistência, o que força um pouco mais. Com o frio, os músculos ficam mais contraídos. E isso os deixa mais vulneráveis a lesões. Por isso que em dias frios é indispensável se fazer trabalho de aquecimento e de alongamento mais apropriado. E devemos nos proteger mais com o vestuário. Principalmente: nariz, orelhas e mãos.

Já o calor é mais propício para a atividade. Porém, se for muito intenso, torna-se desfavorável e de risco. Cuidado com a sudorese exagerada! Sempre reponham a água e os minerais durante a caminhada e a corrida!

É impressionante o respeito e os tabus que existem em andar na chuva. A chuva só cria problema quando for muito intensa e fria. Caso contrário, é até muito saudável e gostosa. Eu, pessoalmente, caminho na chuva usando um boné com aba anterior para evitar que escorra água para os olhos, o que é desagradável. No mais, é muito gostoso.

Ah... Gostaria de dizer que o caminhar pelas ruas da cidade faz com que a conheçamos melhor. E tenho por hábito mudar o itinerário, o que se torna menos maçante.

Ambiente interno (esteira)

A grande maioria das pessoas prefere usar esteira. Por quê? Simplesmente porque não sofre as influências do ambiente externo, como as que foram referidas.

Só? Não. A segurança é maior. Diminui em muito o risco de assaltos. Evita o de acidentes de trânsito.

Só? Não. É possível que se faça melhor controle do praticante, orientando quanto ao tipo dos gestos.

Mas por ser a esteira um piso não fixo, que se mexe debaixo dos pés, existem pessoas com medo de perder o equilíbrio. Principalmente idosos e os que tenham alguma dificuldade. Contudo, é facilmente contornável, e logo o pessoal fica seguro e estável.

Mas existem algumas recomendações básicas para usar esteira.

A primeira delas é não exagerar. Obedeça a sua limitação.
Não exagere na velocidade, nem no tempo de uso da esteira.
Não dê passos muito longos.

Deve-se permanecer na parte central da esteira.

Cuidado para não levar um dos pés muito para trás. Pode sair da esteira e cair.

O uso do plano inclinado é só para os mais bem preparados.

Pelas considerações sobre a análise de **Onde se pode caminhar ou correr**, evidenciamos algumas dicas:

- O local do andar (caminhada e corrida) influi intensamente na expressão do estilo empregado.
- São múltiplas as inter-relações entre o ambiente em que se praticam o andar e a expressão do seu estilo.
- O mau estilo de andar é disparado o principal fator determinante dos problemas durante o andar.
- É fundamental conhecer bem o local onde se anda.
- Deve-se saber posicionar bem o corpo, independentemente da inclinação ou curva da pista.
- O uso de esteira é bom, porém devem-se ter alguns cuidados básicos.
- Não se esqueça. A esteira tem um piso que se movimenta debaixo dos pés. Isso pode criar insegurança.

Quando a Caminhada Mexe Comigo?

A preocupação agora é saber se a caminhada mexe com o seu praticante ou se em algum momento ocorre estimulação, quer positiva, quer negativa. Esse é um grande questionamento. E é fundamental e indispensável se identificar qualquer influência.

INFLUÊNCIA DO ANDAR SOBRE O SEU PRATICANTE

Tranquilamente há influência direta. Melhor. Existem várias influências. E não mexe apenas com o físico. Mas também com a psicoemocionalidade e até com o intelecto. Se não, vejamos...

A caminhada e a corrida liberam, relaxam, organizam os pensamentos e permitem criação intelectual.

Ela relaxa nossos pensamentos e, ao mesmo tempo, leva-os a distâncias, envoltos em criações de toda ordem.

E não só isso. Deixa-nos bem mais tranquilos do ponto de vista emocional.

Porém, existem muitas outras influências da caminhada sobre nós praticantes. Uma delas, que sempre me marca, é a de me afastar do mundo, me deixando bem, mas bem relaxado mesmo. Dá-me a sensação de entrar e viver no *zen*, de tão elevado que me sinto ser conduzido!

Como as ideias, os pensamentos, os sentimentos e a emocionalidade ficam soltos! Como são bons! E produtivos. Isso é tão quente que não consigo entender por que muitos caminham com fones nos ouvidos, ouvindo música – ou seja lá o que for.

Estão perdendo verdadeiros momentos de interiorização, de autoconhecimento e de liberação! Que tristeza!

Como já comentei e repetirei adiante, muito do que crio intelectualmente, o que faço, eu inicio ou desenvolvo em minhas andanças.

MELHORA AS CONDIÇÕES FÍSICAS

O andar bem concatenado tende a modificar intensamente o nosso organismo. Tanto, por exemplo, que o diabético e o doente de coração que caminham **regularmente** melhoram em muito suas condições clínicas e físicas.

PIORA AS CONDIÇÕES FÍSICAS

Porém, a caminhada pode também mexer negativamente. Como atendemos problemas oriundos em caminhada e corrida!

Mas será que esses problemas negativos são pertinentes à caminhada em si? Não seriam devidos a nós praticantes? Já discutimos muito sobre os problemas oriundos de caminhada.

Nossa ideia e nossa orientação é que são provenientes quase que em sua totalidade de nós mesmos. Quer por algum problema estrutural limitante negativamente, pelo mau estilo, pela má técnica, pelo mau jeito de andar, mas principalmente, por influências psicoemocionais. E a maior delas indiscutivelmente é o orgulho. Como ele pode influenciar negativamente! Em razão do orgulho, habitualmente o ativista "força" – e como! Assim, como já vimos, se dois caminhadores estiverem juntos – sendo um mais bem preparado –, quem muda e altera suas condições sempre é o mais mal preparado. Pois ele não quer ficar atrás!

Então, controle seu orgulho, sua vaidade e sua autoestima.

Geralmente, o mal preparado, que não está acostumado a caminhar, quando o faz, mantém seu corpo contraído. E isso tende a lhe causar algum transtorno.

Mas é óbvio que o andar, por si só, pode colaborar na origem dos problemas. Mas sendo apenas coadjuvante.

AUXILIA NO ESPÍRITO LUTADOR, NA RESISTÊNCIA. DÁ ESPÍRITO DE VENCEDOR.

Existem muitas outras influências da caminhada sobre nós que andamos.

Mas vou lembrar só mais uma, que sabemos que mexe intensamente.

É que com a prática habitual do andar constatamos mudanças muito fortes em nós. O caminhar nos impulsiona e nos dá força para continuarmos, ou seja, o caminhar, com o tempo, nos dá um espírito lutador, competitivo, resistente, com grande tesão, ou, ainda melhor, nos dá condições de vencedor – como veremos a seguir.

Pelas considerações sobre a análise de **Quando ela mexe comigo?**, evidenciamos algumas dicas:

- A caminhada e a corrida sempre mexem com o seu praticante, influenciando-o de alguma maneira.
- Ela influencia o organismo.
- Ela influencia a psicoemocionalidade e a mente.
- Ela nos oferece momentos de interiorização, de autoconhecimento e de liberação.
- Ela pode também ter influência negativa. Mas aí não depende só dela e, sim, principalmente do praticante.
- O andar com o tempo nos dá não só um espírito lutador, competitivo, resistente, com grande tesão, como também condições de vencedor.

Como é o Comportamento da Caminhada

Ah... A caminhada!
Como se comporta?

A caminhada é sempre amiga? Ou pode ser bandida com o seu praticante?

O que é?
O que representa para nós? Ou melhor, para cada um de nós.
É sempre amiga?
Ou pode ser bandida para quem caminha?
E daí? O que achamos?
Ou, melhor, o que cada um de nós acha?
Afinal de contas, todos nós andamos há muitos anos e devemos ter tirado nossas conclusões.
O que te parece?

Seguindo esses objetivos, serão feitas as seguintes perguntas:
A tua relação com o teu andar é sempre harmoniosa, prazerosa?
Ou ocorrem desencontro, desprazer?
Pense bem.
Vamos fazer uma pausa para pensar. Vamos pensar e após chegaremos à conclusão. Aí, sim, externaremos nossa opinião.
Bem, tivemos tempo até para quem tem pensamento e raciocínio mais lentos. Isso mesmo. Não raciocinamos com a mesma velocidade. E isso deve ser respeitado.

Mas atenção. Estamos entrando nas reuniões finais dessa nossa conversa sobre o estilo de andar.

INFLUÊNCIAS POSITIVAS, AMIGÁVEIS DO ANDAR

Habitualmente a caminhada é relativamente uma amiga, sem criar qualquer transtorno a seu praticante. Isso em qualquer idade.

INFLUÊNCIAS NEGATIVAS, NÃO AMIGÁVEIS DO ANDAR

Contudo, ela pode nos oferecer algumas surpresas desagradáveis, com transtornos em alguma parte do corpo, principalmente nos pés. São frequentes, mas não excessivamente.

O número de pessoas que atendo por problemas surgidos em caminhada não é alarmante.

Já com a corrida a situação não é tão simples. Apesar de nosso corpo e nosso espírito estarem preparados para a corrida, ela é mais agressiva do que a caminhada, oferecendo, pois, incidência maior de problemas originados com a sua prática.

Porém...

A grande maioria dos problemas surgidos na caminhada ou na corrida é previsível e, portanto, prevenível.

Agora, o que é importante, os problemas seriam em grande parte evitáveis, desde que os caminhadores tomassem os devidos cuidados.

Na corrida é mais sério. Quantos barrigudinhos, despreparados – quer no todo, quer localizadamente – encontramos correndo de maneira desajeitada, tanto na rua, como em esteiras! Quantos!

Poderíamos dizer que são verdadeiros camicazes, pois sabem não ter condições, mas seja pela ignorância, pelo orgulho, pela teimosia ou pela ideia de que "comigo nunca acontecerá nada disso", lá se vão eles felizes e faceiros!

Que suicídio "planejado"!

Exemplos desses há em várias modalidades esportivas.

Como já referimos, inclusive o nosso atual presidente do Brasil é useiro em se apresentar jogando futebol com sua proeminente barriguinha!

Que imprudência e irresponsabilidade! Mas é a regra.

CULTURA E ESPÍRITO DE INATIVIDADE E SEDENTARISMO

Contudo, não necessariamente é sempre assim. Não. Em qualquer idade isso pode ser constatado.

Nos jovens

Até com as crianças pequenas. Principalmente na faixa dos 6 anos aos 10 anos, ou seja, no período de sedimentação e da definição do padrão de andar – quer o caminhar, quer a corrida. O que se observa? A alegria, a felicidade e a faceirice do que e como fazem. Caminham e correm brincando. Brincam correndo e caminhando, isto é, a caminhada e a corrida fazem parte dos seus brinquedos. E as praticam espontaneamente, sem esforço, sem sofrimento.

Usando a colocação que adotamos, dizemos que há harmonia e amizade entre as crianças e seus brinquedos com a caminhada e a corrida.

Isso que estamos discutindo agora é simplesmente sensacional.

Porém, existem muitos jovens que não estão a fim com a atividade física. As desculpas são mais ou menos parecidas em todas as faixas de idade. Muitos jovens adolescentes dizem "eu não gosto"! "Eu não gosto de jogar", "caminhar", "de correr", "de praticar educação física". E por aí vai.

E, como já falamos, a atividade física é inerente ao jovem.

Se ele diz não gostar, é porque tem alguma coisa qualquer. E essa deve ser procurada. Alguma inabilidade, deficiência ou problema familiar. Por sinal, é minha conclusão também que essa última é a principal delas.

E não se esquecer de que todas as pessoas são orgulhosas e vaidosas. E apresentam alta autoestima. Ninguém gosta de perder ou ter mau desempenho. Se tiver, retrai-se automaticamente e abandona o que estava fazendo. Esconde-se em casa, no computador ou em qualquer atividade isolada.

Para reforçar, narro novamente um fato que ocorreu agora recentemente em minha clínica. Atendi uma adolescente de 15 anos, morena, muito bonita, com olhos castanhos, brilhantes, chamativos e falantes. O seu cabelo, preto, bem preto, liso, longo, balançante com os movimentos da cabeça. Faceira. Muito faceirinha. Uma verdadeira "patricinha". Contudo, ela se achava muito baixa – tem 1,62m de altura. Na conversa, percebi que não fazia atividade física, tendo afirmado "não gosto". Ela não faz educação física na escola, porque "não gosta". Em razão de minha insistência abriu o jogo. Não gostava, porque estragava o cabelo! Isso mesmo, estragava o cabelo! Disse, ainda, que todas as suas colegas não gostavam da educação física pela mesma razão! Infelizmente é isso aí!

Outra fuga muito frequente que encontro no jovem para não participar da atividade física é a queixa de dor em alguma parte do corpo, principalmente nos pés. O quanto isso é comum! E na grande maioria das vezes não se encontra nenhuma causa real de sofrimento provocadora de dor.

Agora mesmo atendi uma adolescente de 12 anos que veio me consultar por ter joanetes nos dois pés. Realmente eram de moderada a grande intensidade. E tinham caráter familiar. Na entrevista verifiquei que não fazia atividade física porque os pés doíam. E, como eu já esperava, não encontrei nada que justificasse ela sentir dor. Veja bem: **o joanete nessa idade não dói**. E não apresentava nenhuma outra razão para ter dor nos pés.

Nos adultos

Já o adulto não apresenta comumente toda essa alegria. Grande parte deles não está nem aí para a caminhada e a corrida. As desculpas são várias. Apresentam aquelas desculpas de que não têm tempo. Outros, que não levam jeito. E por aí surgem razões vazias para não caminhar ou correr.

Ou seja, são contra a atividade física.

E, realmente, a principal desculpa dos que não praticam essa atividade é: "Não tenho tempo."

Em verdade, o que não conseguem é organizar seu tempo, ou seja, são maus administradores dele. E, ainda, não conseguiram ter e não sentiram o prazer e a satisfação por essa modalidade de atividade.

Pois como já colocamos no livro *Caminhada. Uma vida saudável passo a passo*, o objetivo mais importante de quem pretende caminhar, praticar atividade física – seja ela qual for – ou realizar qualquer tarefa é desenvolver o prazer, é ter a tesão para tal.

Ainda com frequência surgem transtornos nas caminhadas até por desconhecimento. É frequente eu ouvir:

"Em minhas caminhadas habitualmente me sinto bem. Contudo, há pouco caminhei um tempo maior do que o habitual. Além disso, parte do percurso tinha lomba – ladeira – para cima e para baixo. Tive muita dor e desconforto na parte da frente e também detrás da coxa, assim como na perna."

O que aconteceu? Ocorreu sobrecarga por excesso de trabalho.

Mas não só isso. Ele caminhou com o corpo muito inclinado. Quer na lomba acima. Quer na abaixo. Daí o grande sofrimento na frente e atrás da coxa e da perna. E, mais. Certamente não tinha o costume de trabalhar no condicionamento dos músculos da perna e do pé.

No entanto, o relacionamento dele com a caminhada era habitualmente bom. Porém, quando exagerou – não interessa a causa –, passou a ter problema.

E daí? Foi a caminhada a inimiga?

Não. Foi ele próprio o provocador e o determinante.

No idoso

Mesmo de idosos ouço e vibro:

"Como já te falei várias vezes, eu me considero um felizardo em minhas caminhadas, por não sofrer qualquer problema nas atividades. Claro, às vezes, tenho alguns pequenos. Claro que sim. Mas isso não retirou a nossa amizade."

Habitualmente para dar corda pergunto a razão disso. E me respondem: "Simples, muito simples. É que o meu jeito de caminhar não é nada agressivo. Sinto que não faço nada de maneira forçada. Os movimentos, apesar de objetivos, são naturais e espontâneos."

Continuo cutucando:

— O que tu queres dizer com isso? Sejas mais claro.

— Pois não. Pois não. O comprimento de meus passos é relativamente grande. Mas nunca chega a ponto de tensionar excessivamente os músculos e os tendões. Também não tenho dolorimento no corpo, pois os movimentos que faço – tanto dos braços, como da coluna, como da pélvis (bacia) e dos membros inferiores – não são forçados. E a batida dos pés no piso é feita com certa delicadeza. Daí a amizade entre nós.

Outro depoimento frequente que me fazem – independentemente da idade e do peso – é: "Celso, sabes que eu caminho há um tempão. Paro. Volto a caminhar. Paro. E assim vou levando."

— Por que essas caminhadas e paradas em sequência?

— Simples, muito simples. Caminho. Me machuco. E assim vou levando.

— Sabes a razão disso?

— Sei. Infelizmente sei. É que não sou delicado em minhas caminhadas. Muito pelo contrário. Sou agressivo. Agora é que estou aprendendo a caminhar melhor. E, pasmem, já faz tempo que não me machuco. Que bom!

Pelas considerações sobre a análise de **Como é o comportamento da caminhada?**, evidenciamos algumas dicas:

• O andar habitualmente pode e deve ser amigo, sem apresentar transtornos.

• É importante que haja adequado jeito e estilo, sendo delicado.

- Em qualquer idade podem ser obtidas essas características e também ter sucesso.
- Contudo, infelizmente são frequentes os problemas advindos com o andar. E, na grande maioria das vezes, isso se dá em virtude da má atividade física.
- Muitas vezes a causa do problema está na escolha errada de onde e como praticar.
- O mau estilo de andar é disparado o principal fator determinante de problemas durante o andar.

A Harmonia entre a Caminhada e o Caminhador

CAPÍTULO 17

O andar deve ser amigo. Um amigo verdadeiro.

Pelo que vimos há pouco, impõe-se que o nosso andar seja sempre amigo. Que esteja de nosso lado. Que haja perfeito entendimento entre nós e ele. Que sejamos amigos fiéis. Nós, dele. E ele, de nós. Não deve haver o mínimo constrangimento, pois, nesse caso, vêm a insatisfação e o desprazer das duas partes, o que vai provocar desentendimento e tendência à separação. Essa poderá ser fugaz, com reconciliação até imediata, ou o aborrecimento ter sido muito forte. Ou, ainda, pequeno, mas muito repetitivo, ocorrendo o desacerto e a separação. Quem sabe, definitiva.

Portanto, cabe a pergunta:

> **"O que se deve fazer para que tenhamos amizade duradoura e permanente com o andar? Seria isso uma utopia, uma fantasia e, por isso, inalcançável, irreal? E daí?"**

Pois é, vamos ver. O que se deve fazer para existirem harmonia e integração entre o caminhador e a caminhada? O quê?

ORIENTAÇÃO PARA O JOVEM PARTICIPAR DA ATIVIDADE FÍSICA

Vamos ver o público infantil. A criança.

É fácil e ao mesmo tempo muito difícil trabalhar a criança para que sinta o gosto pela atividade física. Fácil porque a atividade física é inerente ao jovem. Mas é também difícil. Principalmente pelo tipo de vida familiar atual, em que o casal trabalha fora. E isso determina que restrinjam a saída do jovem para atividades fora da casa. É difícil ainda, pela altíssima autoestima, pelo orgulho do jovem – independentemente de sua idade.

Onde que isso interfere na atividade do jovem?

Simplesmente se o jovem pratica pouco a atividade física, surgem muitos problemas que se criarão pela inatividade física. E entre eles observa-se que a sua capacidade e a sua habilidade não serão adequadamente desenvolvidas.

E ele não quer passar por inábil. Pelo que se autorretrai, preferindo atividades dentro de casa sem confrontação física com outros.

Portanto, isso aparentemente torna difícil a tentativa da conquista deles. Mas não o é. É simples, muito simples mesmo.

Técnica que facilita a conquista do jovem para a prática da atividade física

Do que o homem gosta menos?

O homem não gosta de ser controlado excessivamente e de ser aprisionado e restringido.

E do que ele gosta mais?

De ser livre!

Esse é um forte fator que lhe dá motivação para a atividade.

É isso aí.

O jovem. Ah... O jovem!

Então, em se dando liberdade plena ao jovem de fazer aquilo que lhe é inerente, torna-se um meio de conquistá-lo, ou seja, deixando-o brincar e ser ativo fisicamente. Claro, não liberdade descontrolada. Nada disso. Mas liberdade controlada, porém, sem inibi-lo. Muito pelo contrário, nunca deve se sentir inibido. E isso lhe dá tesão para ser ativo.

Daí aquela faceirice expressa em seu rosto.

E assim ele se mantém amigo de seus brinquedos.

Ou, melhor, de sua atividade física.

ORIENTAÇÃO PARA O ADULTO JOVEM PARTICIPAR DA ATIVIDADE FÍSICA

O adulto jovem. Ah... O adulto jovem!

Período de formação, de procura de trabalho, de iniciação profissional, de sobrecarga de trabalho profissional, de carga horária intensa, de pouco sono, poucas horas dormidas, de deslanche profissional, de realização, de muitos compromissos diários, de tensão, de muito ou pouco estresse.

Cansaço. Muito cansaço.

Ou seja, fase difícil de dedicação pessoal. Muito difícil mesmo.

Percebe-se que muitos praticam atividade física – seja lá qual for – dirigida ou não.

Porém, grande parte usa aquele chavão já aqui referido:

"Eu não tenho tempo, eu não posso."

E daí pessoal, como se deve atuar com eles, para tê-los, para que pratiquem qualquer atividade física e para que fiquem amigos dela?

O grande entrave e os grandes problemas são: ansiedade, nervosismo, estresse, incerteza profissional e pessoal, cansaço, muito cansaço físico e mental.

Daí que procuro mostrar e orientar que, se habituando ao trabalho da atividade física que lhe dê satisfação e tesão, o jovem adulto perceberá que isso vai atuar na sua ansiedade, no seu estresse, no seu cansaço físico e no mental. E mais. Durante a caminhada ou a corrida, muito conseguimos criar e desenvolver intelectualmente. E percebo que meu rendimento se torna muito maior do que quando não faço minhas caminhadas. E, olha, consigo dedicar uma boa carga horária a ela sem deixar de trabalhar profissionalmente bem. Por quê?

"Pois aprendi a administrar melhor minha carga horária diária."

ORIENTAÇÃO PARA O ADULTO PARTICIPAR DA ATIVIDADE FÍSICA

A melhor resposta para o adulto participar da atividade física – mais especificamente da caminhada – está num dos depoimentos referidos no capítulo anterior. Principalmente naquele em que o corredor normalmente não tinha nada, caminhava bem, prazerosamente, mas que numa ocasião, por exagerar no tempo da caminhada e por descuidar do posicionamento do corpo, teve problemas. Com certeza, por aumento do comprimento dos passos ou inclinação do corpo para a frente. Ou pelos dois. Dessa maneira teria tensionado (esticado) um pouco – ou muito – exageradamente o músculo por suas duas extremidades. Corrigido o que estava errado no jeito da caminhada, logo o desacerto entre ele e a caminhada foi do tipo fugaz, retornando então a paixão entre os dois.

Ou seja, o acerto entre o praticante e a atividade física está diretamente ligado à harmonia que deve existir entre os dois.

E, ainda, por maior que seja o relacionamento entre o praticante e a corrida, a margem de segurança não é muito grande. Com isso pode ocorrer algum deslize – pequeno ou grande – que prejudique o relacionamento. Daí por que para manter a amizade com a atividade física é importante que, mesmo mantendo ritmo, velocidade e intensidade até mesmo competitivamente, deve-se ter o cuidado indispensável com a preservação pessoal.

Ainda em relação a isso, nesses dias em que estou fazendo a revisão final deste escrito tive uma reunião com um bom amigo. Em relação à atividade física ele apontou como fator negativo e afastador de caminhadas o fato do mau cuidado das ruas e das calçadas que impediria o bom caminhar. Além disso, citou o frio em nossa cidade e o risco de ser assaltado. E também citou que preferia caminhar bem cedo, pela manhã, em torno das 6 horas. Mas agora no inverno isso se torna quase impossível. Na análise de tudo isso constatei que, na realidade, esse amigo ainda não se ligou à caminhada, pelo que não se motiva e só observa problemas nessa relação com a caminhada. Pelo que deve ser motivado a praticar aos poucos, sem ser forçado, para que venha realmente descobrir o prazer e a satisfação do bom relacionamento entre ele e a caminhada.

Cito outro depoimento importante e pertinaz ao que estamos comentando e discutindo:

"Celso, pelas características de minha profissão – construtor de prédios, em nível de empreiteiro –, tenho que caminhar muito em todas as obras onde trabalho. E esse é o meu dia a dia. Não sei qual o valor desse tipo de caminhada. Se vale, ou não. Se mexe ou não positivamente com o meu corpo. Mas percebo que chego no fim do dia e não me apresento muito cansado. Porém, em momentos tenho dolorimentos em uma parte ou noutra de meu corpo. Apesar disso, sinto que apresento boa resistência física e psicoemocional."

É frequente esse tipo de depoimento ou algum outro parecido.

Esclareço que tem tudo a ver.

Claro que o mais indicado é fazer um trabalho físico do ponto de vista esportivo. É o que tende a trazer os melhores resultado, mas não necessariamente. E para exemplificar digo que existem algumas profissões que chegam a exigir muito de seus praticantes. Por exemplo, a dos garis que recolhem o lixo das cidades. Como é que trabalham? Praticamente sempre correndo, carregando pesos das mais diferentes intensidades e em longas distâncias. E isso diariamente.

O que temos a dizer?

Outra é a dos agricultores. Eles igualmente têm atividade física pesada diariamente, caminhando muito.

Com os carteiros é o mesmo.

Tanto isso é verdade que grande parte dos bons maratonistas no mundo inteiro vem do campo, dos carteiros e dos garis.

Portanto, muitos profissionais na execução de seu trabalho poderão realizar uma atividade física praticamente saudável.

Para adotar a atividade esportiva em toda a sua amplitude faltaria pouco, muito pouco mesmo. Para que isso aconteça, muitas vezes é só questão de organização. Organizar o tempo diário. Tentar acabar com a ociosidade, quer do trabalho, quer das demais atividades, inclusive a mental.

Sim, a ociosidade mental tranquilamente é a mais perturbadora e que leva a pessoa à inatividade, tanto mental, como física.

Portanto, independentemente se fores ou não muito ocupado, tendo muito trabalho, organize essa tua atividade diária e dedique algum tempo para a atividade física, incluindo a caminhada.

Dessa maneira, tranquilamente deixarás de afirmar o chavão da grande maioria das pessoas: "Não tenho tempo."

Isso não é verdade, pois, na realidade, devemos saber administrar bem o tempo do nosso dia.

Além disso, todo aquele que vai iniciar uma atividade física, principalmente algum tipo de andar – caminhada, corrida, dança –, deve praticá-la dentro do padrão que o faz diariamente. Se isso não lhe causa problema, no momento em que vai caminhar esportivamente lhe será absolutamente saudável. E depois procure aumentar o ritmo pouco a pouco. Assim não terá nenhum inconveniente e provavelmente adquirirá o prazer em fazê-lo. E com isso criará um vínculo de amizade para estimular os que pretendem caminhar ou correr.

Outra maneira de se conseguir reunir um grupo para a prática da atividade física é fazer com que se mantenha nela e apresentar uma argumentação convincente que o faça se aproximar ainda mais e, assim, permaneça prazerosamente.

Isso em qualquer idade.

ORIENTAÇÃO PARA O IDOSO PARTICIPAR DA ATIVIDADE FÍSICA

E o que fazer para o idoso participar da atividade física?

Bem, cultural, familiar e socialmente, como já vimos, o idoso é absolutamente inativo, sedentário. Inclusive por decreto federal. E já em idade relativamente jovem. "Isto é incrível." Mas é verdade.

Até há poucos anos a expectativa de vida do brasileiro ia até os 50 anos, ou seja, a velhice lhe chegava muito cedo. Porém, no momento, a expectativa de vida do brasileiro do Sul é de 74 anos para as mulheres e de 72 para os homens. E a tendência é aumentar rapidamente.

Isso é bom. Mas também é ruim.

Ruim, porque a maioria das pessoas ainda não mudou a característica de vida e permanece sedentária, inativa e aposentada, na verdadeira acepção da palavra. O aposentado, em sua grande maioria, não faz nada. Nem tem preocupação maior com o lazer físico ativo. Quando muito, lazer sedentário. E, pior ainda, esse comportamento dos aposentados se instala cedo, muito cedo, ou seja, na faixa dos 50 anos, quem sabe muito menos. Claro, percebe-se aumento de pessoas de 50 a 60 anos que curtem a atividade física. Mas a grande maioria ainda não.

É gostoso, bonito e gratificante vermos academias americanas e europeias com grande número de idosos praticantes. No Brasil ainda é exíguo. Mas já temos esse público conosco. Em Porto Alegre já existem boas estruturas para o idoso. Outras estão se iniciando. Algumas de orientação coletiva. Outras mais personalizadas. Mas que está aumentando está.

Infelizmente o problema se agrava muito pelo fato de os jovens e os adultos considerarem o velho um inapto. Tanto que lhe retiram toda e qualquer possibilidade de atividade física e, principalmente, com peso.

É muito triste ver uma paciente idosa com fratura do fêmur que fica totalmente proibida pelos seus parentes de realizar qualquer esforço. Eles não a deixam que coma sozinha, segurando os talheres. Não a deixam pentear o cabelo. Lavar-se. Trocar a roupa. Tomar banho. Sentar-se na cama. E outras, muitas outras restrições.

O que é isso? É o que chamo de falsa ajuda. Se não, vejamos.

A partir dos 20 anos, em condições habituais, perdemos 5% de força por década de vida, de tal maneira que uma pessoa de 80 anos tem no máximo 50% da força que tinha aos 30 anos.

Se considerarmos que mesmo a atividade corriqueira diária necessita de força, a diminuição de atividade agrava ainda mais. E sabemos que o idoso tem autoestima e orgulho muito críticos.

E como a inatividade física é a nossa maior inimiga, percebe-se que quanto menos o idoso é solicitado, menos condições apresenta para as atividades diárias. Mais vai se retrair, o que torna maior a sua inatividade e diminui ainda mais a sua capacidade de reação. E vai tornando-o cada vez mais dependente fisicamente.

E, em realidade, o idoso é um inapto, dependente e incapaz? Não. Não é.

Claro, pois ele apresenta menor flexibilidade, menor força, menor massa muscular, menor extensibilidade muscular e maior lentidão reacional. Contudo, há trabalhos que mostram grande capacidade de melhora de suas condições.

Um grupo italiano realizou trabalho de força com pessoas de 80 a 90 anos. Em 8 semanas eles melhoraram 228%! Isso mesmo. Melhoraram 228%!

Como já vimos, temos aqui no Rio Grande do Sul o maratonista Rui Barbosa, que em 2001, com 86 anos, terminou a maratona em 5h35min!

Também, a flexibilidade articular, a extensibilidade e a contratilidade musculares podem melhorar, e muito, no idoso.

É isso aí! Bem, agora cabe a discussão:

É possível o idoso se tornar e continuar amigo do andar – caminhada ou corrida?

Sim. Como regra, percebe-se que os idosos praticamente não estão nem aí para a prática da atividade. Seja qual for a causa. Por várias razões, até muito fortes. Como: acomodação, "preguiça", desconhecimento, medo, falta de confiança, falta de motivação, sentir-se incapaz, entregar-se – isso é, sentir-se velho incapaz –, alta autoestima incompatível com o seu desempenho, orgulho e depressão por ser incapaz, insegurança, problemas de saúde e, o que é muitíssimo frequente – como já vimos – com a restrição que os parentes fazem para que o idoso permaneça ativo.

Mas o principal deles, como já vimos e comentamos, tranquilamente é a inatividade, isso é, o sedentarismo. Agora, veja qual a razão principal do sedentarismo do idoso? É que, pelas razões fundamentais do envelhecimento, o idoso tem menor capacidade funcional e o seu desempenho é inferior. Isso machuca o seu orgulho e ele se retrai mais ainda pelo que ocorrem aumento do sedentarismo e maior prejuízo de sua capacidade, o que pode levá-lo até a dependência para as atividades diárias.

Minha experiência com os idosos me mostra e me entusiasma por conseguir estimulá-los a que venham ter prazer na prática da atividade física.

Como conquistá-lo, então?

O sucesso se baseia fundamentalmente em melhorar a satisfação e fazer com que o idoso fique orgulhoso pelo que realiza.

E, ainda, orientá-lo a viver o seu momento, a sua fase. Não tentar viver outro momento.

Não pode ser outro o recurso básico.

Assim se consegue que o idoso sinta que a atividade física – qualquer uma, mas principalmente caminhada, corrida e dança – não lhe seja adversária, mas, sim, está ansiosa por conquistá-lo, e assim ele fique integrado harmoniosa e amigavelmente com ela. Que tenha prazer e satisfação com essa convivência.

Vamos voltar a considerar o caso relatado da senhora de 79 anos, que sempre caminhou ou, melhor, caminhou muito bem. Contudo há algum tempo começou a ter dor no quadril e consequente dificuldade para caminhar. Foi diagnosticada artrose grave – desgaste da junta.

Perguntada se iria se entregar, respondeu: "Negativo. Vou operar, pois quero voltar a caminhar e ser totalmente dona do meu nariz."

Resolvi cutucá-la.

— Mas com 79 anos não achas que precisa te acalmar um pouco e ficar mais tempo sentada?

— O que é isso? Eu me sinto mal quando os outros querem me ajudar a fazer meus trabalhos simples. E pretendo também continuar a fazer meus negócios.

Acredito ser absolutamente dispensável fazermos qualquer comentário, pois suas respostas são por si muito claras para o público.

Contudo, resolvi apresentar depoimento de outra senhora, essa de 78 anos.

— E tu? Tens 78 anos e me parece que és uma sentadona. Não é verdade?

— Cruzes! Qual é a tua. Eu sou ativa e muito ativa. Isso é bom para o corpo e para a cabeça. Todo mundo tem que fazer alguma coisa. Não se pode ser inútil. Porque é ruim para a gente. Pois enferruja, inclusive a cabeça. A gente perde o embalo.

— Te sentes velha?

— Negativo! Pois velha é quem já se entregou. E eu sou muito ativa e muito dona de mim. Tudo funciona em mim. Corpo e cabeça.

Pelas respostas igualmente firmes e fortes dispenso novamente comentar, pois as respostas já por si funcionam maravilhosamente como mensagem.

ORIENTAÇÃO PARA A MULHER APÓS A MENOPAUSA PARTICIPAR DA ATIVIDADE FÍSICA

Vamos considerar agora outro grupo que em grande parte se enquadra na faixa dos idosos. Mas que orgânica e fisiologicamente começa antes, muito antes. Refiro-me às mulheres após a menopausa.

Todos nós sabemos que a menopausa é um fenômeno que muito marca a mulher, pois ela deixa de ser geradora ou, melhor, progenitora. Na realidade, isso marcou muito mais até alguns anos atrás, visto que a geração de filhos era o que mais marcava o casal. Tanto que era muito comum o marido se dirigir a sua esposa, chamando-a de "mãe". E ela chamando-o de "pai", ou seja, um considerava o outro o seu companheiro para reproduzir. Portanto, o sexo tinha predominantemente finalidade geradora. Sexo prazeroso? O que é isso? Hum... Penso que estou divagando.

Não é essa marca da menopausa que me interessa considerar agora! Não. Não é.

> **É quanto a sua relação com os ossos, isto é, com a vitalidade e a resistência deles.**

Existe um bombardeio de informações dizendo que a perda hormonal causada pela menopausa é a determinante quase que exclusiva da osteoporose e, portanto, a única causadora da fragilidade óssea, facilitando a ocorrência de quebradura dos ossos após a menopausa.

Isso não é verdade. Claro que causa osteoporose. Mas não é a única causa.

Tão importante, ou quem sabe mais do que a insuficiência hormonal pós-menopáusica, seja a inatividade física o principal fator facilitador para a ocorrência de fraturas, quebraduras dos ossos da mulher após a menopausa.

O que achas? Será que devemos discutir algo sobre isso?

Não deixa de ser pertinente, porém acredito que o fundamental já comentamos em relação ao idoso.

Claro, claro, no caso da menopausa, ela ocorre bem antes de a mulher tornar-se idosa.

Pois é, mas será que muitas mulheres "não se sentem velhas já na ocorrência da menopausa"? Claro que pode. Isso é mais problema de cabeça.

Vejam o caso das duas setuagenárias que, já próximas dos 80 anos, não se consideram velhas e são muito ativas.

É, isso é muito importante.

Eu tenho um conhecido que mesmo quando tinha menos de 40 anos se sentia velho, "se dizia velho". Tanto que em curta conversa repetia isso muitas vezes. Que cabecinha!

> **Pois é. Por tudo isso acredito que pelo menos é obrigatório trabalharmos a cabeça das "mulheres menopáusicas" para que não se sintam velhas. E que sejam mais ativas fisicamente.**

Pelas considerações sobre a análise de **A harmonia entre a caminhada e o caminhador**, evidenciamos algumas dicas:

- Devem-se dominar os fatores dificultadores que cada pessoa tenha para criar o hábito da prática da atividade física. O jovem tem um. O adulto jovem tem outros. A mulher após a menopausa tem os seus. Os idosos têm os próprios.
- Praticar a atividade física o mais adequadamente possível.
- É fundamental que a pessoa viva o seu andar (caminhada, corrida). Que tenha tesão.
- Saber respeitar, aceitar e incentivar mesmo atividades que não sejam francamente esportivas.

A Caminhada Dá Prazer?

Ah... O prazer!

O que é o prazer?
O que representa?
Seu significado?
Sua influência?
O que somos sem o prazer?
O que ganhamos sem ele?
O que conquistamos sem ele?
O que fazemos sem ele?
Onde chegamos sem ele?
O que é a nossa vida sem ele?
O que ele modifica em nós?
Mas ele é fácil? Espontâneo? Natural?
Qual o seu custo? Sua exigência? Sua necessidade?
Enfim, como o conquistamos?
Quando o conquistamos?
Para que o conquistamos?

COMO OBTER O PRAZER DE CAMINHAR

São muitas as maneiras de se alcançar e ter o prazer.
Mas cada um deve procurar o seu caminho e ter a sua estratégia.

Vou fazer alguns comentários que considero pertinentes na relação da caminhada com o prazer ou melhor, ainda, o caminhar com prazer.

Procurar uma motivação

Como em qualquer situação em nossa vida, sempre é interessante se ter um elemento propulsor que nos ajude a iniciar e, até principalmente, manter o que pretendemos realizar. Na caminhada ele é fundamental. Estou me referindo à motivação.

Uma maneira de nos motivarmos para andar é realizá-lo em lugar agradável.

É termos uma boa companhia.

Ou, ainda, estar sozinho.

E muitas outras.

Mas realmente é um forte elemento que nos impulsiona.

Procurar manter espontâneos e naturais os movimentos do corpo

Estamos chegando próximo do fim dessa nossa conversa.

A razão fundamental de nossa excursão por todos esses pontos foi para conhecer melhor tudo aquilo que possa estar ligado ao estilo da caminhada. Razões? Já as vimos.

É que, apesar de cada um ter o seu estilo próprio de caminhar, percebemos que:

A grandíssima maioria dos problemas oriundos na caminhada e na corrida é fruto de nós mesmos. Origina-se em nós mesmos. De nossa má execução do andar. De nossos gestos e jeitos inadequados com que a executamos.

Minha preocupação foi e é, portanto, identificar os caminhos para melhor dominar o estilo para empregá-lo mais adequadamente. Para tanto, sempre orientei executar a caminhada com prazer. Daí por que na obra anterior sobre caminhada – *Caminhada. Uma vida saudável passo a passo* – dei como razão básica e inicial para se introduzir qualquer um na sua prática a obtenção do prazer.

Sem o prazer, vejo empecilhos, óbitos. Ou a pessoa não vai adiante, não desenvolve o hábito.

Ou a executa de maneira errada.

Portanto, qual a relação entre o prazer e a caminhada?

Vou novamente utilizar o recurso dos depoimentos anteriores, pois que me parecem muitíssimos claros, estimulantes e orientadores.

Primeiro, o caso da senhora setuagenária com grave desgaste na junta do quadril.

— Nos depoimentos anteriores fostes muito positiva e motivadora. Daí por que quero te aproveitar novamente. Por favor, disseste ter passado por dois momentos distintos em tuas caminhadas. Podes comentá-los e caracterizá-los?

— Sem problema. Espero ser clara. Realmente, em minhas caminhadas tive dois momentos muito distintos e marcantes. Um positivo. O outro negativo. O primeiro quando eu estava com os meus quadris bons. Meus movimentos e gestos eram espontâneos, naturais. E, assim, a caminhada fluía naturalmente. Já a partir do desgaste de meus quadris passei a ter muito desconforto – cada vez pior –, e minha caminhada passou a ser menor, sem espontaneidade, com gestos cuidadosos, para tentar diminuir a dor e o desconforto. Portanto, antes tinha prazer em caminhar. Agora, não.

— Quer dizer que consideras a naturalidade e a espontaneidade dos movimentos físicos como elementos iniciais para estimular o prazer da caminhada?

— Sim. A falta da espontaneidade – independentemente de sua causa – tira todo e qualquer prazer.

— Que conselho podes dar para que as pessoas adquiram o prazer de caminhar ou correr?

— Que tentem manter o jeito normal do corpo sem forçá-lo.

A chave do sucesso para adquirir o prazer de caminhar e correr é manter o jeito normal, natural, do corpo, sem forçá-lo.

É isso aí. Como veremos no próximo e último capítulo, um dos elementos-chaves para que se crie o hábito da caminhada é praticá-la com a naturalidade e a espontaneidade dos movimentos, com o objetivo de conseguir viver o prazer dela.

Como já vimos, habitualmente durante algum tempo a caminhada é realizada, mas sem ser curtida prazerosamente, pois se tende a praticá-la com tensão, com os músculos contraídos. E isso provoca dolorimento e cansaço, não conseguindo desenvolver o prazer e a satisfação de caminhar. Alguns não vão em frente e até param de caminhar por essas razões.

Procurar ter confiança e ser autoconfiante

Penso que podemos passar para outro elemento importante para ajudar a termos caminhadores e corredores satisfeitos. E percebo que o próximo elemento está intimamente ligado ao prazer e à espontaneidade dos movimentos do andar.

É a confiança do praticante, do ativista. Melhor ainda, da sua autoconfiança. Portanto...

> **Outro impulsionador para adotar permanentemente a atividade física do andar é conseguir a confiança do praticante, do ativista. Melhor ainda, que ele se torne autoconfiante.**

Ah, isso tem tudo a ver com o sucesso para obter o prazer de caminhar, pois, na realidade, se não estivermos confiantes no que se faz, na realidade não estaremos nos dominando bem. Pelo que é provável que vamos realizá-lo com alguma imperfeição, sem desenvolver o prazer. Esse só aparecerá, como vimos, com a espontaneidade, e só a empregamos quando se confia no que se faz. Daí por que é fundamental que sejam estimulados os ativistas da caminhada para que fiquem autoconfiantes.

Procurar ter disposição

Outro elemento indispensável para o êxito é ter disposição para fazer o que se quer. Sim. Tudo aquilo que executamos o fazemos melhor se estamos dispostos em realizá-lo.

Logicamente que com a caminhada é o mesmo.

E a disposição está intimamente ligada ao prazer. Um não pode abandonar o outro.

Procurar melhorar gradativamente o condicionamento físico

Isso é simples. Muito simples. É que o problema do condicionamento é muito variado.

Claro, o ideal é que todo o praticante de atividade física apresente bom condicionamento físico. Para os que mais solicitam, sem dúvida deve ser adequado. Por exemplo, os atletas.

Contudo, como o meu objetivo é arregimentar mais e mais adeptos de caminhada, meu posicionamento atual é simplificar e não complicar para não afugentá-los.

Parto do ponto de vista de que a pessoa inicie com o que faz no dia a dia, pois, como já vimos, se as condições habituais não causam problema, o iniciante começa caminhando como já está acostumado. Depois gradativamente vai organizando a prática dessa atividade de uma maneira mais esportiva, mas sempre procurando não ultrapassar as suas condições, ou seja, a sua resistência física.

Portanto, o grau de condicionamento é muito elástico e, ainda, fica dependente do estágio de cada um. O importante é que sejam respeitados os limites individuais.

Portanto...

A atração pelo andar (caminhada ou corrida) está intimamente ligada ao respeito às condições físicas que se tem.

Escolher o lugar de que mais goste

Alguns dos lugares para se andar são bem interessantes. Mas isso depende e é decidido por cada um de nós, já que as preferências podem não ser as mesmas.

Eu, por exemplo, prefiro caminhar na rua. Pois, entre outras, logo, logo mesmo, percebemos que passamos a conhecer melhor nossa cidade, nosso ambiente. Identificamos prédios, lugares e objetos interessantes que de carro habitualmente não nos chamariam a atenção.

Isso é muito agradável e prazeroso.

A grande maioria prefere usar a esteira. Nada contra.

Pois o importante é andar. E andar com prazer, satisfação e segurança.

Liberação do pensamento

Além disso, chama a atenção que o caminhar – quer sozinho ou acompanhado – libera o pensamento. Como já disse, muito do que estou escrevendo foi pensado e criado em caminhadas. O mesmo aconteceu com o primeiro livro sobre ela.

E ainda observamos que até criamos sob o ponto de vista profissional.

Manter diálogo agradável

Ah... Ia me esquecendo. O quanto conseguimos conversar e dialogar em caminhadas!

Que bom. Que saudável. Que prazeroso!

Pelas considerações sobre a análise de **A caminhada dá prazer?**, evidenciamos algumas dicas:

- A naturalidade e a espontaneidade dos movimentos do corpo favorecem e facilitam o prazer de caminhar.
- A autoconfiança é outro elemento favorável, assim como a disposição e o condicionamento físico para realizar a atividade.

Enfim, Como Devo caminhar?

Vamos agora repensar tudo o que comentamos. Por favor, me acompanhe. E vamos tentar montar um padrão de modelo básico, o mais agradável, prazeroso e recomendável, possível de caminhada. Concordas?

— Sem dúvida. Mas, por favor, qual é a finalidade?

— Simples, muito simples. Fundamentalmente uma só: diminuir a chance da ocorrência de problemas oriundos na caminhada.

— Ah, então conte comigo. Mas será isso fácil?

— Tens dúvidas ainda após toda essa nossa viagem sobre a teoria e o conhecimento da caminhada?

— Não. Claro que não. Por favor, já comecei a ficar impaciente. Toca logo.

— OK. Siga o raciocínio. Vamos fazer uma pausa, pois é certo que, apesar de ser muito gostoso e gratificante o que faremos agora, ficaremos cansados devido à concentração que será exigida. Bem, bem. Acredito que o mais importante é que de arrancada chamemos a atenção daquilo que mais consideramos como o grande vilão da caminhada. Já que, como vimos, a grande maioria dos problemas surgidos na caminhada aparece pelo mau uso de nosso corpo.

— Sei e concordo. Principalmente por jeitos, gestos inadequados, desmedidos, descontrolados, dismétricos, desarmônicos, desalinhados, com cargas impróprias.

— É. É isso aí. Mas não só. Visto que se observam movimentos excessivamente grandes ou pequenos, lentos ou rápidos, tensos ou frouxos.

— Ei! Vamos parar aí! Vamos interromper um pouco e discutir. Pergunto, essa introdução não apresenta nada em desacordo com o que vimos?

— Se tem! E está em total desacordo, pois é inconcebível depois de tudo que comentamos sobre estilo que se venha com essa de mostrarmos um padrão de modelo básico de caminhada e de corrida.

— Pois é. Apesar de tudo o que agora falaste ser verdadeiro, eu te digo que não é inconcebível tentar montar um modelo-guia. Não. Não é. Peço-te que me acompanhes agora.

O estilo próprio de cada um

Cada um tem o seu estilo, próprio e pessoal, e obviamente não podemos mexer nele. Não seria esse o caminho a percorrermos. Deve ser outro, porque algo deve ser feito.

Criação de um modelo de andar que provoque menos lesões

Simples, muito simples. Se sabemos que os problemas de saúde surgidos na caminhada dependem fundamentalmente do mau uso do corpo, isso quer dizer que existe algum defeito na maneira de andar. E esse deve ser corrigido para tirarmos o fator deficitário, determinante e facilitador da ocorrência de algum dano. Então...

Maneira cômoda de andar (relaxado, descontraído)

Sem a menor dúvida, a maneira de se andar deve ser a mais cômoda para cada um, ou seja, tirando o excesso de esforços. Qual é? O relaxamento, a descontração, isto é, caminhando com o corpo relaxado, descontraído. Assim, diminui-se o cansaço. Contudo, deve ficar bem claro que não é um relaxamento qualquer. Não. **É relaxamento controlado**, ou seja, o praticante deve tê-lo sob controle. Só assim ele será útil, sem risco. Caso contrário pode criar sérios problemas.

Por que damos essa orientação?

Porque se alguma parte do corpo mantiver-se contraída durante a atividade ficará determinado cansaço fácil e de imediato. Só? Não. Dolorimento, diminuição da amplitude dos movimentos. Só? Não. Diminuição da capacidade de manter-se resistente a solicitações moderadamente mais fortes ou a ações prolongadas, ou seja, o contraimento do corpo se torna um fator facilitador e propiciador para a ocorrência de danos corporais. Só? Não. Cansaço mental, emocional.

Daí por que devemos evitar ou corrigir sua ocorrência.

É importante ser observado que a pessoa que caminha contraída apresenta seu corpo duro, até muito duro.

Outra maneira de se identificar o estado de contração do atleta é observando seu rosto. Na grande maioria das vezes ele apresenta expressão facial contraída.

Andar espontâneo, natural

Para se andar bem é importante que se mantenha o corpo absolutamente espontâneo. Pois a espontaneidade só muito dificilmente pode criar alguma preocupação e dano ou, melhor, o corpo não deve se sentir obrigado, forçado a realizar qualquer gesto. Esse deve ser natural, corriqueiro, não forçado para ele. Não se deve fazer pose.

Isso é a espontaneidade do corpo.

E ela precisa ser respeitada.

Sentir-se confortável

Quem caminha deve sentir-se confortável.

Melhor ainda. Todas as partes de seu corpo devem estar bem uniformes.

Ter consciência do corpo

Bem, agora quero te passar um riquíssimo ensinamento que tive há poucos dias. E como, mas como mesmo, me marcou!

O pessoal da dança usa frequentemente uma expressão que lhe é muito significativa e importante. É...

"Ter consciência do corpo".

É isso aí. Ter consciência do corpo.

A bailarina que não tem consciência do corpo não sabe o que cada segmento, isto é, cada parte do seu corpo, está fazendo, onde está, que movimentos executa. Dificilmente terá desempenho artístico expressivo. E, além disso, ficará mais propensa a algum dano.

Quem me apresentou essa dádiva que eu desconhecia, mas que agora incorporei aos meus conhecimentos, foi uma bailarina e professora da dança do ventre.

Mas vamos voltar ao caminhar.

É fundamental e indispensável que os caminhadores tenham noção e conhecimento do seu corpo. O quê, como e quanto cada parte do seu corpo está fazendo.

Isso é **ter consciência do corpo**.

É dominá-lo. É respeitá-lo. É conhecê-lo.

É integrar e harmonizar todos os seus segmentos para o melhor desempenho geral.

Com essa noção de ter consciência do corpo fica mais fácil explicarmos os conselhos e as orientações que se dá. E, também, o seu entendimento fica mais compreensível. Se não, vejamos.

Vimos que infelizmente a grande maioria dos danos e dos problemas surgidos em caminhadas é causada pelo mau uso do corpo.

E por que isso?

Simplesmente pela falta de consciência do corpo.

Por favor, guarde, guarde...

**A grande maioria dos problemas surgidos na caminhada
é causada pelo mau uso do corpo. Mas isso acontece pela
falta de consciência do corpo.**

Por se desconhecer como suas diferentes partes ou segmentos estão atuando, não se tem noção da intensidade e da quantidade do esforço utilizado.

Isso não acontece apenas com o não atleta ou com o atleta ocasional.

Não. Muito pelo contrário.

Em atletas isso quase que é a regra, até mesmo nos diferenciados, de altíssima competitividade, de ponta.

Hoje, por exemplo, atendi um gaúcho que, entre outros feitos, há uma semana se tornou campeão mundial de jiu-jitsu. Ele repetiu mais uma vez tal conquista.

Não se apavorem. Não estou trocando de modalidade esportiva.

Ele chegou com intenso sofrimento nos pés, pensando que fosse devido ao apoio no tatame.

Porém, na análise verifiquei que treinava 8 a 9 horas diariamente, durante 8 meses, antes das competições do campeonato!

É isso aí!

E, entre outras coisas, realizava trabalhos aeróbios – natação e corridas – de maneira intensíssima.

Como o encontrei?

Com fortíssima sobrecarga de trabalho. Como só poderia ser esperado!

O que é isso?

É fruto também de uma falta de conscientização do corpo.

Voluntária ou involuntariamente. Conhecendo ou não conhecendo.

Ter consciência da necessidade de tempo para recuperação do estado físico

Apesar da intensidade, da quantidade e da importância de tudo o que apresentamos até agora, acredito e afirmo que só isso pode ser de alto risco e até muito grave. Daí por que lhes peço que mantenham a mesma atenção com o que será agora apresentado. Vão ver que é um complemento. Porém, complemento indispensável, que todos devem conhecer e respeitar. Então, vamos vê-lo.

É indispensável que se tenha consciência da necessidade de recuperação do estado físico, atlético e psicoemocional, independentemente se é ou não atleta competitivo e até de ponta. Deve-se dar o tempo de repouso que prefiro chamar de tempo de restauração, de recuperação. Atenção! Seja qual for sua necessidade! Caso contrário, não tem escapatória. E cada vez mais se torna difícil e problemático. Pode sair do controle. E os convites e estímulos para isso ocorrer são muitíssimos.

Do próprio praticante. Principalmente em razão da sua vaidade, do seu orgulho, das suas necessidades próprias.

Só? Não! Do seu público. Sim, pois suas exigências com os astros são muitas.

Mas ainda não é só. Também dos seus dirigentes. Infelizmente sua grandíssima maioria age apenas pela paixão, independentemente da modalidade esportiva. Não estão preparados para a administração adequada de atletas e se tornam tremendamente exigentes, pois sua vaidade, seu orgulho e seu nome também estão em jogo. Eles dizem habitualmente que estão fazendo pela agremiação! Será mesmo? Há poucos dias ouvi que uma agremiação de ponta e que se diz do "povo" está forçando seus atletas no limite ou perto dele!

Daí por que habitualmente o grupo sempre está desfalcado de três ou até mais atletas!

Não estão nem aí com as condições e a expectativa de vida útil e esportivamente rendosa do atleta.

Ah... Ia me esquecendo. Depende também da imprensa. E como! Ah... A imprensa! Muitos de seus membros jogam todas suas fichas em sua impressão, seu parecer, sua opinião. Muitos atletas são glorificados ou arrasados. Vários sofrem os dois processos em diferentes momentos.

E por tudo isso frequentemente eu me pergunto e pergunto, mas aqui agora devo repeti-lo:

> **"Será o atleta de ponta, de alta competitividade, um objeto? Será?"**

215

Pelo que se observa na prática, até que sugere ser. Infelizmente. Mas deve ser dito. Quantas brilhantes carreiras são podadas e sequestradas por isso!

E aí insisto na pergunta: **é o atleta um objeto?**

Assim como minha experiência com os idosos me mostra e me entusiasma por conseguir estimulá-los a conseguirem ter prazer na prática da atividade física.

Condicionamento físico habitual apropriado

Outro fundamento muitíssimo importante que valorizamos e pedimos que todos tenham consciência de sua necessidade é o condicionamento físico. Todos valorizam e pedem. Ele tem que ser apropriado. Nem de menos. Nem demais. Simplesmente apropriado. Mesmo para o leigo que habitualmente nunca se prepara. E lá vai ele! Pois o bom condicionamento é o principal sustentáculo da saúde. Essa é uma faceta do condicionamento físico sadio.

Mas quantos pacientes que atendo com queixas de lesões causadas por solicitações, esforços, de relativamente baixo nível? Muitos.

E por quê? Porque a pessoa apresenta alguma dificuldade funcional, causada por deficiência física. E isso é muitíssimo comum!

Acontece mesmo em atletas maravilhosamente preparados.

Essa dificuldade funciona como fator facilitador, propiciador de algum dano.

E ele ocorre com grande frequência. Como vimos, em qualquer nível dos atletas. Em qualquer modalidade esportiva.

Fator facilitador, propiciador, de ocorrência de algum dano

Muito bem lançado esse problema.

Tenho tido atletas campeões, em diferentes modalidades esportivas, com deficiências as mais diversas.

Assim, um jogador da seleção brasileira de futebol, campeã do mundo no Japão, realizou baropodometria comigo e foi constatado movimento excessivo de inclinação da bacia, sugerindo deficiência muscular dos abdutores (elevadores laterais) da outra coxa!

Tivemos também uma bailarina, professora da dança do ventre, com dores no pé, devido ao encurtamento dos flexores dos dedos dos pés. Com isso, ela não conseguia realizar a meia ponta com o dedão em 90º ou próximo disso. Não. No máximo conseguia 50º! Pasmem! Isso porque ela trabalha intensamente o pé!

Também esse mesmo lutador de jiu-jitsu, campeão mundial há pouco tempo, queixou-se de muita dor no pé. Constatei dor na sola do pé, imediatamente à frente do osso do calcanhar. Como já vimos, ele também tem encurtamento dos músculos da sola que dobram os dedos para baixo (flexores dos dedos). Além disso, ele apresenta encurtamento do tendão de Aquiles (do garrão).

Portanto, qualquer atleta – até mesmo os mais bem preparados – pode apresentar algum fator que favoreça o surgimento de dano. E, veja-se bem, em qualquer parte do corpo.

Realizar treinamento adequado direcionado

Ainda existem outros elementos importantes para orientar os praticantes do andar.

É aconselhável que deva realizar treinamento apropriado e direcionado para o que pretende realizar. Nem demais, pois como já demonstramos há pouco pode ser também de alto risco. Nem de menos, pois se apresentaria despreparado.

Só isso?

Cuidado! Ainda cabem outras recomendações igualmente importantíssimas.

Cuidado em trazer técnicas de outra modalidade

Já discutimos muito sobre os vícios e os hábitos de se importar tecnologia de outra modalidade de atividade física.

Não se deve copiar tecnologia? Ou seja, temos que ficar estacionados com aquilo que possuímos?

Opa! É necessário que façamos considerações a respeito. E iniciaremos pela mais lógica.

Deve-se captar tecnologia e conhecimento de outros. Esse é um dos princípios básicos de qualquer evolução. Jamais se pode ficar encaramujado em relação a conhecimentos.

A segunda é quanto à informação em si.

Qualquer uma? Sim. Qualquer. Mas isso, na prática, também não é verdadeiro, pois, como já discutimos várias vezes, cada um tem o seu estilo de andar. E ele deve ser respeitado.

Mas igualmente comentei que a razão desse debate é que praticamente todos os problemas surgidos no andar são devidos ao mau uso do corpo.

O que temos que fazer então? Simplesmente orientar e tentar modificar o que está complicando, sem mudar o estilo em si.

E nossa ação é pequena, sem intromissão maior no jeito do andar do praticante.

Evitar: "eu não tenho tempo", "eu não posso", "eu não gosto"

Como estamos na montagem e na orientação final, gostaria de relembrar a importância de abandonarmos – todos nós – a tendência que temos de sempre encontrar desculpas para não andarmos. As mais usadas são: "eu não tenho tempo", "eu não posso" e "eu não gosto".

Cuidado. E...

E, como sabemos, isso não é verdade. Pois a causa real é a desorganização do nosso tempo.

Daí por que insisto novamente na importância de termos uma adequada administração do tempo diário. E o quanto somos rebeldes para isso! Pois a administração de nosso tempo não é muito fácil. Mas temos que insistir.

Porque, depois de iniciada, ela vai nos organizando e isso facilitará toda a nossa vida.

Controlar a respiração

É importante termos o controle e o tipo de respiração que tanto o caminhador deve usar.

Observando-se as pessoas caminhando, vê-se que são poucas as que respiram com correção.

Respirar com correção não quer dizer que se deva exagerar. Não.

Aqui se deve usar a mesma orientação ao tipo de andar, ou seja, andar relaxado, espontâneo, mas controlado. Deve-se respirar espontaneamente, mas com certa profundidade. Os ombros precisam se apresentar relativamente altos e lateralizados para expandir mais a caixa torácica.

Ter andar mais isento de problemas e complicações

É importante ter um caminhar mais isento de problemas e complicações.

Andar delicado

Por favor, não interprete mal a expressão *andar delicado*. Tranquilamente não a "delicadeza" que te passou pela cabeça. Não é. Ah, não é!

Para se diminuir a ocorrência de problemas é muito importante apresentar um andar delicado, isto é, não ser agressivo. De jeito algum e com nada. Assim...

Do gesto. Do movimento. Do deslocamento dos braços. Dos movimentos dos ombros. Dos movimentos dos pés. Das batidas no piso. Enfim, das respostas do corpo ao andar.

Só isso? Não. Temos que controlar nossa psicoemocionalidade. Ela também não pode ser agressiva.

Por serem essas respostas mais tênues, as solicitações dificilmente atingirão níveis de lesão de modo tranquilo.

Mas atenção.

Essa delicadeza não necessariamente determinaria prejuízo do desempenho da caminhada. Não. Uma coisa não tem nada a ver com a outra.

Isso é dirigido inclusive aos atletas competidores. Para ser de ponta não necessariamente é exigida agressividade nos gestos.

Andar com movimentos harmônicos

— Que sorte! Por favor, olhe aqueles três ali caminhando à nossa direita. Assim como aquele casal, um pouco mais adiante, correndo. Observe ligeiro. Primeiro, o casal. O que estás notando? Correm iguais? Deixes que eu falo. Não. Não correm de maneira igual. Negativo. Nada disso. Muito pelo contrário. Observe. Não achas que ele está com todas as partes de seu corpo mais compactadas, enrijecidas e, ainda, desintegradas, com movimentos algo dissociados? Como se todas elas fossem setores isolados, não integrados? Por favor, olhe. Analise.

— Bah, que coisa! Tens total razão.

— Que bom que concordes comigo. Porém, me responda agora quanto à companheira desse corredor. Corre igual? Com corpo fechado? Ou está diferente? Olhe. Olhe.

— Que coisa impressionante! Que jeitos diferentes têm os dois de correr! Que bonito ver como ela corre! Como torna sua corrida elegante! Como é agradável aos nossos olhos! Veja. Todas as partes de seu corpo se movimentam integradamente. É bonito de ver. E, ao mesmo tempo, nos enche de vontade em imitá-la.

— Pois é, já com ele é diferente. Parece que cada parte de seu corpo está com tarefas diferentes. Que não fazem a mesma coisa. Que não se falam, ou seja, estão desintegradas. Que droga, esse tipo de corrida não quero pra mim! Que belíssimos exemplos!

— Agora te pergunto: onde está a diferença? Como vamos explicar para os nossos leitores?

— Simples. **Harmonia. Harmonia.**

— Brilhante. Meus parabéns. É isso aí. Mas me descreva melhor os dois.

— Simples. Ela apresenta os movimentos de todos os segmentos – as partes do seu corpo –, absolutamente harmoniosos. Já ele, não. Não existe harmonia. São desarmoniosos. Grosseirões. Que deselegância! Só isso. Como ele deve sofrer após uma corrida! E como ela deve permanecer enxuta!

— É. É isso aí. Que diferença! Mas, por favor, agora observe com muita atenção o jeito de as outras três caminharem. As diferenças poderão parecer sutis. Repare. Mas existem. E, digo, até são grosseiras. É só treinar os olhos.

— Claro que existem diferenças! São marcantes e caracterizadoras. Se não, vejamos. Por exemplo, olha a de bermuda azul. Como é que caminha? Veja, só produz macromovimentos do corpo. São exageros dos membros superiores. Observe até onde vai com a ponta dos dedos das mãos. Olhe agora para suas pernas. Olhe. Seus movimentos também são exagerados. Que passos compridos! E os movimentos do corpo, de rotação, igualmente são exagerados. Mas, e o rosto dela? Como está faceirinha! Olha para a direita, para a esquerda, procurando ver se está sendo ou não notada! Todos os que caminham assim têm essa sensação e preocupação.

— Deixa pra mim agora. Não sejas egoísta. Pô, só tu que falas. Descanse um pouco.

— Está bem. Está bem. Não te desesperes. Desembuches o que tens a dizer.

— Iiii. Tu estás mordido. Bem, olhe a que está no centro de bermuda preta, é totalmente diferente desta! Que brutal diferença! Os movimentos não são amplos. Muito pelo contrário. Mas como são enrijecidos! Que caminhar endurecido! E observe agora a da direita, com bermuda vermelha. Também caminha diferente. Ela não tem gestos longos, amplos, nem exageradamente pequenos. Não caminha dura. E, sim, exageradamente amolecida, com requebro acentuado, descontrolado. Até quem sabe, voluntariamente, provocado e provocativo. Puxa, e como é bonita! E como está "bem aparelhada!" Que beleza!

A amplitude dos movimentos do corpo

Seguindo essa orientação, agora poderemos considerar como deve ser a amplitude dos movimentos em todos os segmentos do corpo.

Pelo que pudemos ver nesses exemplos, deve haver boa adequação dos movimentos de todos os segmentos do corpo. Esse é outro ensinamento para o sucesso e o prazer de andar. Portanto, usar movimentos de amplitude adequada, comedida, sem serem nem exagerados, nem diminutos. E, sim, de amplitudes apropriadas para desempenhar bem os objetivos. Essas preocupações e esses aconselhamentos devem ser válidos para todos os movimentos.

A elevação dos pés ao dar os passos

Uma outra constatação negativa que verifico é quanto à elevação dos pés durante o andar. Existem muitos que exageram na elevação dos pés – do ponto de vista técnico, chamo isso de oscilação vertical. Isso é totalmente impróprio e de alto risco. Portanto, é desaconselhável.

A força da batida do pé no piso

Conduzi para esse final enfatizando a delicadeza, a suavidade, a espontaneidade do comportamento corporal.

Portanto, nada de agressividade.

Lógico que o comentário sobre a força entra agora como uma luva. E a orientação não pode fugir das outras que foram apresentadas, ou seja, **nada de força.** E, se nada de força, obviamente que o aconselhamento é usar batidas dos pés no piso com relativo baixo impacto.

E esse conhecimento é importante. Não. Não é. Muito pelo contrário. É, em realidade, **importantíssimo!** Pois o que tem de gente justificando problemas de impacto ao uso de maus calçados! E como isso é errado. Na realidade, o que está mal é o jeito do ativista físico, excessivamente agressivo. Em vez de colocar seus pés, joga-os com força no piso. E aí não há calçado que proteja. Inclusive existem autoridades ortopédicas que mandam usar tênis adequado para evitar "fratura por estresse". Por favor, como o nome mesmo diz há estresse, ou seja, exagero de solicitação. E, portanto, há sobrecarga. O que o tênis tem com isso? O problema está no corpo e na cabeça do praticante!

Bem, estamos terminando essa nossa conversa. Espero que tenha sido rápida, não maçante. E, principalmente, tenha se passado de maneira agradável.

Mas no encerramento gostaria de novamente pedir que se tenha verdadeiro controle do orgulho, pois é a falta de controle desse, se não o principal, um dos principais determinantes de problemas na caminhada e na corrida. Portanto, vamos todos segurar o nosso orgulho com freio de mão e de pé. Assim gozaremos de mais prazer e satisfação.

Pelas considerações sobre a análise de **Enfim, como devo caminhar? Correr?**, evidenciamos algumas dicas:

- Manter o estilo próprio, quem sabe realizando algumas correções. Evitar copiar o estilo de outro. Apenas corrigir o que não está bem.
- Manter o corpo relaxado, descontraído. Mas controlado.

- Manter expressão facial serena, não contraída.
- Apresentar movimentação espontânea de todos os segmentos do corpo.
- Sentir o corpo confortável.
- Ter consciência do corpo.
- Ter controle da carga de trabalho.
- Ter condicionamento físico adequado.
- Cuidar, a fim de que não apresente fator facilitador para que haja dano.
- Apresentar respiração adequada e profunda, sem exagero.
- Evitar uso de força excessiva.
- Evitar impacto forte.
- Cuidado com o orgulho! Tenha controle do teu orgulho.
- E, assim, ande feliz utilizando um bom estilo.

Portanto, como mensagem final:

Caminhe. Mas caminhe com prazer e tesão. Para tanto, desenvolva um estilo de caminhada que te seja aprazível, confortável e que te permita boa introspecção, que assim terás a agregação dos prazeres físico e psicoemocional.

Referências

1. Bastos-Mora Felipe: *Cirurgia de la paralisis.* Vol. II. Editorial JIMS. Barcelona. 1970.
2. Cavanagh PR e Dinguell JB. Gait analysis: kinematic and kinetic studies of the foot and ankle. Myerson Mark S.: Foot and ankle disorders. W. B. Saunders, Philadelphia. 2000; 1:50-82.
3. Cavanagh PR. Ulbrecht JS e Caputo GM. The biomechanics of the foot and ankle in diabetes mellitus. In: Bowker JH e Pfeifer MA (eds.). The diabetic foot. 6ª ed. Mosby, Philadelphia. 2001:3-12.
4. Cohen M e Abdalla RJ. Lesões nos Esportes. Revinter. Rio de Janeiro. 2003.
5. Donatelli RA. *The biomechanics of the foot and ankle.* Davis Company, Philadelphia. 1994.
6. Ducroquet R, Ducroquet J, Ducroquet P. Marcha normal y patológica. Toray-Masson, Barcelona. 1972.
7. Evans Marc. Endurance athlete's edge. Baxter DE: *The foot and ankle in sport* Mosby, St Louis. 1995.
8. Cavanagh PR. The running shoe book. Anderson World Inc. Mountain View, CA. 1980.
9. Human Kinetics. Champaign, IL, 1997.
10. Fu FH, Stone DA. Sports Injuries. Lippincott Williams & Wilkins, Philadelphia. 2001.
11. Garrett WE Jr. Chapter 237: Traumatic disorders of muscles and tendons, in Chapman MW, Madison M (eds.). *Operative Orthppaedics, ed 2. Philadelphia, PA, JB Lippincott. 1993; (4): 3.411-18.*
12. Garrett WE Jr. Chapter 8: Muscle flexibility and function under stretch, in *Sports and exercise in midlife*. American Academy of Orthopaedic Surgeons. 1993 p. 105-16.
13. Gomes, CTS: Calçados: os inimigos do pé. *Jornal Exclusivo Revista Lançamentos*, Grupo Editorial Sinos S.A. Novo Hamburgo, RS, 13 de setembro de 1998.
14. Gomes, CTS. Dor na perna: drama frequente na atividade física, no *Jornal Informativo Hospital Saúde*, ano 1, nº 3, agosto/1998, Porto Alegre.
15. Gomes, CTS. Pé doloroso na atividade física. *Aparelho Locomotor. Clínica e cirurgia*. Ed. Soriak, São Paulo, ano 1, nº 1, novembro/1998, p. 11-16.
16. Gomes, CTS. A dor subcalcaneana na atividade física. Sofrimento musculotendíneo-aponeurótico? *Aparelho Locomotor. Clínica e cirurgia*. Ed. Soriak, São Paulo, ano 2, nº 2, fevereiro/1999, p. 13-19.
17. Gomes, CTS. A capacidade de absorção do impacto do pé no piso. Como se faz? *Aparelho Locomotor. Clínica e cirurgia*. Ed. Soriak, São Paulo, ano 2, nº 3, fevereiro/1999, p. 9-14.
18. Gomes, CTS. Dor subcalcaneana por impacto. *Aparelho Locomotor. Clínica e cirurgia*. Ed. Soriak, São Paulo, ano 2, nº 4, agosto/1999, p. 13-20.
19. Gomes CTS. Caminhada. Uma vida saudável passo a passo. Editora Sagra Luzzatto. Porto Alegre, 2001.
20. Gomes CTS: Diabético: cuide de seus pés. Editora AGE. Porto Alegre, 2005.
21. Gomes JE: Comunicação pessoal.

22. Guimarães GV, Freitas HFG, Silva PRS, Teixeira LR. Pés: devemos avaliá-los ao praticar atividade físico-esportiva? *Rev Bras Med Esporte*, 2000; 6(2):57-9.
23. Hamil J, Knutzen KM. *Biomechanical basis of human movement*. Williams & Wilkins, Baltimore, 1995.
24. Hicks JH. The mechanism of the foot. II. The plantar aponeurosis and the arch. J Anat 1954; 88:25.
25. Inman VT, Ralston HJ, Todd F. The human locomotion. In: Rose J, Gamble JG (eds.). *Human Walking*. 2 ed. Willians & Willians, Baltimore. 1993, p. 1.
26. International Olympic Committee IOC Medical Commission: *Sport Medicine Manual*. International Olympic Committee Lausanne, Switzerland. 1990.
27. James SL, Ostering LR. Injuries to runners. *AM J Sports Med* 6: 40, 1978.
28. Kelikian H. Deformities of the lesser toes. In: Hallux valgus and allied deformities of the forefoot and metatarsalgia. Philadelphia: WB Sauders, 1965. p. 382-7.
29. Kibler W. Bem. Clinical implications of exercise: injury and performance. Schafer M. Instructional course lectures. Chicago, American Academy of Orthopaedic Surgeons, 1994; 43:17-24.
30. Laboratório de Biomecânica do Movimento. Fundamentos biomecânicos para a análise do movimento. Escola de Educação Física. USP, 1996.
31. Lasmar NP, Camanho GL e Lasmar RCP. Medicina do Esporte. Revinter. Rio de Janeiro. 2002.
32. Lelièvre Jean. Patologia del pie. Toray Masson. Barcelona. 1970.
33. Lyons AS e Petrucelli RJ. Medicine. An illustrated history. Abradale Press, New York. 1978.
34. Melo SIL, Simas JPN, Andrade MC et al. Análise dinâmica da marcha de praticantes de caminhada. Adultos em diferentes velocidades. Lab. de Biomecânica, C. Educação Física, fisioterapia e desportos (CEFID), UDESC . VIII Congresso Brasileiro de Biomecância, Florianópolis, 26-29, 1999. p. 625-30.
35. Mosqueira, JJ. A osteoporose e o exercício regular. *Clínica e Cirurgia*. Ed. Soriak, São Paulo, ano 2, nº 4, agosto/1999, p. 28-31.
36. Motta Eduardo. O calçado e a moda no Brasil: um olhar histórico. Novo Hamburgo, 2005.
37. Myerson Mark S. Foot and ankle disorders. W. B. Saunders. Philadelphia. 2000.
38. Nigg Benno M. Biomechanics of running shoes. Human Kinetics Publishers. Champaign, Illinois. 1986.
39. Noakes Tim. Lore of running. Leisure Press, Champaign, Illinois. 1991.
40. Perry Jacquelin. Gait analysis. Normal and pathological function. SLACK Inc. Thorofare. NJ.1992.
41. Powell KE, Kohl HW, Caspersen CJ et al. An epidemiological perspective on the causes of running injuries. Phys Sportsmed, 1986; 14: 100-4.
42. Resch Sylvia. Functional anatomy and topography of the foot and ankle. In: Myerson Mark S (ed.). Foot and ankle disorders. W. B. Saunders. Philadelphia. 2000; 1:25-49.
43. Rose J, Gamble JG. *Human Walking*. 2 ed. Willians & Willians, Baltimore. 1993.
44. Sánchez Martín Rueda: Podologia. Los desequilibrios del pie. Barcelona. Editorial Paidotribo. 2004.
45. Schafer M: *Instructional Course Lectures*. American Academy of Orthopaedic Surgeons. Vol. 43, 1994.
46. Shields SL. The effects of varying lenghs of stride on performance during submaximal treadmill stress testing. J. Sports Med 1982; 22:66-72.
47. Sports and exercise in midlife. *American Academy of Orthopaedic Surgeons*. 1993.
48. Stainsby GD. Pathological anatomy and dynamic effect of the displaced plantar plate and the importance of the integrity of the plantar plate-deep transverse metatarsal ligament tie-bar. Ann R Coll Surg Engl Jan, 1997; 79 (1): 58-68.
49. Sutherland DH, Kaufman KR, Moitoza JR.: Cinemática da marcha humana normal. 2ª ed., São Paulo, Premier, 2004.
50. Verissimo Érico: O Senhor Embaixador. 32 ed. Companhia das Letras. São Paulo. 2009.
51. Weineck J. *Treinamento ideal*. 9 ed. São Paulo. Editora Manole, 1999.

Índice Remissivo

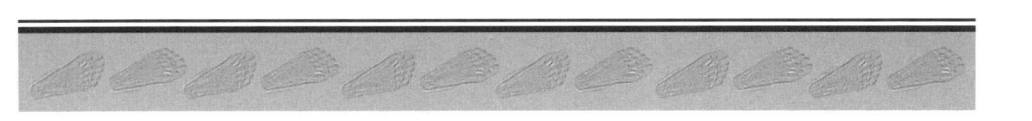